集人文社科之思　刊专业学术之声

集 刊 名：中国社会工作研究
主办单位：中国社会工作教育协会

CHINA SOCIAL WORK RESEARCH

第二十二辑

集刊序列号：PIJ-2002-002

中国集刊网：www.jikan.com.cn/ 中国社会工作研究

集刊投约稿平台：www.iedol.cn

中文社会科学引文索引（CSSCI）来源集刊
AMI（集刊）核心集刊
中国学术期刊网络出版总库（CNKI）收录
集刊全文数据库（www.jikan.com.cn）收录

中国社会工作教育协会 编

中国
社会工作研究
China Social Work Research
第二十二辑

王思斌　主编

社会科学文献出版社
SOCIAL SCIENCES ACADEMIC PRESS (CHINA)

致　谢

《中国社会工作研究》第 22 辑的出版得到了中社社会工作发展基金会的资助，
特此表示感谢。

ACKNOWLEDGEMENT

The publishing of *China Social Work Research Vol.22* has been generously funded by
the esteemed Zhongshe Social Work Development Foundation.

中国社会工作研究

（第二十二辑）
2023年12月出版

从外嵌到内生：中国社会工作实践与理论的新转向[*]

童　敏　周晓彤[**]

摘　要　随着我国乡镇（街道）社工站的快速推进，站点服务作为我国社会工作一种新型的专业实践方式，一方面在我国基层民生保障和社区治理中的重要作用日益凸显，另一方面它与事本导向的我国项目制社会工作专业实践方式的差异日趋明显，面临诸多挑战，亟须探索和总结，以便能够明确我国乡镇（街道）社工站的专业定位和站点服务的专业逻辑。为此，本研究采用以项目制为观察视角的理论框架，以乡镇主要负责人为站长的 B 乡和以乡镇民政主要负责人为站长的 G 镇两个社工站为个案，通过为期一年半的实务跟进研究发现：乡镇（街道）社工站的专业实践不同于事本导向的项目制，它承担着专业服务推进、专业人才培养、部门联动建设以及在地资源整合等多项任务，其核心是激发在地居民和村居活力，从在地问题出发融入在地发展。这种新型的政社联动的站点制促使我国社会工作从项目制的资源依赖和专业分离的外嵌转向站点制的资源再生和专业融入的内生，具有了可持续内生发展能力。它需要我国社会工作者用在地化的视角重新审视"人在情境中"这一核心原则，促进社会工作专业实践和理论的转型，保证我国社会工作能够真正融入社会历史实践，成为中国式现代化道路探索的一支重要专业力量。

关键词　社工站　社会工作　项目制　站点制

---

[*]　本文得到国家社科基金重点项目"中国式现代化与社会工作自主知识体系建构研究"（项目编号：23ASH002）的资助。

[**]　童敏，厦门大学社会工作系主任、博士生导师，bula2ratu@126.com；周晓彤，厦门大学社会工作系博士研究生，xiaotong_ivyzhou@163.com。感谢德化县致和社工事务所、泉州海西社工事业发展中心在协同实务研究、实地调研过程中给予的大力支持以及凯瑟克基金"中国社会工作学会乡镇（街道）社会工作站建设支持计划"提供的实务交流学习机会。

一 问题提出

自 1987 年我国社会工作发展纳入民政业务职能管理范围以来，中国社会工作作为推进我国民政工作专业化的重要方式在民生保障工作中发挥着重要作用（袁华音，1993）。不过，随着 2013 年党的十八届三中全会提出"创新社会治理"，中国社会工作逐步投入基层社会治理的实践中，尤其是党的十九届五中全会明确指出"畅通社会工作者等参与社会治理的路径"，以及 2021 年中共中央、国务院《关于加强基层治理体系和治理能力现代化建设的意见》明确提出"五社联动"机制，中国社会工作基层社会治理的功能受到国家层面的重视（任敏、吕江蕊，2022）。2023 年，我国政府工作报告则再一次把"支持社会工作、志愿服务、公益慈善等健康发展"作为加强和创新社会治理的重要内容。显然，中国社会工作在近十多年的职业化和专业化发展中承担着两项重要职能：一项是民政的民生保障，另一项是国家的基层社会治理。这两项职能在近期推进的我国乡镇（街道）社工站建设中呈现得更为清晰。

2021 年民政部办公厅发布《关于加快乡镇（街道）社工站建设的通知》，提出乡镇（街道）社工站要重点做好社会救助、养老服务、儿童关爱保护和社区治理等工作。截至 2022 年底，我国已建成乡镇（街道）社工站 2.9 万个，全国覆盖率已达 78%，7 万名社会工作者驻站点开展服务。[①] 乡镇（街道）社工站已经成为我国基层民政解决民生问题和创新基层社会治理的重要尝试（王思斌，2022）。然而，随着我国乡镇（街道）社工站建设的不断推进，专业资源和人才的不足问题越来越凸显，如何确定我国乡镇（街道）社工站的专业服务重点不仅关系到乡镇（街道）社工站的顺利推进和"十四五"末全覆盖目标的实现，而且关系到我国乡镇（街道）社工站的专业定位和中国社会工作的专业化发展方式。

实际上，自 2020 年民政部开始在全国范围内推进乡镇（街道）社工站建设以来，有关乡镇（街道）社工站专业服务的讨论就没有停止过。有些

---

① 《全国志愿服务和社会工作电视电话会议在京召开已建成乡镇（街道）社工站 2.9 万个》，2023-01-18，https://www.mca.gov.cn/article/xw/mtbd/202301/20230100045834.shtml。

学者认为，我国乡镇（街道）社工站是民政部门在乡镇或街道建立的基层服务平台，聚焦民政重点服务对象的问题和需求，建立有效的弱势人群支持体系是其根本（赵军雷，2020；刘战旗等，2021；任文启、顾东辉，2022）；另一些学者则强调，尽管社工站是由民政部门推动建立的，但是实际上它承担的更多的是基层社会治理的职能，被视为落实基层党建和改善基层党群关系的重要阵地（黄红，2021；马良，2021）。值得注意的是，对乡镇（街道）社工站专业服务定位不清，不仅容易导致乡镇（街道）社工站在专业服务推进过程中出现服务与治理的割裂、专业与行政的对立（张和清、廖其能，2020；翟福利、李竹翠，2022），而且妨碍乡镇（街道）社工站站点的建设，如难以促成各部门之间形成合力（王思斌，2021）以及无法建立长期性的助力机制等（颜小钗，2021）。正如有些学者观察到的，乡镇（街道）社工站不同于事本导向的购买项目，不仅仅是提供专业服务，它实际上是政府引入社会组织托管在地的社区服务中心或者公共服务空间，具有了站点建设、人才培养、机制建设等方面的要求（徐选国，2021），需要中国社会工作由"外嵌式"变为"内设型"（姚进忠，2021）。

可见，对乡镇（街道）社工站专业定位的考察实际上是对乡镇（街道）社工站这种站点专业服务方式的考察，明确这种站点专业服务方式到底与之前的事本导向的项目制专业服务方式有什么区别，以便为我国乡镇（街道）社工站找到专业化的发展路径，推动中国社会工作能够真正深入我国基层社会管理体制改革的社会历史实践中，成为推进中国式现代化道路建设不可或缺的一支专业力量。

二　文献回顾

（一）项目制专业服务的相关讨论

我国的项目制始于20世纪90年代的财税体制改革，是按照中央政府意图以专项化资金的方式进行自上而下资源配置的制度安排（周雪光，2015）。作为一种有别于单位制的"整个国家社会体制联动运行的机制"（渠敬东，2012），项目制因其目标明确、成效显著、容易监督等特点，被广泛应用到工程建设、公共服务和社会服务等多个领域（王清，2017）。

2012 年的《中央财政支持社会组织参与社会服务项目公告》则表明我国社会组织纳入项目运作的公共服务提供模式在中央层面得到了制度化落实，政府购买服务项目成为创新我国公共服务提供方式、加快服务业发展、引导有效需求的重要途径（易松国，2013）。到目前为止，项目制依然是中国社会工作与政府相关部门建立政社合作关系并且获得资金支持的主流方式（王杰，2019）。

显然，项目制得到流行的关键，在于其能够打破纵向的层级性安排（条条）和横向的区域性安排（块块），为完成一个专门的预期事务目标而将常规组织中的各种要素加以重新有效组合（沈费伟、张丙宣，2019）。这样既能够保证中央的集权管理，也能够运用市场机制提高当地政府的积极性（尹利民，2015），给广大的社会组织提供更多公共服务参与的机会，让我国的社会治理更加柔性化，让国家的政策落地更加灵活高效（郭琳琳、段钢，2014）。因此，有学者认为，我国的项目制在某种程度上弥补了单位制的不足，成为国家治理的基本方法（黄宗智、龚为纲、高原，2014；于君博、童辉，2016）。

不过，值得注意的是，项目制在推进我国公共服务和基层社会治理方面发挥重要作用的同时，也面临诸多的挑战和质疑，其中主要表现在以下三个方面。一是事本导向的服务逻辑与现实导向的居民需求之间的矛盾。我国的项目制采用事本主义原则，遵循自上而下的服务逻辑，偏向于购买公共服务或者基层社会治理方面的急迫性任务和政府的重点、亮点服务（渠敬东，2012；张振洋，2017）。而居民需求是现实导向的，遵循自下而上的原则。虽然这种事本导向的项目购买可以充分体现集中力量办大事、高效率配备资源的优势（周雪光，2015），但是它也极容易导致出现以行政绩效指标置换公共服务目标的现象，出现忽视居民的现实民生需求以及社区治理网络悬浮等问题（黄晓春，2017）。就社会组织而言，由于对政府项目资金的依赖，它们在行政压力面前极容易把"完成任务指标"放在第一位来考虑，优先于对"服务对象需求"的满足（方英、朱俊熔，2018；何东、陈明龙、刘小峰，2022）。二是碎片化的项目购买与整体性的在地发展之间的冲突。通过对购买项目的分割和细化，政府作为购买主体就能够增强购买的自主权，明确项目服务的具体要求，提高项目购买的执行效率

（王向民，2014；吴斌才，2016）。但是，这样的项目购买方式不仅会出现项目的交叉和重叠，而且极容易导致项目与项目之间缺乏联系，出现项目服务"碎片化"的现象（史普原、李晨行，2021）。在购买资金有限的情况下，这种项目购买方式会阻碍社会组织的服务朝向整合性方向发展，根本无法保障公共服务的均衡性（徐勇，2022）。三是临时性的项目投入与长期性的发展需求之间的两难。项目制的购买往往会优先考虑短期内能够取得成效的服务，缺乏对长期性发展需求的关注（余成龙、冷向明，2019）。这样，购买的项目一旦结束，后续专业服务就难以持续，项目制也就很难为老年人、残障人士、困境儿童、精神疾病患者等需要长期关怀的人群提供持续性的专业服务（梁兵、施国庆、张波森，2022；刘丽娟、王恩见，2021），也不利于需要长期扎根的专业服务的开展，而是趋向于锦上添花的行政事务（尹忠海、陈颖洁，2023）。

可见，项目制的专业服务逻辑是一种"行政嵌入"，专业服务落地的根本动力源于政府购买的行政推动，而并非内生于基层社区共同体（刘安，2021）。因此，项目制的专业服务常常呈现"单位为体，项目为用"的治理逻辑（苗大雷、王修晓，2021）。尽管这种项目制专业服务实现了基层社会治理的多元参与机制，增强了基层治理机制的弹性（沈费伟、张丙宣，2019），但是它同时面临由任务性、碎片化和临时性等特征带来的人群服务不够深入、基层治理活力激发不足以及治理效能欠佳的困境。显然，项目制专业服务是一种浅层的基层社会治理实践。

（二）社工站点专业服务的相关讨论

随着近年来我国乡镇（街道）社工站建设的全面铺开和快速推广，社工站点专业服务逐渐替代项目制专业服务，成为我国基层社会治理实践的一种新的探索方式（徐选国，2021）。有学者认为，站点专业服务不同于项目制这种"外嵌"的专业服务，社会工作者驻扎到镇（街）的社工站，在当地组织开展专业服务。这种专业服务既可以兼顾政府的基本公共服务，也可以满足当地居民的服务需求（颜小钗、王思斌、关信平，2020）。有学者强调，站点专业服务是以常态化的方式提供专业服务，它可以避免因"项目化"运作方式带来的过于注重表面化的服务成效而出现的专业服务庸俗化的问题（陈涛，2020）。有学者直接指出，让社会工作者驻扎镇（街）和村居具有在场优势，能够打通基层社会治理的"最后一米"，推进互为主体的政社关系（张和清、廖其能，2020）。不过，也有学者担心，我国乡镇（街道）社工站的建设蕴含着行政化导向逻辑（雷杰、易雪娇、张忠民，2022），甚至还可能出现"行政吸纳专业"现象，导致专业性的衰减和弱化（谢正富、施海潮，2022）。实际上，站点专业服务这种方式在我国开展乡镇（街道）社工站建设之前就已经存在，如未成年人保护工作站、社区心理服务工作站以及家庭综合服务中心等，只是社工站建设的影响人群更多，影响范围也更广。

显然，目前有关我国乡镇（街道）社工站专业服务的讨论还是比较少，比较零散，不同的学者对此有不同的看法，但是都缺乏系统的梳理。更为重要的是，这些站点专业服务的讨论还停留在经验层面，只是就专业服务来谈专业服务，并没有站在专业服务提供机制的角度审视这种站点专业服务与项目制专业服务的区别，当然，也就无法明确我国乡镇（街道）社工站的专业定位和工作要求，以及这种站点专业服务对中国社会工作专业化发展的意义。因此，有必要站在专业服务提供机制的角度考察我国乡镇（街道）社工站，以便能够揭示这种站点专业服务的运行机制以及它的专业化内涵。

三 研究设计

本研究以乡镇（街道）社工站的专业服务为研究焦点，探索这种站点专业服务的提供机制以及它对中国社会工作专业化发展的影响，以便能够明确我国乡镇（街道）社工站的专业定位。值得注意的是，尽管我国各地乡镇（街道）社工站专业服务的提供机制不尽相同，但是可以简要概括为两大类。一类以乡镇党政主要负责人作为站长，站在乡镇整体发展的角度规划社工站点的专业服务；另一类以乡镇民政主要负责人作为站长，站在乡镇民政工作的立场指导社工站的专业服务。正是依据此，本研究选取福建省泉州市T区B乡社工站和D县G镇社工站作为研究个案进行跟进研究。这两个社工站分别代表了上述两种不同的站点专业服务提供机制的乡镇

（街道）社工站。

B乡社工站于2021年7月建立，是福建省乡镇（街道）社工站省级示范站。站长由乡党委副书记兼乡长担任，副站长由乡党委政法委员兼统战委员、乡民政办负责人担任，并设有2名社工督导，8名社会工作者。① B乡社工站依托当地老年协会的活动场所，围绕社会救助、养老服务、儿童关爱保护、社区治理四个模块面向全乡5个行政村3.3万常住人口开展专业服务，涉及低保145户261人、80岁以上高龄老人465人、事实无人抚养儿童及孤儿10人、重病残疾141人。G镇社工站于2021年11月建立，站长由乡镇民政分管领导担任，副站长由总站的社会工作者担任，并设有1名社工督导，2名社会工作者。② G镇社工站依托镇"党建+"邻里中心阵地，探索偏远山区"党建+社工+志愿者"模式，面向全镇12个行政村0.32万常住人口开展专业服务，涉及低保特困137户233人、80岁以上高龄老人278人、事实无人抚养儿童及孤儿4人，重病残疾196人。目前，B乡所在的T区和G镇所在的D县社工站都已经建成县市区—乡镇（街道）—村居三级体系，建立了县（区）级社会工作站指导中心、乡镇（街道）社工站、村居社工室，并且已经形成集督导、培训、服务于一体的多方联动机制。

本研究通过文献法收集包括社工站年度规划方案、服务执行手册、年度总结、第三方评估报告等资料各1份，资料编码为WB1-4/WG1-4。针对B乡和G镇参与社工站建设的县（区）民政局负责人、站长、副站长、村支部书记以及承接社工机构的主任、理事、督导、总站负责人、一线社会工作者等开展访谈，资料编码为FB1-15/FG1-10。

四 研究发现：乡镇（街道）社工站的四重专业服务机制

乡镇（街道）社工站的专业服务不仅涉及社会救助对象、老年人和儿

---

① T区B乡社工站共有8名社会工作者，其中4名为专科社工（专业社会工作者），主要负责社工站专业服务的规划、实施和评估工作；4名为全科社工（非专业社会工作者），主要负责B乡的行政事务工作与社工站点专业服务的对接。

② D县G镇社工站共有2名社会工作者，其中1名为总站派遣的社工，主要负责社工站专业服务的规划、实施和评估工作；1名为驻站社工，由当地的民政协理员转化而来，主要负责G镇的民政数据统计以及配合社工站专业服务工作。

童等多个弱势人群，而且涉及社区治理，它涵盖社区的所有人群，是针对村居所有人开展的专业服务。实际上，作为在当地开展专业服务的站点，乡镇（街道）社工站的站点建设尤为重要，它包括社工站的建站选址、站点布置、专业人才培养、专业资源链接等多项任务。显然，乡镇（街道）社工站的站点建设已经远远超出了专业服务提供的工作内容，它同时承担着其他许多任务。就这些任务发挥的功能而言，乡镇（街道）社工站主要有以下四项基本功能：基层服务提供载体、基层人才培养摇篮、基层体制联动纽带和基层资源整合平台。

（一）基层服务提供载体

不同于以往政府购买服务项目，其只需要关注专业服务的提供，乡镇（街道）社工站的站点建设是专业服务提供的基础，它在站点装饰方面就包括场所布置、设备配置、站点标识和专业展示四项要求。实际上，尽管县（区）民政局向社会工作服务机构购买了乡镇（街道）社工站的服务，并且承担了乡镇（街道）辖区基层社工站工作的对接、监督和指导任务。但是这些县（区）民政局的工作人员非常清楚，社工站要落地在基层并且能够在基层发挥作用，就不能仅仅只是拥有标准化的站点内部装饰，它需要拥有可供常规服务开展，并且能够联系居民和接待参访的空间。显然，这种站点的选择就需要与乡镇（街道）原有公共服务空间相结合，充分考虑社工站与乡镇（街道）行政中心的距离和服务可及性等因素，尽量选择相对独立、交通便利并且拥有办公设备的场所（FG1）。这样，一方面可以降低社工站建设的成本，另一方面有助于社工站获得居民信任和开展专业服务所需的正式身份。

> 我们这边的社工站基本上是依托村和社区"党建+"邻里中心建成的，相当于融入村和社区原有活动空间。这样，当地居民就比较容易接受我们社工。（FG8）

一旦与当地的基层公共服务空间相结合，乡镇（街道）社工站也就需要将自己的专业服务可视化，以便上级领导考察以及与其他社工机构之间交流学习。这样，站点标识和专业展示也就成为乡镇（街道）社工站站点装饰不可缺少的内容。特别是对于那些示范社工站点而言，日常的参访接待变成了常规化的工作。

> 当地政府对于社工站站点建设很重视，要求社工站有阵地、有制度、有管理、有氛围，不是挂个社工站牌子那么简单，希望我们能够把各自社工站的亮点都呈现出来。（FG5）

> B 乡社工站站点建设的要求更高，因为它是省级示范站，每月至少会接待 1 次外部的参访交流，有来自政府部门、高校、社工机构的，也有来自行业协会的。（FB8）

与政府购买的项目服务不同，乡镇（街道）社工站设有社工站点，站点的活动状况直接展现在人们面前，影响社会对社会工作的认识，因而需要社会工作者能够盘活社工站的空间，定期举办常规化服务。这样，乡镇（街道）社工站是否能够组织常规服务，也就成为快速获得政府和社会认可的关键。否则，社工站只会变成一个空壳，难以真正扎根基层。

> 尽管这个社工站点阵地在我们来之前就有了，但是它面临一个难题，就是由谁来管理。之前，他们是由老年协会管理的，但是很快发现，吸引来社工站参加活动的都是一些老年人，他们经常到社工站打牌、喝茶。然而，社区还有儿童、年轻人等其他人群，让他们也定期参加社工站的活动，就能让社工站一下子热闹起来。（FB9）

除了常态化社区活动的开展，社工站还要做好社会救助、养老服务、儿童关爱保护等领域的特殊困难群体基本生活保障服务以及促进居民参与社区治理等工作。不难发现，无论是在服务内容还是在服务人群的覆盖范围和数量上，乡镇（街道）社工站的服务要求都比项目制有所增加。而且就服务内容来说，目前对于社会救助、困难人群服务的内容较为清晰，但是对于社区治理的内涵还是比较模糊，这就导致乡镇（街道）社工站的社会工作者在整合人群服务与社区治理时，常常面临诸多困难，甚至都不知道如何着手。

> 对于民政帮扶的人群，我们社工可以采用链接爱心资源、申请政策补助等方式帮他们兜底。然而，对于社区治理，很多人就不明确到底要什么。我觉得社区治理不仅仅是居民参加活动那么简单，而是要发挥他们的邻里互助精神，让整个社区活跃起来。不过，这些事情说起来容易，做起来不简单，因为没有明确的抓手。（FG1）

显然，我国乡镇（街道）社工站建设不同于事本导向的项目购买，尽管它作为我国基层民政服务的平台，但是实际上它承担的任务远远超出了简单的专业服务提供的内容，还包括站点建设的装饰、常规服务的提供以及参访交流的接待等。更为重要的是，乡镇（街道）社工站的建设采取了在地化的视角，不仅表现在社工站的站点选址和站点装饰等方面，以便使社工站在当地能够快速获得政府、社会和居民的认可，而且表现在社工站的服务安排上，像常规化服务的开展以及特定人群服务与社区治理的整合等，都需要乡镇（街道）社工站的社会工作者把居民放在他们日常生活的家庭或者社区场景中考察他们的需求，依据他们这种在地化的发展要求提供一种由下而上的专业服务。

（二）基层人才培养摇篮

在推进乡镇（街道）社工站建设的过程中，社会工作专业人才的培养成为突出问题。一方面，这是因为随着乡镇（街道）社工站的快速铺开，离城市中心较远的山区县域社会工作专业人才变得非常紧缺。像 D 县 18 个乡镇（街道）社工站的一线社会工作者主要由两部分构成：一部分是由原来的民政协理员转化为驻站社会工作者，另一部分是在当地新招募的总站社会工作者，他们都是非社会工作专业的（FG1）。另一方面，即使是离城市较近、条件较好的 B 乡社工站也同样面临由社会工作机构招聘的专科社工（专业社会工作者）与来自民政相关部门的全科社工（非专业社会工作者）对接和整合的要求（FB1）。这样，如何把乡镇（街道）社工站非社会工作专业的工作人员培养成专业社会工作者就成为乡镇（街道）社工站建设是否成功的关键之一。

为此，乡镇（街道）社工站就有了在地社会工作专业人才培养的功能。像 D 县就注重发挥市级社会工作人才之家的作用，组建了一支由专家、学者、资深社会工作者组成的社工站督导队伍，通过课程培训、实地指导和项目汇报等方式为乡镇（街道）社工站的一线社会工作者提供直接的技术指导（FG6）。而 B 乡也类似，它借助省级乡镇（街道）社工站示范平台招募全国的社会工作督导，给 B 乡社工站的一线社会工作者提供直接的技术指导（FB7）。此外，无论是 D 县还是 B 乡都建立了乡镇（街道）社工总站，由总站负责各个乡镇（街道）社工的业务技术指导，如表格的填写、档案的记录以及各种类型活动策划书的撰写等。

> 我们几乎是手把手地教社工站的非专业社会工作者，让他们照着我们给他们的范本写，先模仿，再求更好。为了帮助社工站的社会工作者形成学习的良好习惯，我们每个月都会让社工站的社会工作者来总站，一方面，让他们接受专业的学习；另一方面，让他们相互认识，建立同伴支持，平时能够相互督促。（FG8）

除了直接的专业技术指导之外，鼓励乡镇（街道）社工站的社会工作者参与全国社会工作职业水平考试，也是一种促进非专业社会工作者向专业社会工作者转化的有效途径，特别是当地政府出台了相关奖励政策，考取社会工作职业资格证书就能够获得每月 100～500 元的专业技术职务补贴①，直接与个人的经济效益挂钩。

> 在 D 县我们第一次承接服务时，我们 18 个乡镇（街道）社工站 36 名社会工作者全部都是非专业的。经过一年的努力学习和实践，去年（2022）我们有 20 名参加了全国社会工作职业水平考试，其中有 16 名

---

① B 乡建立社会工作专业人才薪酬保障机制，对获得助理社会工作师、社会工作师和高级社会工作师资格并实际就职服务满一年以上的分别给予每月 100 元、200 元和 500 元的专业技术职务补贴。

通过了考试。这一成绩的获得来之不易！（FG5）

实际上，无论是 D 县还是 B 乡都认识到，乡镇（街道）社工站要想在当地开展专业服务，仅仅依靠社工站的社会工作者是远远不够的，它不仅需要政府相关部门的配合，而且需要试点乡镇（街道）主要负责人了解社会工作，懂得如何用好社会工作者这支基层治理的专业力量。

> 我们把社会工作视为"大社工"，需要全乡党政机关的干部和工作人员都掌握相关知识，因此，我们 2020 年出台了奖励政策，获得助理社会工作师、社会工作师、高级社会工作师资格证书的，分别给予一次性 2000 元、5000 元、8000 元奖励，无论什么工作岗位，只要获得社工证，都可以获得这项奖励。我们就想借助这项措施，建立"大社工"队伍，让社会工作能够逐渐融入基层党政的核心工作。（FB2）

D 县的情况也类似。2022 年 D 县共动员了 587 人参加全国社会工作职业水平考试，比 2021 年增长 86.35%（WG3）。为了壮大专业社会工作者人才队伍，优化专业社会工作的发展环境，D 县在 2020 年和 2022 年分别出台了《关于进一步加强社会工作专业人才队伍建设的实施意见》等政策文件，将专业社会工作者视为当地第六、第七层次人才，纳入当地政府的人才培养机制建设规划，提升当地政府相关部门对社会工作专业人才的接纳度（WG3）。

显然，我国乡镇（街道）社工站已经远远超出了提供专业服务的站点任务范围，被视为基层专业社会工作人才培养的摇篮，不仅需要提升社工站点内社会工作者的专业服务能力，而且需要推广社会工作，让当地党政机关的干部和工作人员了解社会工作，建立"大社工"的社会工作专业人才队伍，以保证社会工作能够融入当地的基层治理实践和重要发展规划。

（三）基层体制联动组带

作为我国基层民政力量补充的乡镇（街道）社工站，不仅涉及社会救助对象的帮扶，而且涉及基层民政重点关注的"一老一小"的人群服务。

这样，我国的乡镇（街道）社工站建设就关乎基层民政的兜底保障服务和民生服务。实际上，我国乡镇（街道）社工站的建设涉及基层民政多个层级之间的工作协调，并不只是基层民政专业服务的补充。例如，我国乡镇（街道）社工站的建设常常涉及县市区—乡镇（街道）—村居三级体系，县市区级民政部门领导主要负责社工站指导中心的招标规划和整体统筹，乡镇（街道）民政分管人员主要对接社工站的服务开展、规范化建设和参访交流，村居民政口的工作人员主要协调社工室的常态化服务落实。这样，我国乡镇（街道）社工站建设才能形成"主要领导牵头、分管领导主抓、民政办主建"的纵向三级民政系统的支持体系，真正把社工站建设作为"促改革、强基础、提质量"的民政重点工程，融入基层民政体制建设（WG2）。

无论是 G 镇还是 B 乡都清楚地认识到，我国的乡镇（街道）社工站虽然主要是由民政部门来负责的，但是与它联动的部门决不能仅仅局限于民政部门，因为村居中的困难人群不仅仅只有民政的救助对象和"一老一小"。随着乡镇（街道）社工站专业服务的深入，必然涉及妇女、残疾人、青少年、计生特殊家庭等，与妇联、残联、团委、计生协等的合作势在必行。而且，一旦乡镇（街道）社工站开展社区治理专业服务，它涉及的范围就更广，如"网格+社工"的基层政法工作的创新，"党建+"邻里中心空间的社工运营以及党员志愿队伍的培育和优化等，就与组织部门的工作相关联（FG6）。B 乡的社工站是由乡党委副书记兼乡长担任的，他认为：

> 社工站不能仅仅局限于基层民政工作，即使基层民政工作也是在党委政府的总体部署下开展的。了解基层党委政府的中心工作，并且设法融入中心工作，对于社工站工作的开展来说是非常必要的。一是能够引起当地政府部门的重视，给社会工作更大的成长发挥空间；二是能够推进基层体制的优化，通过社会工作充分调动社会力量和社会资源。（FB2）

至于乡镇（街道）社工站可以如何联动基层群团组织、融入基层党委政府的中心工作，目前有多种不同的做法，其中常见的包括：参加基层工作例会、做出党政亮点品牌以及举办部门联动活动等。

> 我们（社工站的社工）经常参加乡里的工作例会，了解乡里的最新发展动态和工作安排。这样，我们除了能够及时了解乡里的工作情况之外，还能够与基层各部门的工作人员混熟，把社会工作与各部门的工作联系起来，一起寻找基层工作的创新点。（FB8）

G 镇社工站的站长告诉社工站的社会工作者：

> 你们不用把全部工作一手抓起来，可以先集中精力整理出一些品牌亮点。这样，上级领导看到之后，就能够把你们社工站的亮点品牌推介出去。（FG2）

在平时，乡镇（街道）社工站的社会工作者就需要借助具体的活动安排，在可能的范围内"将相关部门、群团组织一起联动起来，充分挖掘在地发展的资源"（FG6）。需要注意的是，这样的政府部门和群团组织联动并不是一种很容易做到的事情，社工站的社会工作者需要选取为民办实事的具体"小事情"入手，针对这些"小事情"争取相关的政府部门和群团组织的联动（FG8）。

（四）基层资源整合平台

由于乡镇（街道）社工站涉及社会救助、养老服务、儿童关爱保护和社区治理四大类型的服务内容，而且需要实现乡镇（街道）社工站专业服务的区域全覆盖，因此，它仅仅依靠建站时来自民政部门提供的建站启动资金是远远不够的。特别是在偏远的地区，资金困难就更为突出。以 D 县的社工站为例，1 个总站及 18 个乡镇（街道）的社工站项目合同总金额共计 266.8 万元，其中包含 1 个县级社工站指导中心的建设、18 个乡镇（街道）社工站场地的布置和办公设备的添置、36 名社会工作者的人员工资，以及项目的入户探访、活动开展、宣传推广等方面的费用支出，平均每个乡镇（街道）的社工站不足 14.8 万元（WG2）。显然，乡镇（街道）社工站要想在当地扎根并且获得生存发展的空间，它就不能仅仅依靠民政部门的建站启动购买资金，还需要把自身建设成基层资源整合的平台。

在实际服务开展过程中，乡镇（街道）社工站的社会工作者运用"五社联动"开展服务成了他们常用的服务框架，即根据困难人群的现实需求，积极对接社区、社会组织、爱心企业、慈善公益组织等，为这些困难人群筹集爱心帮扶物资，解决他们"急难愁盼"问题。这样，乡镇（街道）社工站就具有了整合基层资源服务困难人群的要求。实际上，即使是在平时，乡镇（街道）社工站也是基层志愿服务队伍的培育平台，具有整合资源的功能，如 G 镇社工站就是整合了巾帼志愿者、团委青年志愿者、文明办新时代文明实践者，以及活跃在乡镇的爱心社会组织等（FG2）。像省级试点的 B 乡社工站则是把本乡的在读大学生组织起来，作为项目暑期活动和疫情期间的志愿者（FB9）。

> 为了撬动当地资源，我们常常将不同的站点结合起来，一起提供服务，如社工站与未保站、"党建+"邻里中心、社区儿童之家以及社区的幸福院等整合起来。这样，一方面能够降低社工站的运营成本，另一方面能够提升站点的使用成效，促进社工站成为资源整合平台。（FG5）

> B 乡的社工站更注重融入当地党政中心工作，与当地的海上丝绸之路博物馆、文化古街以及回族文化博物馆等建立长期合作关系，促进在地资源的有效整合。（FB8）

此外，还有像项目叠加等也是乡镇（街道）社工站常用的资源整合方法，即以乡镇（街道）社工站已经开展的项目服务为基础，由此延伸出更为深入的服务的特定项目，从而形成一个社工站具有多个项目的特点。如 G 镇社工站就延伸出团委育青项目和老年协会养老项目等（FG6）。B 乡社工站的资源整合能力更强，已经成为当地乡镇（街道）社工站建设的一大亮点（FB2）。

即使是乡镇（街道）社工站之间也能实现资源的整合，建立资源共享的联盟关系。特别是随着我国乡镇（街道）社工站的全面铺开，我国乡镇

（街道）社工站建设逐渐由专业资源较丰富的城市向专业资源较缺乏的偏远山区推进，专业资源不足成了社工站发展过程中亟待解决的难题。

> 站在我们乡镇的角度来讲，我们希望可以推进偏远山区社工站的"五镇联盟"，因为每个偏远山区乡镇的资源都有限，如果能够把五个乡镇社工站的项目一起打包，不仅受益群众数量增多，而且项目的影响力也会上来，更容易获得上级部门和当地乡贤的重视，从而追加新的资金进来。（FG2）

显然，我国乡镇（街道）社工站不同于事本导向的项目制，它虽然也关注专业服务的提供，但这是一种注重在地专业人才培养和专业资源挖掘的、可持续的自下而上的专业服务，它不仅是基层服务的重要载体，而且是基层人才培养摇篮、基层体制联动纽带以及基层资源整合平台。正是通过乡镇（街道）社工站建设，我国社会工作已经从体制外的项目联结转变成体制内的站点联结，直接成为在地服务和发展不可或缺的部分。

五　研究讨论：站点制及其对我国社会工作的启示

通过对社工站的站点专业服务进行系统考察就会发现，我国乡镇（街道）社工站是一种不同于传统项目制的社会工作专业实践方式。尽管从形式上看，我国乡镇（街道）社工站也像项目制一样借助政府购买服务的方式才得以落地，但是在运行的方式上我国乡镇（街道）社工站有了落地乡镇（街道）的具体站点作为载体。这样，我国乡镇（街道）社工站的专业实践就不再是单纯购买服务项目的服务劳动外包方式，它具有了融入在地和推动在地发展的现实要求。这是一种全新的站点社会工作专业实践方式。

（一）站点及其站点制

这种围绕乡镇（街道）社工站的站点开展的社会工作专业实践，与传统的项目制存在明显不同。两者的差别主要体现在以下四个方面。（1）乡镇（街道）社工站是以落地的站点为工作平台的，所有的服务和活动都依托站点来开展，既包括站点内的常规服务和站点外的入户服务和大型活动等，也包括站点布置和机构参访，具有了在地持续开展社会工作专业实践的要求。项目制则不同，它通过预先设计的项目将社会工作专业服务引入政府部门的某项工作中，采取的是项目外包的服务方式。（2）乡镇（街道）社工站作为站点依据的是自下而上的专业实践逻辑，需要站点的社会工作者从在地的现实需求出发进行自己的专业实践，不仅需要融入在地的发展，而且需要融入在地的制度建设，使社会工作专业实践与在地各部门、各群团组织以及各社会组织和企事业单位有了更为紧密结合的可能。项目制的结合主要依据项目购买方的部门要求，容易出现购买项目的短期化和碎片化的问题。（3）乡镇（街道）社工站的站点发展必然需要依赖专业人才的培养，尤其是在偏远山区，由于在地社工站的发展缺乏专业人才，这一要求就更为突出。这样，专业社会工作者的在地化以及在地非社会工作专业从业者的专业化成为推进站点专业服务的重点任务之一。与站点专业服务不同，项目制是依据购买项目与专业社会工作机构建立合作关系的，它只需要社会工作机构能够提供专业服务，并不存在社会工作人才在地专业化培养的要求。（4）乡镇（街道）社工站的站点发展需要依赖在地资源的发掘。它不仅作为服务困难人群的基层民政力量的补充，而且作为社区治理的积极推动者。这样，村居资源的挖掘以及村居活力的激发就成为站点工作的重要组成部分。与项目制相比，乡镇（街道）社工站具有了在地资源调动和再生的能力，使社会工作专业实践不再是纯粹的资源消耗，而是拥有可持续发展的可能。

通过对比乡镇（街道）社工站的站点专业服务与项目制就可以发现，站点专业服务与项目制专业服务是两种完全不同的社会工作专业实践方式。不仅专业实践的依托和实践逻辑不同，而且专业实践的条件和目标也不一样，更为重要的是，两者遵循完全不同的实践原则。乡镇（街道）社工站的站点专业服务注重的是在地化的原则，它视社会工作为促进在地发展活力激发的过程，走的是与事本导向的项目制完全不同的社会工作专业化发展线路。可见，乡镇（街道）社工站的站点专业服务是一种有别于项目制的工作机制，可以称之为站点制。这种站点制尽管也服务社区的困难人群，但是从根本上说，它是一种强调在地融入和在地活力激化的社会工作专业实践，与多元参与的基层社会治理的任务紧密相连。

（二）站点制与项目制的比较

显然，无论是站点制还是项目制都是社会工作与现行行政体制结合发挥专业作用的机制，是我国政社联动的机制。为了清晰说明站点制与项目制这两种政社联动机制的差异，下面将围绕社会工作与现行行政体制结合的方式和特征展开讨论，以便明确我国乡镇（街道）社工站站点制的实践与学理的依据（具体见表1）。

表1 站点制与项目制的政社联动机制比较

类型	站点制	项目制
联动依据	站点	项目
联动方式	在地发展导向	事本主义导向
联动内容	专业服务+人才培养+部门联动+资源整合	外包任务+专业服务
联动逻辑	自下而上	自上而下
联动特征	整体性、长期性，资源再生式	碎片化、临时性，资源消耗式
联动目标	激发在地活力、深层治理问题处理	创建服务品牌、浅层治理问题解决
联动关系	行政与专业相互融合	行政与专业各自分离
联动原则	哪里可改变就从哪里开始	哪里有问题就到哪里解决
联动理论依据	政社互构，促进内生多元共治	单位为体、项目为用，科层制的修补

从表1可以看出，站点制的运行依托站点，而项目制的运行依托项目。正因如此，站点制关注站点如何生存、如何发展，是在地发展导向的，它承担着专业服务的推进、专业人才的培养、部门联动的建立以及在地资源的整合等多项任务，具有整体性和长期性的特征。项目制不同，它关注项目合同指标的完成，是事本导向的，它主要负责项目购买外包任务与专业服务的结合，它的专业服务极容易出现碎片化和临时性等特征。即使是在专业服务的推进方面，站点制与项目制也有不同，站点制包括站点内的常规服务以及站点外的入户探访和大型活动的开展等，通过多种活动方式尽可能带动居民走出家门参与村居活动，促进在地居民和村居活力的激发。项目制的专业服务大多仅局限于政府外包任务的完成，目的是提供村居某个方面的服务，提升村居的影响力。

站点制是从在地发展的需求评估出发开始自己的社会工作专业实践的，它需要将社会工作专业实践融入在地的发展和在地的制度建设，遵循"哪里可改变就从哪里开始"的联动原则，采取一种自下而上的政社联动逻辑。相反，项目制是从政府购买项目的外包任务出发开始自己的社会工作专业实践的，虽然它也需要评估在地居民的需求，但只是针对项目外包任务范围内的相关方面的需求，依据的是自上而下的政社联动实践逻辑，遵循"哪里有问题就到哪里解决"的政社联动原则。显然，与项目制相比，站点制关注的是深层治理问题的处理，涉及居民参与和村居活力的激发、居民邻里守望的建设、基层部门联动的加强、基层在地资源的挖掘以及可持续的资源再生专业服务模式的创建等，具有了激发在地发展活力的功能。

就政社联动的理论依据而言，项目制采取的是"单位为本、项目为用"的政社联动机制，它依托单位的科层制，通过项目引入社会多方力量，以弥补单位科层制"条块分割"的不足，它是科层制的修补。站点制并不如此，它围绕在地发展的要求，整合政社力量，推动在地居民和村居活力的激发，从而促使在地村居走向内生性发展道路，它依托"多元共治"原理。

（三）本土社会工作实践和理论的转向

项目制是借助项目合同让原本各自分离的政社实现了联动，从而使我国社会工作嵌入现行的行政体制，这是一种外嵌的社会工作专业发展方式。我国乡镇（街道）社工站的站点制不同，它是通过站点直接为政社联动提供工作平台，同时围绕在地发展促进在地的政社互构。这样，政社互构既是站点制的工作机制，也是站点制的社会工作专业实践的推进方式。显然，在站点制下中国社会工作走了一种内生的专业发展道路。从项目制的外嵌转变成站点制的内生，中国本土社会工作实现了专业实践方式的根本转变。就实践层面而言，这样的转变需要中国本土社会工作从专注于弱势人群的困难帮扶或者其他项目购买外包任务的完成转向在地发展活力的激发和在地资源的发掘，具有了推进在地化社会工作专业实践的要求，不仅专业服务的推进和专业人才的培养需要在地化，而且基层部门联动和社区资源整合同样需要围绕在地化发展。因此，在地化发展成了这种站点制社会工作专业实践的核心要求。

就理论层面而言，如果依据"人在情境中"这一社会工作的基本原理来审视在地化发展就会发现，所谓在地化发展就是把人放在他们的现实生活场景中来理解他们的成长改变要求。这样，人的成长改变要求就不是个人内在的成长需求那么简单，而是个人在特定现实生活场景中与环境相互交错影响下产生的成长改变要求，他在这样的特定现实生活场景中既能够感受到环境对自己的影响，具有了现实感，也能够发现自己在其中对环境可以发挥的作用，不再视自己为环境的被动适应者，而是拥有了自主性，这是一种现实生活场景中自我成长的探索。显然，这种站点制的在地化发展要求需要中国社会工作者在理论建构中引入场景的概念，把个人的成长改变要求始终放在特定的现实生活场景中来理解，学会场景化的思维。此时的个人成长改变就不仅仅是个人内在动力的调动，它涉及人们在特定现实生活场景中对现实环境条件的认识和自身能力发挥的尝试，是人在场景中与环境持续交错影响，它使人们真正拥有了以现实为基础并且推动现实改变的可持续的内生性动力。

由于项目制的社会工作专业实践是事本导向的，它关注人们在现实生活中遭遇的问题及其问题的解决，遵循的是不足修补的原则。这样的社会工作专业实践方式只适合浅层治理问题的解决。一旦触及深层的治理问题，就必然涉及那些问题背后呈现的人们自我成长的受阻以及自我的不健康发展方式。显然，这种深层治理问题的处理就需要中国社会工作者把关注的焦点放在自我能力建设上，帮助人们找到在特定现实生活场景中促进自我成长的实践方式，促进人们自身活力和在地活力的激发。而这一点正是站点制社会工作专业实践的核心任务。可见，站点制这种以在地发展为导向的社会工作专业实践方式恰恰是我国社会治理从浅层向深层延伸的反映，需要建立一种多元共治的治理格局。因此，中国社会工作只有实现从项目制到站点制这样的转变，才能真正踏入高质量发展阶段，承担起历史和社会赋予的责任。

六　总结

自 2013 年民政部提出"三社联动"服务机制以及党的十八届三中全会

提倡"创新社会治理"以来，中国社会工作逐渐从人群帮扶转向基层社会治理，成为加强和创新我国基层社会治理不可或缺的一支专业力量。近年来在全国推进的乡镇（街道）社工站建设不同于之前政府向社会组织购买服务的项目制实践，它以站点为依托，以在地发展为导向，承担着社会救助、养老服务、儿童关爱保护和社区治理四项基本任务，既需要推动在地基本民生问题的解决，也需要创新在地的基层社会治理。然而，随着我国乡镇（街道）社工站的全面铺开，虽然有关社工站的讨论日益增多，但是社工站的专业定位依旧模糊不清。这不仅直接影响我国乡镇（街道）社工站"十四五"末全覆盖目标的实现，而且常常导致社会工作者在专业实践中出现方向性迷失。特别是在政府购买服务的项目制影响下，中国社会工作者在乡镇（街道）社工站实践中极容易陷入站点的在地发展要求与项目制的事本导向思维之间的两难困境而不知所措。因此，我国乡镇（街道）社工站的专业定位是什么以及它与项目制有什么区别，就成为中国社会工作者在专业发展中亟待厘清的难题。

对福建省泉州市乡镇党政主要负责人为站长的 B 乡和以乡镇民政主要负责人为站长的 G 镇两个社工站为期一年半的个案研究发现，我国乡镇（街道）社工站是一种新型的政社联动机制，这种站点制与项目制根本不同，它不是借助外包项目这样一种自上而下具有碎片化、临时性特征的外嵌方式以实现政府行政任务与社会工作专业实践的联动，而是依托站点，以在地发展为导向实现政府行政任务与社会工作专业实践之间的联动。这种站点制的联动方式具有整体性和长期性的特征，它的持续发展依靠在地居民和村居活力的激发。它能够促使中国社会工作的专业实践方式从项目制的资源依赖和专业分离转向站点制的资源再生和专业融入，具有了可持续的内生发展能力。因此，我国乡镇（街道）社工站的发展标志着我国社会工作从项目制的外嵌转向了站点制的内生过程，需要我国社会工作者引入场景的概念，站在在地化的视角审视"人在情境中"，将关注的焦点集中在现实生活场景中自我能力的建设上，促进中国社会工作专业实践和理论从浅层治理问题的解决向深层治理问题处理的转型，以保证中国社会工作发展能够真正融入我国的社会历史实践，成为中国式现代化道路探索的一支重要专业力量。

参考文献

陈涛（2020）："政社协同，确保乡镇（街道）社会工作专业服务落地生根"，《社会工作》第 5 期，第 14~18 页。

方英、朱俊熔（2018）："项目制下社会组织的制度同形与异形——以广东社工机构为例"，《社会工作与管理》第 6 期，第 59~65 页。

郭琳琳、段钢（2014）："项目制：一种新的公共治理逻辑"，《学海》第 5 期，第 40~44 页。

何东、陈明龙、刘小峰（2022）："亲亲相隐：社会组织项目制何以形成'共谋链'——基于 M 社会工作机构的观察"，《社会工作》第 1 期，第 51~62、105~107 页。

黄红（2021）："专业化高质量推动社工站建设 为基层社会治理现代化赋能"，《中国社会工作》第 31 期，第 25~26 页。

黄晓春（2017）："中国社会组织成长条件的再思考——一个总体性理论视角"，《社会学研究》第 1 期，第 101~124、244 页。

黄宗智、龚为纲、高原（2014）："'项目制'的运作机制和效果是'合理化'吗？"，《开放时代》第 5 期，第 143~159 页。

雷杰、易雪娇、张忠民（2022）："行政化导向的新管理主义：乡镇（街道）社会工作站建设与政府购买社会工作服务——以湖南省'禾计划'A 市项目为例"，《社会工作与管理》第 4 期，第 62~74 页。

梁兵、施国庆、张波森（2022）："专业社会工作介入政府购买养老服务项目的困境与脱困策略——以南京市 J 区为例"，《社会保障研究》第 2 期，第 3~9 页。

刘安（2021）："社区社会组织何以'悬浮'社区——基于南京市 B 街道项目制购买社会服务的考察"，《中央民族大学学报》（哲学社会科学版）第 4 期，第 100~105 页。

刘丽娟、王恩见（2021）："双重治理逻辑下政府购买社会工作服务项目的运作困境及对策"，《社会建设》第 3 期，第 73~84 页。

刘战旗、史铁尔、赵兰、胡建新、毕文强（2021）："湖南乡镇社工站建设实践经验与启示"，《中国社会工作》第 25 期，第 41~44 页。

马良（2021）："社工站：推进基层治理创新的'集成性'阵地"，《中国社会工作》第 1 期，第 30 页。

苗大雷、王修晓（2021）："项目制替代单位制了吗？——当代中国国家治理体制的比较研究"，《社会科学文摘》第 10 期，第 58~60 页。

渠敬东（2012）："项目制：一种新的国家治理体制"，《中国社会科学》第 5 期，第 113~130、207 页。

任敏、吕江蕊（2022）："'五社联动'中社区基金的探索与实践"，《中国民政》第 6 期，第 58~59 页。

任文启、顾东辉（2022）："基层治理专业化视野下社会工作站建设的进程、困境与实践策略"，《社会工作与管理》第 6 期，第 50~59 页。

沈费伟、张丙宣（2019）："项目制：社会治理创新的模式与逻辑"，《长白学刊》第 3 期，第 110~118 页。

史普原、李晨行（2021）："从碎片到统合：项目制治理中的条块关系"，《社会科学》第 7 期，第 85~95 页。

王杰（2019）："组织合作视角下社会工作项目制探讨"，《社会与公益》第 2 期，第 80~83 页。

王清（2017）："项目制与社会组织服务供给困境：对政府购买服务项目化运作的分析"，《中国行政管理》第 4 期，第 59~65 页。

王思斌（2021）："乡镇社工站建设中的'政策共同体'"，《中国社会工作》第 16 期，第 7 页。

王思斌（2022）："在事业与专业互促思路下推动乡镇社工站建设"，《中国社会工作》第 25 期，第 6 页。

王向民（2014）："分类治理与体制扩容：当前中国的社会组织治理"，《华东师范大学学报》（哲学社会科学版）第 5 期，第 87~96、180~181 页。

吴斌才（2016）："从分类控制到嵌入式治理：项目制运作背后的社会组织治理转型"，《甘肃行政学院学报》第 3 期，第 80~87、128 页。

谢正富、施海潮（2022）："行政吸纳专业：乡镇（街道）社会工作站建设及运行的实践逻辑"，《岭南师范学院学报》第 5 期，第 74~81 页。

徐选国（2021）："政社联结：发达县域乡镇（街道）社工站的整合模式"，《中国社会工作》第 21 期，第 9 页。

徐勇（2022）："公共服务项目制购买的功能、困境与出路"，《中共南京市委党校学报》第 3 期，第 82~88 页。

颜小钗（2021）："城乡社工站的一场'组团式'治理实践"，《中国社会工作》第 31 期，第 21~22 页。

颜小钗、王思斌、关信平（2020）："镇（街）社工站怎么定位？怎么建？"，《中国社会工作》第 25 期，第 10~11 页。

姚进忠（2021）："服务型治理：乡镇（街道）社工站运作的追求"，《中国社会工作》第 31 期，第 26~27 页。

易松国（2013）："民办社会工作机构的问题与发展路向——以深圳为例"，《社会工作》第 5 期，第 21~25、151 页。

尹利民（2015）："也论项目制的运作与效果——兼与黄宗智等先生商榷"，《开放时代》第 2 期，第 143~156、6~7 页。

尹忠海、陈颖洁（2023）："乡镇（街道）社工站的发展类型与融合路径——基于新公共管理视野的反思"，《社会工作》第 1 期，72~86、109 页。

于君博、童辉（2016）："项目制：一种新的国家治理模式的文献综述"，《南京农业大学学报》（社会科学版）第 3 期，第 146~155、160 页。

余成龙、冷向明（2019）："'项目制'悖论抑或治理问题——农村公共服务项目制供给与可持续发展"，《公共管理学报》第 2 期，第 147~158、176 页。

袁华音（1993）："民政工作与社会工作趋合论"，《社会学研究》第 4 期，第 53~60 页。

翟福利、李竹翠（2022）："'外包式'社工站起步阶段怎么走——基于黑龙江省乡镇

（街道）社工站建设的调研"，《中国社会工作》第 6 期，第 26~27 页。

张和清、廖其能（2020）："乡镇（街道）专业社会工作发展中互为主体性建构研究——以广东'双百计划'为例"，《社会工作》第 5 期，第 30~34 页。

张振洋（2017）："当代中国项目制的核心机制和逻辑困境——兼论整体性公共政策困境的消解"，《上海交通大学学报》（哲学社会科学版）第 1 期，第 32~41 页。

赵军雷（2020）："新时期乡镇（街道）社工站建设策略初探"，《社会与公益》第 12 期，第 52~55 页。

周雪光（2015）："项目制：一个'控制权'理论视角"，《开放时代》第 2 期，第 82~102、5 页。

迈向"赋权由我"的整合性社会工作实践与本土理论建构

——基于对上海黄浦区"蓝丝带"项目的质性研究*

徐选国　赵　杨**

摘　要　赋权是社会工作者协助服务对象增进自身权能的过程和结果,但在实际服务中出现了后者在某种程度上的去权,以及在服务关系中的主体性弱化现象,导致"赋权服务悖论"的产生。这与赋权理论自产生以来就形成"赋权予人"的专业脉络及其对社会工作者的专业实践进行着深刻的形塑密切相关。对上海市黄浦区妇联推动的"蓝丝带"乳腺癌患者康复服务项目实践进行的质性研究中发现,社会工作者与医疗系统、公共卫生、心理咨询等专业力量形成了整合性服务行动网络,建构了由"多学科支持、多主体联动、多理论融合、多系统连通"组成的社会服务行动系统,促进了乳腺癌患者主体性的生长与再生产:乳腺癌成员作为一个独立自由的个体获得了自己的主体性权利,同时作为一个社会关系的个体又履行了自己的主体性义务,权利自觉与义务自愿成为推动服务对象自我持续性赋权的核心动力。本文将这种通过整合性行动聚焦成员主体性生长的专业实践概括为"赋权由我"的社会服务取向,超越了以往较为碎片化的赋权悖论讨论或实践研究,促进了赋权理论在本土实践中的理论创新与效能提升。

---

* 本文系国家社会科学基金一般项目"中国特色社会工作的主体自觉与自主知识体系建构研究"的阶段性成果。

** 徐选国,华东理工大学社会与公共管理学院社会工作系副教授、博士生导师,E-mail:xxg870530@163.com,研究方向为基层社会治理、社会工作本土化与社区社会学;赵杨,华东理工大学社会工作专业硕士研究生,研究方向为社区治理与社会工作本土化。非常感谢编辑部及外审专家前后几轮极具建设性的修改意见和建议,感谢王瑞鸿副教授、安秋玲教授等师友提出的有益意见,陈杏钧在资料搜集上给予了大力支持,在此一并致谢。

关键词 赋权理论 赋权予人 赋权由我 主体性建构 整合性实践

一 问题提出

赋权（empowerment）概念是所罗门（Solomon）在黑人聚居社区进行社会工作实践时的重要理论创新。所罗门认为，在社会环境中存在压迫和阻碍人们发展的权力障碍，人们在这种环境中逐渐产生"无力感"与"失控感"，这种环境甚至影响人们的正常社会生活与社会交往，而社会工作者通过提供赋权服务，增进成员与所处社会环境的正向互动，挖掘成员的优势，提高其自主决策能力与社会参与能力，帮助成员在生活中增强控制感、消除无力感（Solomon，1987）。赋权工作方法突破了病理取向"归因于内"的价值认识，关注到社会系统中的权力障碍和结构性因素对成员发展的限制与排斥，开拓了社会工作新的认识领域。经过多年的发展，赋权理论已经成为社会工作领域的重要理论基础与实践框架，其"去污名化"、"去标签化"、"增强权能"和"赋予权力"等核心价值理念得到了社会工作者的广泛认可与运用，在国内社会工作实践中也被普遍使用。

那么，赋权理论在社会工作实践中的实际效用如何？有学者指出，在具体实践中存在社会工作者不加批判地使用赋权理论、假设赋权服务会毫无疑问地带来积极结果的现象（Berg et al.，2009；Mohajer & Earnest，2009）。他们没有关注到围绕着赋权本身在社会工作者与成员之间产生的权力紧张关系，在家庭服务、青少年服务以及老年服务等多个领域，皆有学者指出在赋权服务中存在赋权悖论现象——社会工作者为成员提供赋权服务却使得成员产生某种程度上的失权甚至去权现象（Ngai & Ngai，2007；Lam & Kwong，2012；Dunn & Moore，2016；吴帆、吴佩伦，2018；Okpokiri，2021）。针对这一点，既有研究提出了"反思式赋权服务"（Bay-Cheng et al.，2006；Kam-shing & Yip，2004）、"参与式赋权服务"（Cornish，2006；Trotter & Campbell，2008）以及"合作式赋权服务"（Lam & Kwong，2014）等主张。尽管赋权悖论现象在某种程度上已经被研究者和实践者所意识到，但这些讨论主要集中在其理论风险与实践思考上，事实上，在理论的创新性与完整性上仍然存在一定限度。

本文基于笔者对上海市黄浦区"蓝丝带"乳腺癌患者社区康复服务项目的长时段参与式观察发现,社会工作者通过整合康复服务项目中的医生、社区公共卫生专家、心理咨询师、社区工作者等不同主体,形成优势互补的康复服务网络;同时,在项目实施过程中,社会工作者注重开展以乳腺癌患者为中心的服务实践,激发了乳腺癌患者的主体性,在保障她们获得主体权利的同时,积极承担相应的义务,促成了该群体在权利自觉与义务自愿上的主体彰显,在权利义务均衡的前提下推进了该群体的持续性赋权。基于此,本研究拟探究的核心问题是:"蓝丝带"乳腺癌患者社区康复服务项目如何促成了乳腺癌患者的主体性成长,并实现了该群体的持续性自我赋能实践。质言之,促成乳腺癌患者康复服务得以彰显成员主体性的核心服务机制是什么。本文呈现了社会工作联合多元力量共同构建乳腺癌患者康复服务网络的实践逻辑,从成员主体性成长与再生产过程中寻找到破解"赋权悖论"的新型服务取向与实践,并进一步阐释了这种实践的内在机理与核心观点,为赋权理论的本土化应用以及服务对象的持续赋能探寻出可行之道。

二 赋权产生、赋权悖论与"赋权由我"的实践脉络

权力作为"掌控"的代名词渗透在人们日常生活的方方面面,人们或多或少地经受着直接或间接的权力障碍,它们阻碍着人们拥有、获得更多发展自己的机会和资源。1976年,为突破现实生活中的权力阻碍,所罗门在黑人社区发起赋权运动,增强黑人族群的"控制感"、"能力感"与"获得感",关注其作为人的本源属性——主体性的提升,并取得了良好成效(Solomon,1976)。然而,受个体因素和结构因素的交互影响,赋权理论一直存在"减权"甚至"去权"的实践悖论,具体表现为专制赋权与工具赋权两种形式,而针对此,学界也给予了广泛关注并积极探寻破解之道。

(一)权力障碍、无力感与赋权的限度

1917年,里士满结合医学思想出版的《社会诊断》一书奠定了社会工作专业化的基础,随后功能学派、诊断学派和心理社会学派在社会工作领

域在较长时间内占据主导地位，将人视为自身问题产生的根源而加以治疗或矫正，旨在实现人与整个社会的正常化。随着时代发展，人们逐渐意识到社会结构问题才是造成个体痛苦的主要根源。20世纪60年代，在西方国家，部分受压迫群体和被污名化群体走上街头进行大规模的社会运动，为自己而战（弗格森，2019：15），这驱动着社会工作者对其严重依赖的医学、心理学作为回应社会问题依据的实务模式进行深刻反思，关注到权力阻碍与无力感之间的作用关系并对其展开研究。无力感是指社会中受到社会歧视的群体所表现出的一种感觉（Kieffer，1984；Torre，1986），是被污名化群体社会成员身份的一种潜在后果，即该群体在与社会主要机构的互动中经历了负面评价和歧视（Solomon，1987）。所罗门（Solomon，1976）指出了三个潜在的无力感来源：被迫者的消极自我评价态度、被迫者与影响他们的外部系统之间的消极互动经验，以及更大的环境系统妨碍和拒绝弱势群体采取有效行动。

人们深刻地感受到了在他们所生活环境中的权力阻碍（Solomon，1976），许多人意识到自己在面对经济制度、政治制度、教育制度、司法制度，甚至在更直接的层面上面对家庭和同辈群体时的无能为力（Parsons，1991）。帕森斯（Parsons，1991）综述了权力缺乏的几种具体表现，如经济上安全缺乏、政治领域经验缺乏、获得信息机会缺乏、财政支持缺乏、抽象和批判性思维培训缺乏，以及身体和情感上的双重压力。所罗门（Solomon，1987）则将权力缺乏与权力压迫整合为直接权力阻碍与间接权力阻碍，并具体指出直接权力阻碍是指未被纳入个人的发展经验，直接被一些主要社会机构的代理人所利用而造成的权力阻碍；间接权力障碍是指那些融入个人的发展经验，作为获取其他重要资源的一种中介结构阻碍，诸如教堂、社区协会和社区组织这样的"中介结构"，它们可能侵蚀了个人与更大环境之间的谈判关系，这显现了一种文化价值观，它声称个人的自主权正遭遇具有压倒性的社会政治现实的压制（Simmel，1903）。

我们可以看到，个人和环境系统之间的权力差异如此之大，以至于个人无法将自己视为有能力为自己采取行动的人，面对这一严峻的社会现实，赋权取向的社会工作实务开始悄然酝酿。赋权理论起源于所罗门针对受压迫的黑人族群展开的研究，并且早期应用于少数族群工作（Solomon，1976），它是指减少对个人或群体具有压倒性的无力感，并指导人们的生活朝着合理满足的方向发展（Solomon，1987），进而提高控制自己生活的能力，提升自尊感和自我效能感。在这一过程中，社工是解决问题的朋友和伙伴，他们帮助人们成为解决问题的行动者。韦氏词典里将"赋权"定义为：赋予能力，其假定权力是由他人给予的，然而，众所周知的是权力很少被放弃，当人们掌握权力时，通常可能是拒绝分享或进行一个最低限度的分享，绝不是简单的给予或移交。斯台普斯（Staples，1990）对这一概念做出了重要贡献，他在"power"一词前加上前缀"em"，并将权力界定为获得或发展权力、持有或夺取权力、促进或扶持权力的过程，这一定义更准确地反映了社会工作的干预实践（Parsons，1991）。基弗（Kieffer，1981）在他的研究中阐释了赋权过程的必要条件：第一，促进积极社会参与的个人态度或自我意识；第二，增进对社会和政治环境进行批判性分析的知识与能力；第三，发展为实现自己的目标而制定行动策略和培养资源，以及与他人合作和实现集体目标的能力。可见，赋权理论的核心在于强调人的主体性及其对社会政治议题的积极反映，并形成有利于改善个体或群体处境的行动。

追求平等与个体自由的社会运动强调人的主体性回归，并促使了对病理取向社会工作实务的专业反思，不断追寻以"人"为核心的社会工作本质。在此影响下，英国及其他国家的社会工作者逐渐走出了服务个体化、狭隘化和病理化的困境，不断关注到结构因素对个人发展的制约。他们通过赋权行动协助成员增进其获取权力、控制权力甚至改变权力的能力，然而，在这一过程中社会工作者的专业自主权和成员的决策自主权之间存在矛盾紧张关系，主要表现为专业自主权有意无意地对决策自主权带来侵蚀，造成服务对象低能、去能乃至增能异化等赋权悖论，即社会工作者为服务对象提供以赋权为目的的服务却在某种程度上使成员的自我权力损伤甚至失去，降低了服务对象自我持续赋权的可能。尽管有不少学者意识到赋权实践中的这种追求平等却再造了专业关系不平等的事实，但是，真正平等的专业关系建构却十分困难，导致社会工作的赋权行动难以如其所是地达到其预期目标。

（二）专制赋权与工具赋权

结合社会工作实践和既有研究进展，本文将赋权实践悖论概括为专制赋权和工具赋权。其中，专制赋权是指社会工作者将自己作为专业人士对成员进行指导教育，减少了成员自我决策和自我控制的权力并降低了相关能力。米诺（Minow，1985）认为，赋权本身具有差异的困境，社会工作者将成员的需求或问题视为环境压迫的结果（Solomon，1976），因而通常把他们的角色定义为干预成员与环境之间的互动，其开展服务主要针对互动的个人、家庭或群体（Solomon，1987），这种干预的巨大广度增加了从中借鉴的学科广度，并且实质上使知识在服务领域成为一种极大的优势，社会工作者作为专业人士的知识优势为他们在服务关系中的统治地位提供了正当性。福柯（1997：31~32）认为，知识与权力的关系密不可分，因为在实践中，知识总是被应用于社会行为规范并使人在权力阶层中向上移动，而社会工作者所服务的成员通常处于贫困与被剥夺的情境之中（Schorr，1992：8），这限制了成员获取与拥有比社会工作者更多知识的可能性，社会工作者从而在服务关系中占据有利地位，因而具有权威性。杰弗里等（Geoffrey et al.，1998）进一步指出，在多年社会化背景下，"控制"的法令和社会工作者作为专业人员唯一拥有"知识和真理"的观念不断灌输和内化给我们，这使得在赋权过程中，成员往往不是感到通过自己赋权，而是感到被"专业人士"赋权（Lam & Kwong，2012），这使得原本就处于权力缺失状态下的成员感到更加无能为力，赋权服务实质上异化成"减权"甚至"去权"服务，可能加剧服务对象的无权处境，背离了赋权服务的原初理念。

工具赋权则是指随着外部服务环境的变化，赋权服务的可能性会被结构和意识形态塑造或限制（Williams & Labonte，2007），在这种环境下，社会工作者有意或无意地产生利己行为，进而导致赋权服务工具化现象的产生，这与市场化和新管理主义对社会工作服务机构和社会工作者角色的消解密切相关。林青文、邝伟民（Lam & Kwong，2012）在一个旨在发展一种新的父母教育模式的行动研究中发现，香港政府与专业人士相互配合建构父母教育的重要性，使父母注重寻求专家意见和指导，从而把自己的教育权交给专家，即使是在一定程度上提高了父母的教育能力，但这在不知不觉中剥夺了父母的教育权力。斯宾赛（Spencer，2014）在一项关于赋权与年轻人健康的人种志研究中指出，年轻人的健康被官方定义了，赋予权力的过程是与官方定义的积极健康做法相一致的行动。这种做法忽视了一些年轻人可能具有的与他们的健康相关的不同优先事项和促进健康的替代方法（Percy-Smith，2007；Spencer，2008）。在这样的情境下，社会工作者陷入两难困境，他们不被成员信任，也不被政府信任，逐渐由服务提供者变成了管理者、控制者，甚至惩罚者（Jones，2005）。同时，在社会工作机构企业化运作的影响下，社会工作者自身的风险增加，赋权的内涵变得越来越模糊，且社会工作服务也越来越偏向管理和资源的链接（童敏，2019：465）。有效服务成员并促成他们改变的专业活动因日益增加的个案量、行政事务以及服务信息化/档案化等重重压力已不被社会工作者重视或无以为继。为了完成规定任务和达到绩效要求，社会工作者可能会自觉或不自觉地降低服务质量（Scottish，2006：28），进行选择性服务（文军、何威，2016），隐瞒部分信息并引导成员契合社会工作者的自我需要，以及社会工作机构的目标，进而出现合法化操纵成员的情形（帕顿、奥伯，2013：99）。上述行为在赋权服务中日益普遍，社会工作者通过建构自己的专家身份，引导成员配合自己的工作导向以完成工作任务，并将赋权服务作为一种流行的服务方法而不管成员是否适合进行赋权服务或者是否真正达到赋权目标（Kam-shing & Yip，2004）。社会工作者根据自己的需要将成员进行形塑，这种行为使赋权服务发展出现了某种程度上的倒退，这种工具化赋权服务使赋权服务在某种程度上丧失了其应有之义（Spencer，2014）。

总之，在复杂权力关系的影响下，成员接收的某些"事实"并不一定是真正的事实，社会工作者可能会以一个"高权者"的姿态将自我理解的"事实"建构为成员所理解的"事实"，并受环境结构影响有意无意地产生利己行为，导致成员的主体性在社会工作者的专业化压迫和合法化操纵下被削弱甚至丧失（帕顿、奥伯，2013：99）。笔者认为，这种赋权服务实际上是在"赋权予人"的服务脉络下进行的"伪赋权"服务，具有内在限度，它拷问着当前的社会工作赋权实践缘何走向去权化实践，催生着尊重服务对象主体性、推动服务对象主体行动的新型赋权服务实践取向。

（三）克服"赋权悖论"理论限度的实践探索

由于专制赋权与工具赋权这两种"赋权予人"式的"伪赋权"服务损害了服务对象的主体性与能动性，背离了其"赋权"的初衷，研究者们指出，在赋权服务过程中应注重非指导性、反身性与合作性（Barry and Sid-way，1999），并从多个角度展开了试图跳出"赋权悖论"的实践探索。

部分研究者从赋权服务的过程出发探寻增加赋权可能性的模式方法。他们在研究中发现，服务语言的隐性去权形塑着服务者与受助者之间的不平等权力关系，并提出可通过"资源导向的语言""协作的语言""所有权的语言""解决方案的语言""可能性的语言"等来增加服务对象的主体能动感受和权力感受（Malterud & Hollnagel，1999；Greene，2005）。还有研究进一步指出，在医疗小组中增强人际互动、经验分享以及情感体验等支持性因素能够显著增强患者的赋权效果，提升其自尊自信与自我效能感（Wood et al.，2010；Mo & Coulson，2014），且与社区生活相联结的小组服务能够增加个人与集体赋权的可能（Boehm，2003）。童敏、周晓彤（2022）则指出，社会工作除了将自我增能融入居民的日常生活实践中以提升基层治理实践的服务效能外，还要让中国文化精神资源贯穿整个基层治理实践，这种观点试图将微观赋权行动与宏观治理系统进行连接，旨在构建不同层次的社会工作赋权目标。

也有研究者从赋权服务的结果出发阐释赋权服务的重要效用。在一项关于舞蹈者课堂情感状态的研究中，研究者发现舞蹈者对教师创造的赋权环境的感知正向预测了舞蹈者在课堂上的积极情感变化（Hancox et al.，2017）。同样，一项关于运动员感知教练创造的动机气氛对自己目标动机、目标调节以及目标参与的影响的研究显示，当处于教练营造的赋权环境中时，运动员更可能追求具有自主动机的目标，相反，在非赋权环境中，运动员更可能选择受内外部压力控制的目标（Martínez-González et al.，2021）。我国香港学者甘炳光（Kam，2002）也在社会服务专业人员和老年人的服务实践中发现存在专业权力控制成员的倾向，这说明积极支持的赋权环境能够促进个体的主体性作用发挥，消极控制的赋权服务则在实际上增强了成员的无力感、无能感和低自尊感。

不难看出，研究者们已经意识到了赋权服务过程中隐含的"赋权悖论"并从不同的研究视角出发尝试进行探索和突破，取得了一定的研究成果，这对我们理解、开展以及研究赋权服务是有价值的，但目前这些探索和实践较为零散化与碎片化。笔者以上海市黄浦区"蓝丝带"乳腺癌患者社区康复服务项目为研究对象,更加注重探寻尊重服务对象主体性、推动成员主体行动的新型赋权服务取向,以期形成具有系统性、指导性的理论实践模式。

三 社会工作介入"蓝丝带"乳腺癌患者康复服务的整合实践

(一)研究方法与案例介绍

本文以 2014 年以来上海市黄浦区"蓝丝带爱心关护"社会公益项目为基础,运用质性研究中的案例研究方法深入呈现社会工作联合多主体促进乳腺癌患者康复服务的行动逻辑与微观机制。既有研究表明,案例研究有助于体现对理论的建构与验证功能(Eisenhardt,1989),本研究通过对该项目的案例研究,旨在评鉴赋权理论在实践中的应用效度与限度,并结合实践对赋权理论进行新的可能性建构。乳腺癌作为一种女性常见的恶性肿瘤,其发病率位居全球女性恶性肿瘤之首,死亡率居第 4 位,我国作为世界第二人口大国,乳腺癌对于我国妇女身心健康的严重威胁不言而喻。2007 年上海市修正的《上海市实施〈中华人民共和国妇女权益保障法〉办法》中的第二十四条第二款规定:"市和区县人民政府应当至少每两年安排退休妇女和生活困难的妇女进行一次妇科病、乳腺病的筛查。"上海市黄浦区妇幼保健所是一所专门为妇女儿童提供健康教育、预防保健、常见病筛查以及卫生信息管理等公共卫生服务的专业机构,长期以来承担着政府相关惠民政策的落实,其中,针对广大居民进行的"两病筛查"就是自政策实施以来持续至今的重要举措。

自 2008 年起,上海市黄浦区妇联与上海市黄浦区妇幼保健所联合实施市政府"为退休和生活困难妇女实施妇科病、乳腺病筛查"的实事项目,在随后的康复治疗中发现,单纯的物理治疗效果不尽如人意,乳腺癌疾病的特殊性给妇女们的生活带来了长久的伤痛。区别于其他地方仅仅发挥政策要求的"两病"筛查功能,上海市黄浦区妇幼保健所自 2014 年以来,就将筛查结果作为进一步提供康复服务的重要依据,通过融合社会工作、医学、公共卫生、心理学等多学科力量,从发现癌症患者到持续的康复服务,进一步将服务扩展至预防性服务上,构建了针对普通人群和乳腺癌患病人群的强有力服务网络。具体而言，2014 年开始，上海市黄浦区妇幼保健所提升其服务层次并扩充其保健内容，承接了上海市黄浦区妇联的专项服务项目，发展延伸出了"蓝丝带爱心关护"社会公益项目，为成员提供心理支持、身体康复以及志愿服务等。2019 年，"蓝丝带爱心关护"社会公益项目引入"将癌症作为慢性病进行健康管理"的概念，在成员中发展慢病自我管理小组，促使成员减轻压力、转变认知以及自我管理，并开展多种形式的社区活动，协助成员融入社区以及回归社会。至此，该项目的服务内容及服务模式基本成熟。到 2023 年为止，"蓝丝带爱心关护"社会公益项目已经开展了 9 年，形成了一套全人健康康复服务模式。

众所周知，社会工作者并非独行者，其通常在团队中与其他社会工作者或其他职业的服务者开展合作服务（Doel，2012：108）。同样，在我国本土社会工作实践中，有学者以残障儿童康复服务项目的实践为例概述了社会工作以成员需求为中心的服务实践，形成了基于多学科合作生产进行服务整合的创新模式（邓锁，2019）。在本项目中，P 社工团队以社会工作服务方法为桥梁纽带，以服务对象的身体康复需求（医学）、心理健康需求（心理学）、社区健康指导需求（公共卫生）等切实需求为出发点，整合了医学、公共卫生、心理学等服务资源，开展了包括个案辅导、小组服务活动及社区融入等活动，为罹患乳腺癌疾病的妇女提供集心、身、社于一体的综合性康复服务支持体系，发挥"1+1+1+1>4"的服务效果。

笔者自 2019 年以评估者身份持续参与此项目多年来的开展与运作实践，聚焦探究社工与服务对象、服务对象与服务对象之间以及服务对象与环境的互动关系与行动逻辑。通过参与式观察、深入访谈与文本档案分析等方式收集了相关研究资料。其中，参与式观察主要是指笔者参与到"蓝丝带爱心关护"社会公益项目的服务实施过程之中，亲身感受与体会其服务过程与实践逻辑；深入访谈对象主要包括项目主要负责人 P 社工及项目主要成员 7 人，10 余名"蓝丝带爱心关护"项目中的成员，以及项目购买方黄浦区妇联和第三方评估机构成员等多方主体，旨在多维度了解项目实施过程中多主体在参与服务康复实践中的行动实践，以及成员的康复变化及主观意义等；文本档案分析主要是指对"蓝丝带爱心关护"社会公益项目自开展以来的相关文件档案材料进行分析，包括项目申请书、活动计划以及评估报告等。为了保护相关人员隐私，本文对被访者进行了化名处理。

（二）"蓝丝带爱心关护"乳腺癌患者康复服务理论解释框架

本研究发现，服务对象常常身处他者（权力）建构的"事实"当中，主体性意识薄弱，而传统赋权理论受个体因素和结构因素的交互影响存在自身无法弥合的局限性，难以充分体现赋权理论中的主体性意涵，甚至进一步削弱了服务对象的主体性意识。面对这一赋权服务困境，主体性视角的引入可以成为增强成员主体性的有力支柱，主体性视角相信人是独立自由的个体，是不受客体束缚的本原的存在，人们可以通过发挥自身的主体性作用推动自由解放，削弱权力束缚。这种对于人的主体性的发挥促进了个体的意识觉醒与自我重构，亦降低了赋权服务中服务对象主体性缺失的限度。同时，主体性视角相较赋权理论而言，更为关注服务对象的现实处境、自我感知，因而与赋权理论关注的关系建构与自我提升维度形成了较好的互补关系，促使服务对象成为自我发展的自由主体。此外，叙事理论指出强大的权力会驱使我们与时代主导的"事实"相一致，湮灭个体的独特性。福柯论述了话语、知识与权力的关系，认为权力与知识是联系在一起的，人类的一切知识是通过话语建构的，知识与权力是一种相互促进和共生的关系。权力通过对"事实"进行论述并将其结果生产为普遍化"知识"，即主流叙事，对人进行驯服（帕顿、奥伯，2013：46）。针对此，叙事理论提出发挥主体间的互助自助作用将主流叙事定义的"问题"加以外化，通过生命故事的重塑与重整（何雪松、侯慧，2020），寻找与创造非主流叙事并对"问题"进行重新建构，协助服务对象进行自我体验、自我解释、自我建构故事以建构新的理解与认知，成为自我完整的独立主体。

可见，主体性视角、叙事理论与赋权理论中"个体性"的反思批判精神和"社会性"的行动传统的内核一脉相承、互为补充。本文通过发挥赋权理论的积极性与进步性，加强主体性视角中个体的主体性尊重与主体性发扬，助推非主流叙事对主流叙事的省察与重构，使这三种理论相互贯通，彼此支持，合力打造了一个有机的理论解释与服务框架（如图1所示）。

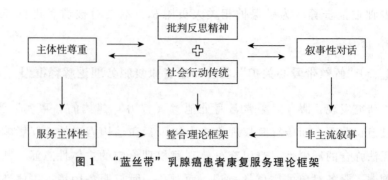

图 1　"蓝丝带"乳腺癌患者康复服务理论框架

（三）"蓝丝带"乳腺癌患者康复服务的本土实践逻辑

本文通过整合以主体性视角、叙事理论与赋权理论为核心的理论框架，关注"蓝丝带"成员的自我主体性得以积极充分发挥所带来的力量感与信心感、在主体间的互助自助关系作用下解构"事实"，书写非主流叙事，加强对自我及环境的反思批判，以及在社会环境中的自我作用影响与自我价值实现，持续性地进行自我赋权。在这一过程中，社会工作者亦积极发挥自身的能动作用，协助成员进行自我赋权，发挥整合范式社会工作的包容性（刘莉、何雪松，2021）。通过整合康复服务、公共卫生和心理健康等支持性资源，整合个案工作、小组工作与社区工作等服务方法为成员提供多层次、多方面的系统性服务框架与服务网络。

1. 深化主体互助思想：提升康复信心和自我增能

在本案例中，"蓝丝带"以宗族乡邻间的互助自助精神（孙欣，2017）和新中国建设时期的互助合作经验为社会心理基础和文化根基，辅以国外的互助自助思想，建立具有本土适切性的慢病管理小组，小组明确界定了 P 社工的权责，其具体权责取决于成员分享权力的意愿，基础要求是社会工作者应专注于小组的目标和方法，而非试图强迫小组解决所谓成员们的"问题"（Trainor et al.，1997）。遵循成员自我选择、自我管理、自我监督、自我服务的原则，由成员们进行小组运作，P 社工作为小组的身心康复资源的链接者和小组成长催化的协调者而存在，助力成员的疾病自我管理与小组的整体发展与成长。

　　我原来不会太极，也不会瑜伽，现在会太极的，有一点儿懂瑜伽了。这是我的收获，还有专家讲座，我原来不可能到中大型的这种三甲医院去看病的，现在都有些了解了。还有学手工、学养花，觉得学到了一门手艺，在家里也可以做一些营养餐和养生茶。（2021820-H 成员）

我化疗的时候真的凭良心讲家里又没钱，营养又不够，那时候我为了增加白蛋白，到一些地方去讨那个黄鳝的骨头熬汤，现在别人做化疗的人我也跟她讲，我说你不必要天天买那个黄鳝吃，你就是买点黄鳝，找他要一点那个黄鳝骨头，那个骨头里的白蛋白（补的话）快得不得了。（2021821-W 成员）

在小组里，成员们通过学习养生保健知识和康复运动知识提升了对自我身体的管理能力与控制能力，并对知识进行主体性吸收和群体性扩散，在日常生活实践中进行医学预后知识的自主再生产（姚泽麟、陈蕾，2023），在群体榜样带动和支持下，他们在疾病康复和疼痛体验上获得了更多信心，逐渐降低了因疾病带来的身体失控感，成为掌握身体主动权的责任主体。

我们现在两个组长一个是年轻的一个是年老的，年老的是 81 岁的人，她是大姐嘛，所以大姐讲话他们都要听的，有号召力。然后还有一个相对比较年轻的，她做事情比较多一点，她比较能控制（进度），比较活跃的。她们做的很好，每次到后面配合都不少，就相当于有两个组长，然后小组内也形成了一个约定，比如说大家要面对这种事情应该怎么处理，按照我们大家认为普遍达成的一个一致的排序去做，如果有分歧的话，大家可以交流。（2021731-P 社工）

且随着成员间相互联结、彼此支持、互相信任程度的加深，组长（小组协调员）与规则在组内自然生成，成员们的小组主人翁意识得以确立，价值感、参与感与控制感得到增强（Patience et al，2013），成为促进小组发展的权利主体。

"蓝丝带爱心关护"慢病管理小组就这样慢慢构建了一种"拟家庭化"的安全环境。这种"拟家庭化"的安全环境根源于我国以家庭（家族）为核心的互助自助伦理传统（王思斌，2001）。在这种"拟家庭化"的环境中，有共同疾痛创伤经历或有相同社会污名身份的成员在自愿平等的基础上走到一起，相互支持，彼此鼓励，作为小组的主人与小组共同成长。

> 不管搞什么活动我都很积极参加，我感觉到那边去我心里很放松的那种，没有局促感。我们就像一个大家庭一样。在这里不会被社会上的人用异样的眼光看，是比较被尊重的这种。而且在这里，遇到刚生病难受的，有这个经历多少可以给别人一点安慰。我们自己也会去组织这个包粽子活动。还有像一些景点我们想去参观参观，就组织起来，放松放松自己的心理，大家就像朋友一样出去旅游走走，聚在一起有说不完的话。P社工的工作也做得非常仔细，对于我们，她想的特别的周到，对所有的人都是那么好，非常值得信赖。（2021821-W成员）

成员们就这样在"拟家庭化"的小组环境下疗愈自我、确认自我、发展自我，P社工在这一服务过程中与成员们一起组成每个成员的人际应对网络，成为其自我赋权的支持性资源（张时飞，2004），并对个别成员开展个案服务，兼顾成员的特殊性与普遍性特质，穆恩和博克曼（Munn-Giddings & Borkman，2005）认为，正是自我责任与他人关系的互惠性，以及群体内的后续过程相结合来帮助个人自助，这一"以互助促自助，以自助促互助"的行动逻辑贯穿整个服务过程。

2. 挖掘反思批判内核：增进行动省察和生命意识醒觉

在调研过程中，P社工指出，在过往治病救人的经历中，往往是以一个病人视角去看待患者，精确用药治病，切除病灶治病，将病尽可能治好便到此为止，忽视了患者的社会属性对其病情恢复发展的影响。参加"蓝丝带爱心关护"项目后，她对以往的病理治疗模式进行了批判，关注到社会心理层面对服务对象的影响，并在项目实践中不断进行项目升级与实践创新。

> 我是医务人员出身，我首先从医务角度讲，"生物-心理-社会模式"是我们新型的一个模式，就是不要把她看成一个病人，而是（把

她看作)一个人,一个生病的人。所以我们以前看病,我把她病治好就可以了,但是我们缺少的是关心她的人,她的身心健康,她的需求,她的一些生活方面是怎么样的,我们以往是很少关注的。那么参加了妇联这个项目以后,我们的思路改变了,我们把它就连在一起看了。(2021730-P社工)

通过上面的叙述我们可以看到,P社工在开展服务的过程中采用了区别于以往传统的"生物-心理-社会"综合治疗模式为成员提供服务,带有强烈的反思批判精神,而这种精神正是赋权社会工作的核心特征之一(童敏,2019:463)。

社会工作者作为社会结构中的一员,通常与成员一样在不同程度上遭到社会结构的裹挟,这意味着反思与批判并非仅指社会工作者促使成员看到社会结构对个人问题的建构,在更深层次上更是社会工作者对其自身的剖析与拷问。在专业服务中,作为"以生命影响生命"的主体之一,社会工作者的自身修养会对成员产生深远影响。因此,在小组中,P社工不断增进自身省察,同时协助和催化成员自身进行反思、批判、思考,通过对生命意义的重新理解实现意识醒觉和自我赋权。P社工及其团队在服务中引入慢性病健康管理概念,通过链接专业医生资源为成员开展服务,协助成员转变对癌症的认知,逐渐将癌症视为需要自我健康管理的慢性病,减轻成员心理压力,提高成员自我保护能力。

我心态好多了,现在的心态就好像我们已经不认为自己有病了,不一天到晚想着自己有病,这个身体就已经好了。我们都是这批人,刚开始碰到的时候都问你的病怎么样,也都会介绍自己什么情况,现在都是说有什么地方旅游,去哪里,就是这样。(2021823-X成员)

成员们在经历观念转变与疾痛管理之后,将自我作为叙事对象并与自我展开对话,对"自我"进行重新解读,通过回溯过往生活经验,对疾病、身体与自我进行意义重整(侯慧、何雪松,2019),进行自我体验、自我解释、自我建构故事并建构新的理解与认知,成为明确自身价值的独立主体。

因为我们都是这个毛病，所以大家都可以相互询问，就是什么都可以说，就没有什么隐藏，交流起来比较顺畅。因为我们这个群体都是这样，而且现在这都是慢性病了，所以我们每天要开开心心的。我一直说心情很重要，心情好了一切都好，不要去想这个毛病那个毛病，我每天都没毛病的，我要开心就活得高兴。（2021820-J 成员）

当时的心情我跟你讲那真的难受，那个时候我很年轻，我才44岁就得这个病，后面化疗差不多要好的时候，头发都快没了。后来我糊里糊涂地参加这个活动，后面我一听感觉还蛮好的，就开始慢慢地接触外界了，讲出了我的心声，我就感觉我心理上觉得很开心。（20210821-W 成员）

在小组中，随着相互支持的增多和信任程度的提高，成员间的互助自助程度和自我披露程度逐渐提高，将自己的生活经验作为叙事对象并与他人的生活经验展开对话，扩展了自我看待现实的视角及视野，关注到社会文化、社会资源、社会污名与社会排斥等结构性因素对自我境遇和自我体验的影响（童敏，2019：471；何雪松、侯慧，2020），看到问题困境中的自我优势，以更加积极的方式看待自己，成为行动能够自主的自由主体。成员们在自我叙事反思与他人叙事反思中对"问题"和"身份"进行自我定义与自我赋权，且在更大的环境范围中持续增进反思批判与行动省察。

社会上是有歧视的，有一次我们出去玩啊，我们在车上聊天，说这个药你什么医院开的，她什么医院开的。后来不是10个人一桌吃饭嘛，人家都不愿意和我们一起吃了。他们其实对这个病也不了解，这个又不是传染性的，他们只是谈癌色变。（2021821-Z 成员）

成员在这样的社会环境下，积极地进行自我反思，挑战专家或主导思想，重新定义他们的自我现实和自我身份，逐渐形成一种"小组叙事"和"集体社会身份"，提高了自我意识水平，提升了处境反思能力和自觉行动能力（Gaventa，1993），并在实践中不断反思，再实践以及再反思，进而增强社会参与和社会责任意识，在社会层面发出倡导，加强集体的社会身份建构。

3. 秉持"社会人"整全发展导向：促进个人与社会的有机互动

在内部资源得到充分吸收利用之后，"蓝丝带"成员们开始谋求社会层面上自我境遇的改变，参与并影响社区生活。区别于"赋权予人"的社会变革导向与激进工作方法，"蓝丝带"赋权社会工作服务行动结合我国特殊实践语境秉持渐进发展、温和改良的社会倡导理念。P 社工通过协助成员参与各种正向社区及社会活动，如户外徒步活动、社区垃圾分类志愿活动以及"微公益"活动等，增进其社区融入和社会参与，进而提高其对社区及社会的正向影响，不断扩大集体的正向感染力与影响力，将"小组叙事"转化为"社区叙事"（Rappaport，1993），加强集体身份的社会认可。

我们衡量一个人的健康不再是看她的身体，而是看她的心理，看她的社会适应性，我觉得这不管是从医学角度，还是从我们社会角度上，都是非常契合的。我们整个项目从刚开始的心理支持，一直到现在的综合康复，并且还是到关系到心灵，关系到身体的康复，关系到成员是不是能够回馈社会，做一些有利于社会的公共事业，这些都是我们的服务模式的发展过程。（2021730-P 社工）

我们也希望以后把所有的自己的经历和爱也慢慢地能够尽自己的能力传递下去。因为不管怎么样，有这个经历多少可以给别人一点安慰，就像刚刚生病的人她什么都不懂的，你可以把你的经验和听到的专家的那些知识，多少可以积累一点，可以传播下去。所以有时候我们门口的人，什么身体不好或者什么样，我有时候就会跟他们讲，你要注意点什么，不管他们听不听得进去，你总归在传，总归是持着好心。（2021821-W 成员）

别人关心我，我也应该关心别人，分享一点爱。我觉得参加公益活动蛮有意义的，我们也是人家来关心我，那边远地区比我们困难，我们有这个能力，我们也应该献一份爱心。（2021820-H 成员）

成员自身的能力感、价值感与控制感在社区及社会中得到反哺滋养，对自身所处环境的省察能力不断提高，在实践中进行反思，在反思中进行实践，不断增进对社区及社会的正向影响与感染，持续性自我学习与自我赋权。正如克罗克（Kroeker，2010）所说："行动在本质上与研究连在一起，没有分析的激进主义会适得其反，并有潜在危害，'行动－思考－行动'的循环最有可能赋予权力。"

> 我们在项目上感受到很明显的一个改变就是，我们的成员，她们的心态发生变化了，我们的成员都很阳光，都很健谈，你看不出她是一个癌症患者，你觉得她是一个非常热爱生活的，而且热心于社会的人。她们可能在自己社区里面做志愿者。这是一个改变，是不同于外表的，是内在还有思想观念上发生的改变。（2021730-P 社工）

在"蓝丝带"成员的社区实践中我们可以发现，尊重人的"社会性"是成员们进行持续性自我赋权的关键，脱离社会的自我赋权是危险的，这显示出"以互促自，以自促互"的本质，即处于"群体"之中。生态系统理论认为个人的成长与其生活环境的改变密不可分，同时"人在情境中"理论也认为个人的问题要放在具体情境中进行分析，因为个人问题是在特定的社会（社区）中产生的，这说明了人的社会属性，贾丽民（2013）认为柏拉图的"洞穴隐喻"也暗含着人的社会属性——无论何人都要生活在社会之中，而人们基本上生活在各种意义上的社区中。社区作为人们进行交往互动、经济生活及情感联结的共同体社会蕴含着丰富的社会工作的"社会性"意涵（徐选国，2017）。使社会工作的"社会性"自始至终与整个赋权社会工作的服务过程相容是"蓝丝带"成员进行持续性赋权的关键。

总之，在整个"蓝丝带爱心关护"社会公益项目发展过程中，虽然不同阶段各有侧重，但各阶段相互贯通、相辅相成，成员们通过小组的日常运作与维护工作，自我选择、自我管理、自我监督、自我服务，增强了心理上的控制感觉和实践中的控制体验。通过自我叙事和他者叙事反思"自我问题"，开阔自我看待自我及社会的视野，关注到个人问题中的社会建构因素，从"生活性"中挖掘"社会性"（刘亚秋，2021），在"社会性"中自我建构"生活性",进而迈向"社区叙事",持续性进行自我赋权。项目在黄浦区妇联与黄浦区妇幼保健所的资源支持下,在 P 社工不断增进自身省察、发扬主体尊重与充分链接各类资源构建整合康复服务网络的推动下,在成员们于小组中不断吸取知识、积累经验提高自我对身体的责任感与掌控感的成长下,逐渐形成了"赋权由我"取向的赋权社会工作实践逻辑,自我赋权的服务目的得以实现,成员们的主体权利得以增强。

(四)"蓝丝带"乳腺癌患者康复服务的成效分析

1. 身体逐步康复:从被动接受到自觉管理

项目从开始延续至今,已开展了 7 年,通过系列项目服务活动,"蓝丝带"成员重塑自我,成为更加积极向上、进行自我管理的"能动人"。

成员的活动参与度高。几乎每次活动成员们都能准时参与。因疫情影响,2017~2021 年"蓝丝带爱心关护"项目活动的总参与率为 72%,但成员继续参与下一次项目的参与意向是 100%,接受过项目服务的成员如无客观原因限制基本上都会继续参与后面的项目。在访谈中,我们发现,成员们期望这个服务项目能够一直实施下去,她们中的一些人表示:

> 这个活动真的组织得好,前年我们还送了锦旗到区妇联去,希望他们能把这个项目一直搞下去,每次活动一结束,就会开始盼望着下次(活动)早点到来。(2021821-J 成员)

成员对服务形式满意度高。服务满意度问卷调查结果表示,成员对活动满意度高达 100%,其中有 98% 的成员选择"非常满意",2% 的成员选择"比较满意",多数成员认为"蓝丝带爱心关护"项目服务内容非常贴心且有帮助。例如,有成员表示:

> 我最喜欢的是康复锻炼活动中的太极,学习太极不仅能够让我静下心来,还能让我的身体得到锻炼。(2021820-H 成员)

> 我对瑜伽、插花特别感兴趣,在家里也种花。花都会送你的,还

会教你怎么系围巾，制作手工香囊。（2021823-L 成员）

2. 心理韧性增强：从消极否定到乐观积极

心理量表前后测的统计结果显示，100%的成员的焦虑抑郁情绪有改善，生活变得多姿多彩，生活朝气蓬勃。83.33%（50/60）的成员经过各方面支持，心理状况、生活质量发生了改变；15%（9/60）的成员基本没有变化；1.67%（1/60）的成员出现小幅度的反复，分析其原因多为本成员疾病复发或家庭因素影响，出现焦虑情绪。睡眠质量和生活质量相关量表前后测数据显示，85%（51/60）的成员变化明显，睡眠质量提高，生活质量提高；15%（9/60）的成员基本没有变化，分析其原因可能是其中2位成员第一次评分基础较好，改善空间较小，另外7位成员正处于化疗期间，改善不明显。

参加"蓝丝带"我感慨很多，所以我真的很感谢，积极地去参与。对我自己来说有一个好处，可以接触像我一样的人，本来患病心情是比较低落的，接触以后大家情绪也好很多。我非常感谢你们对我们的关心。（2021821-B 成员）

3. 回归并融入社区：从接受帮助到乐于助人

调查问卷结果显示，通过心理支持，有76.4%的成员，其朋友增加了1~2名，与朋友关系密切，得到朋友的支持；94.5%的成员和邻里关系得到改善，愿意接受邻里的关心；90.9%的成员夫妻关系融洽，在康复期间能得到丈夫的全力支持；在遇到烦恼时，85.5%的成员愿意接受朋友或组织的帮助；积极参与公益活动，勇于面对现实，树立积极、乐观的人生态度，产出成效，达到预期目标。

"蓝丝带"成员在接受来自黄浦区妇联和黄浦区妇幼保健所各社会组织的关爱及帮助后，逐渐找回了健康和自信。从接受帮助到帮助他人，这是项目带给她们除自身改变之外的又一巨大成长。对内，从成员变成项目的志愿者参与其中帮助其他的成员，她们中有的成员自强自立；有的多才多艺，无私教授组里成员；有的把自己在"蓝丝带"中所学到的健康知识和生活经验传递给其他病友；有的和项目一起成长，成为优秀的志愿者，协助项目团队完成各项活动；对外，不断参与社区活动，融入社区，有的成为社区活动的积极力量，有的成为本社区的志愿者，共同组织并参与社会公益活动，真正做到融入社区，发展社区，回归社会。

很感谢妇联支持我们，经常关心我们，我们通过这个平台互相熟悉了，心情也开朗了很多。为了感激大家对我们的关心，我们也开展了捐赠活动，为困难的山区孩子送学习用品，让他们能够顺利成长成才。（2021820-Z 成员）

四 迈向"赋权由我"的社会工作理论建构：一种本土化尝试

在上述"赋权由我"的社会工作实践中，我们可以看到，通过充分发挥自我主体性，促进了服务对象的自我发展及社会关系的改变，在自我发展中影响社会，在影响社会中发展自我，通过自我和社会的有机互动，持续性进行自我赋权。笔者认为，这种赋权实践不同于以往以社会工作者为中心开展的赋权实践，而是基于本土实践情境中形成的、以服务对象为中心的赋权实践。

（一）从天赋权利到自我赋能：主体性的产生与确认

贾丽民（2013）认为，对于人的主体性的关注来源于人与自然的辩证关系，人对自然的理解影响着对人自身及权利的理解。在渔猎农耕文明时期，限于人自身的认识水平，人对自然的态度是敬畏与服从并存，遵从自然法则生存，将自身定义为自然的依附，权利意识淡薄，随着科学研究的进步，人对自然认识水平的提高，启蒙运动应运而生，自然崇拜与神学宗教的束缚减弱，人的能力和价值得到高度肯定，人以天赋的自然权利来确立自身，催生出征服自然的意识观念。工业革命以来，人的生产力水平大幅度提高，对自然开发利用的广度和深度达到前所未有的程度（穆艳杰、于宜含，2019），自然在人面前彻底"祛魅"了，成为人欲望的工具，人甚至宣称是自然的主人，其主体性得到了空前的强调，这种自然观投射到社会上则使得权利观发生某种转变，由天赋（自然）人权转变为人赋（自由）人权（贾丽民，2013），人们为争取自己的权利而战，如黑人民权运动、女性主义运动等（弗格森，2019：15），而争取权利的基础正是主体性的关键——个体的独立与自由（贾丽民，2013）。随着自然发出警示，人对其对自然的理解进行反思，认为人与自然是和谐共生的生命共同体（穆艳杰、于宜含，2019），其中暗含着尊重自然的主体地位、人与自然平等、自然亦有权利的理念，人的权利观念得到深化，主体性意涵得到拓展。上述话语转向，体现了赋权理论正在走向一种深层话语塑形方式，这种话语塑形方式实质上是一种历史性、情境化、扩大化的知识共同再生产方式（彭宗峰，2022）。

在本研究中，"赋权由我"的发生发展，多个机制共同发挥了重要作用：一是专业社会工作者的跨界优势。P 社工团队是医务人员出身的社工，既能够从医学角度理解乳腺癌患者的疾痛处境，又能够将专业社会工作的同理心、共情以及优势、资源等要素加以整合，形塑了单纯的社会工作实践所不具有的行动网络优势。二是服务对象在团体病痛经历中生发出从康复信心提升的自我感知、生命意义醒觉到互助网络构建、参与社区议题的转变要素，成为她们从"消极""残缺的人""无能者"向"为自己做主""珍惜自己""关心别人"转变的内在力量，在此过程中生发出为自己和为他人负责的主体权利与责任。三是妇联组织搭建的社会工作、医疗卫生、公共卫生以及居委会等多元行动主体构成的服务行动网络，这个行动网络以专业社会工作者为核心进行牵引，将服务对象的需求和问题纳入个体与结构的双重脉络之中，整合医疗和公共卫生资源为服务对象康复提供支持，通过专业社工方法、理念，以及社区居委会资源为服务对象提供精神关怀和社会支持网络。这种整合性的专业行动网络成为服务对象持续性自我赋权的重要保障。

（二）"权利自觉"与"义务自愿"：主体性的内核与完形

自然在与人的较量中不断溃败，人的主体性则不断增强，从某种意义上说人与自然的关系是人一步步从依附于自然、征服自然到独立于自然的转变，这显现出人与自然自由发展的本质（穆艳杰、于宜含，2019），普遍主体性得到确认，以平等与尊重为基础的独立自由权利观、个体权利特殊性深入人心，个体具有自主性及选择能力得到广泛认可（贾丽民，2013）。但在关注到个体权利特殊性的同时，我们也不能忽视与其相对应的义务责任关系。个体义务通常被认为是对他人、集体和社会所履行的责任，指涉道德约束、制度规范及法律要求等方方面面（肖霞、马永庆，2017）。这表明义务是作为个体连接与其相对的客体的存在，并隐喻了个体的社会性身份，即个体出生、成长并互动于群体之中，需遵循群体契约精神，在享有个体权利的同时也要履行群体义务。而作为群体进行主要互动交往的社区，是个体进行群体义务实践的重要场域，个体在社区中充分发挥其主体性，成为有意愿、有协作的社区行动者（陈伟东，2018）。在社区场域中积极履行自我义务，使权利与义务作为一个完形而存在，不过度强调任意一方，个体权利的过度强调往往会放大其私欲侵犯他者利益进而造成矛盾与冲突，集体义务的过度强调则往往会禁锢个体的正当权利造成个体的主体性窒息（储昭华、汤波兰，2015）。所以，权利与义务应是一个统一、平等与互惠的范畴，集体保障个体权利的发展，个体履行义务维护集体利益，相生相伴，形成权利自觉、义务自愿的良好局面，他者、群体及社会的力量弥合了个体自主性或行动的限度。

综上所述，尊重和发扬"主体性"是服务对象作为一个独立自由的个体应有的权利和作为一个社会关系的个体应履行的义务。"赋权由我"取向的赋权社会工作理论正是以发扬人的"主体性"为核心，认为人能够通过努力促成自我改变，自己为自己赋权，在自我赋权的过程中获得控制感、价值感与尊严感，即服务对象在自我赋权的过程中感受到"自我"的存在，而非"自我问题"的存在，并在多主体机制的共同作用下，自然而然地与"社会"产生联结，汲取社会知识，使用社会力量，觉知自我，成长自我，完善自我，成为能够不断进行自我赋能的社会生命体。

（三）"赋权由我"社会工作理论的核心观点

"赋权由我"取向的赋权社会工作将服务对象视为独立人与自由人，尊重服务对象的"主体性"，相信服务对象有能力进行自我赋权，能够自我选择并为自己的选择负责。社会工作者在服务过程中亦作为主体而存在，扮演协助者与促进成长者的角色，与服务对象进行主体间的互动，其包含以下四种核心观点。

第一，作为独立人的服务对象与他人都是平等的，能够不依赖于他人做出选择，其选择的结果是基于自己的认识进行行动的过程，其在认识上与行动上都是独立的，作为自由人的服务对象是在充分认知自我及他人权利的基础上展开行动，其行动的范围不受限制，是有能力"做到自由"和有权利"去自由地做"的统一（徐正铨，2018）。第二，服务对象的独立性与自主性是相辅相成的，能够通过增进自我认知水平减少对他者的依赖，提高自我独立程度，降低受他者限制的可能，扩大可选择的范围，提高审视"自我"处境与觉察"自我"存在的程度。第三，服务对象具有独立性的同时也具有社会性（刘亚秋，2021）。服务对象作为独立人与自由人的权利需在社会场域中得到实践，在"社会"中增进自身，在增进自身中影响"社会"，脱离社会性的自我赋权是无意义的。明晰自我权利与履行自我义务是增进社会性自我赋权的关键。第四，我们要看到服务对象虽然能够自我赋权，但不能使自我赋权普遍化，因为这会损伤他人的主体权利，但可以通过主体间性确认主体间的共生性、平等性和交流关系。主体间性是普遍性的真实基础，它关注主体与主体之间的关系，承诺了一个理性的共同体，对话、理解与协商是其实践路径（贾丽民，2013）。综上，我们能够看到服务对象进行自我赋权具有可能性、正当性与合理性，并且能够借由"自我认知""社会性""主体间性"等进行自我赋权（如图2所示）。

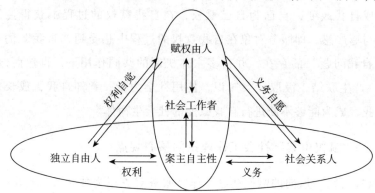

图2 "赋权由我"的社会工作本土理论框架

五 结论与讨论

（一）从"无能者"到"能动者"：社工介入后的群体镜像

赋权理论虽然一经移植就受到国内学界和实务界的大力推崇，但是回溯赋权理论发展的历史、政治脉络，我们不难发现，赋权理论并不能够实现真正意义上的赋权目标。社会工作者在以赋权为目的的服务关系中使得本身就存在权力缺失的服务对象进一步被削权，服务对象在某种程度上失去了对"自我"的掌控。而既有研究虽取得了一定的研究成果，但较为零散，呈碎片化，缺乏系统性的、整合性的理论成果，对赋权实践的指导性作用较弱，"无能者"的阴影依旧笼罩在赋权实践的上空，阻碍着服务对象自我权能的发挥与发展。

在"赋权由我"取向的赋权社会工作服务中，"蓝丝带爱心关护"社会公益项目成员充分发挥服务对象自我主体性作用，将自己视为独立人与自由人，发挥自我选择、自我服务以及自我负责的能动作用；通过不断增进自我反思与自我认知，提高独立性与主体性，觉察自我、发展自我并完善自我；主动进入社会、融入社会，最终回归社会，在"社会"中增进自身，在增进自身中影响"社会"，在社会场域中反思自我、批判自我并重塑自我。通过自我努力破除束缚身体与心灵的三重枷锁，不断提升自我学习与自我赋权能力，成为能够自我负责身体的责任人，成为能够觉察自我存在的独立人，成为能够履行社会职能的平等人。因此，服务对象并非"无能者"，而是被定义了的"无能者"。其实质上是具有自主决策能力和自我行动能力的"能动者"，能够通过积极地发挥主体作用进行自我赋权（李菲菲、王程，2019），社会工作者应转向"赋权由我"取向下的赋权实践，充分尊重和发挥服务对象的主体性，从被动服务承受者向主动创造改变者转变，为服务对象提供自我赋权的发展性服务。

（二）"赋权由我"服务取向的建构：一种整合性的本土社会工作实践

服务对象的"问题"深受社会文化因素的形塑和"赋权予人"专业脉

络的建构，且社会工作者作为社会中的一员，亦常常被社会结构所裹挟，被服务现实所胁迫，成为提供"专业服务"的"专业人员"（Geoffrey et al., 1998）。在大的环境背景下，无论是服务对象还是社会工作者，其自我赋权的可能性往往在一定程度上被限制了。"蓝丝带"社会公益项目则冲破了这一结构樊篱与专业樊篱，在发挥经典赋权理论提升主体性优势的同时建构了以多学科力量支持、多主体协助联动、多理论方法服务为中心的"赋权由我"的本土社会工作服务模式，突破以往赋权实践中服务对象的削权甚至去权。

"蓝丝带"项目在开始实施时发挥了黄浦区妇联与黄浦区妇幼保健所这两个本土服务组织的独特优势，其作为我国妇女服务组织单位具有资源提供的专业性与持续性，且立足于本土需求与本土情境而开展的妇女专项服务项目具有服务提供的合法性与合理性。在过程和结果两个层面上发挥了社会工作者的强大资源整合作用，在服务过程层面，社会工作者明晰其自身权责与服务角色，发挥资源整合作用、理论整合作用与服务整合作用，为服务对象提供成长发展平台与资源支持保障。在结果层面，通过"蓝丝带"项目过程性的、整合性的服务推动形成了包括社会工作者在内的所有服务对象的自我提升整合和社会关系整合集体，以"自我"整合"集体"，以"集体"催发"自我"，形成整合集聚效应，服务对象进行自我学习、自我疗愈与自我赋权，责任主体意识、权利主体意识、自由主体意识及独立主体意识得以提升，社会工作者亦在这一过程中增进自我反思与意识提升，与服务对象共同成长，在催发服务对象自我赋权的同时亦进行自我赋权，实践实现"赋权由我"的真正意涵。

（三）未尽的议题

首先，本研究发现能够助力中国特色社会工作理论体系的建构。尽管本研究仅是一个案例研究，但其研究结果仍具有一定的理论推论意义，进行研究的目的也并非追求统计意义上的理论结果，而是提供一种质性逻辑推论与分析概括。在"蓝丝带"项目的服务实践中，我们可以看到本土社会工作与专业社会工作的深度融合与互动重构，二者共同遵循社会工作的本质特征，即以人为本的根本逻辑（王思斌，2020）。在这一过程中，以黄浦区妇联与黄浦区妇幼保健所为代表的本土社会工作充分借鉴学习专业社会工作的服务模式、工作方法并结合我国具体实践语境进行服务,专业社会工作亦借由这一本土赋权服务增进文化自觉与理论自觉、加深其本土感知与本土认可(何雪松,2014),提高学科自觉性与学科主体性(徐永祥,2018),回归真实的中国现实语境和脉络之中探寻社会工作助力服务对象实现自我赋权之道,形成了迈向"赋权由我"的本土社会工作理论取向,这种理论取向融入了中国社会之中蕴含的互助伦理和求助关系文化,是一种更加符合中国情境的新型实践范式,但这种取向还需要不断在实践中进行应用,形成完善的实践框架和实践模式。

其次,本研究不仅证明了服务对象具有自我持续性赋权的能力,还证明了自我提升、支持资源和持续服务对服务对象进行自我赋权的重要性。"蓝丝带爱心关护"社会公益项目连续开展了9年,稳定持续的项目服务为服务对象提供了可持续成长的安全环境,在这一本土社会工作实践中,我们可以看到,服务对象在吸取支持资源的同时提升自我,在提升自我的同时建构自我支持性资源,达成了"自我"和"社会"的有机互动,增强了自我价值感、自我控制感与自我成就感,提升了自我省察能力与行动反思能力,增强社会参与意识与社会责任意识,扩大集体的正向感染与正向影响,加强集体身份的社会认可并在社会层面发出群体倡导,其以"自我"建构"社会",以"社会"反哺"自身",最终实现自我持续性赋权,实现"赋权由我",为进一步增强"蓝丝带"服务的稳定性与延续性,社会工作者应助推"赋权由我"的本土社会工作服务模式进行制度化落地生根。

最后,本研究尚存在一些不足之处。一是本研究聚焦服务对象的主体性讨论与赋权服务理论突破以期回应当下服务实践中存在的"赋权服务悖论",但"蓝丝带爱心关护"社会公益项目是以女性乳腺癌患者为服务对象的服务项目,在未来的研究中可以进一步结合女权主义、马克思主义女性主义、性别视角、身体社会学等理论视角进一步深入展开。二是本研究虽然聚焦女性乳腺癌群体,但并未聚焦女性视角或性别视角,而是从具体实践情境出发进行了一般性的服务机制研究,囿于研究群体的性别因素,可能在向其他群体推广研究发现时存在一定局限。因此,还需进一步扩大研究对象范围,以对研究发现做全面检验,且本研究服务对象为上海本地及常住居民，在向其他地域进行推广时，亦可能存在一定限制，还需结合当地文化、经济环境进行具体问题具体分析。

参考文献

陈伟东（2018）："社区行动者逻辑：破解社区治理难题"，《政治学研究》第 1 期，第 103~106 页。

储昭华、汤波兰（2015）："在权利与义务之间——西方正义思想的价值论基础及其耦合"，《湖北大学学报》（哲学社会科学版）第 4 期，第 15~20、148 页。

邓锁（2019）："合作生产与有效福利治理：基于一个社会服务项目实践的案例研究"，载王思斌主编《中国社会工作研究》（第十七辑），社会科学文献出版社，第 99~114 页。

弗格森（2019）：《拯救社会工作：挑战新自由主义与促进社会正义》，黄锐、孙斐译，华东理工大学出版社。

福柯（1997）：《权力的眼睛》，严锋译，上海人民出版社。

何雪松（2014）："社会工作的'文化自觉'"，《社会建设》第 2 期，第 36~41 页。

何雪松、侯慧（2020）："'过坎'：终末期肾病患者的疾痛体验"，《社会学研究》第 5 期，第 22~50、242~243 页。

侯慧、何雪松（2019）："重整生活世界：慢病女性的日常身体实践"，《上海大学学报》（社会科学版）第 4 期，第 1~13 页。

贾丽民（2013）："从天赋人权到人赋人权——康德权利话语的倒转意义与内在困境"，《中国人民大学学报》第 4 期，第 64~69 页。

李菲菲、王程（2019）："乳腺癌女性的自我赋权何以可能：基于癌症叙事的思考"，《医学与哲学》第 6 期，第 17~20 页。

刘莉、何雪松（2021）："迈向整合范式的社会工作：超越科学与艺术范式之争"，载王思斌主编《中国社会工作研究》（第二十辑），社会科学文献出版社，第 1~30、258 页。

刘亚秋（2021）："'生活性'与'社会性'：社会学与文学的对话"，《广东社会科学》第 5 期，第 192~201 页。

穆艳杰、于宜含（2019）："'人与自然是生命共同体'理念的当代建构"，《吉林大学社会科学学报》第 3 期，第 170~178、235 页。

奈杰尔·帕顿、帕特里克·奥伯（2013）：《建构性社会工作：迈向一个新的实践》，梁昆译，华东理工大学出版社。

彭宗峰（2022）："走向深层话语塑型方式建构：赋权理论本土化的认知逻辑演进"，《浙江社会科学》第 8 期，第 78~86 页。

孙欣（2017）："以仁为美，以和为贵——传统家训中的互助伦理"，《河北师范大学学报》（教育科学版）第 4 期，第 47~51 页。

童敏（2019）：《社会工作理论：历史环境下社会服务实践者的声音和智慧》，社会科学文献出版社，第 463~471 页。

童敏、周晓彤（2022），"基层治理与自我增能：中国特色社会工作道路的理论审视"，《华东理工大学学报》（社会科学版）第 5 期，第 1~12 页。

王思斌（2001）："中国社会的求—助关系——制度与文化的视角"，《社会学研究》第 4 期，第 1~10 页。

王思斌（2020）："我国社会工作从嵌入性发展到融合性发展之分析"，《北京工业大学学报》（社会科学版）第 3 期，第 29~38 页。

文军、何威（2016），"社会工作'选择性服务'现象及其反思"，《学习与探索》第 7 期，第 38~45 页。

吴帆、吴佩伦（2018）："社会工作中的'赋权陷阱'：识别与行动策略"，《华东理工大学学报》（社会科学版）第 5 期，第 10~20 页。

肖霞、马永庆（2017）："集体与个人间权利与义务的统一——集体主义的本质诉求"，《道德与文明》第 2 期，第 55~61 页。

徐选国（2017）："中国社会工作发展的社会性转向"，《社会工作》第 3 期，第 9~28、108~109 页。

徐永祥（2018）："理论自觉与实践建构：社会学、社会工作的学科使命"，《探索与争鸣》第 12 期，第 27~30 页。

徐正铨（2018）："自由：在权利和能力之间"，《安徽大学学报》（哲学社会科学版）第 6 期，第 31~38 页。

姚泽麟、陈蕾（2023）："从技术主义到生命自决：乳腺癌预后知识的生产与转向"，《华东师范大学学报》（哲学社会科学版）第 55 卷第 3 期，第 106~118、172 页。

张时飞（2004）："组员参与、社会支持和社会学习的增权效果——以上海癌症自助组织为例"，载王思斌主编《中国社会工作研究》（第 3 辑），社会科学文献出版社，第 1~28 页。

Barry, M. and Sidway, R. (1999). "Empowering Through Partnership: The Relevance of Theories of Participation to Social Work Practice." in W. Shera and L. M. Wells (eds) *Empowerment Practice in Social Work: Developing Richer Conceptual Foundations*, pp. 13-38.

Bay-Cheng, L. Y., Amanda E. Lewis, Abigail J. Stewart & Janet E. Malley (2006). "Disciplining 'Girl Talk': The Paradox of Empowerment in a Feminist Mentorship Program." *Journal of Human Behavior in the Social Environment* (13) 2: 73-92.

Berg M., Coman E. & Schensul J. (2009). "Youth Action Research for Prevention: A Multilevel Intervention Designed to Increase Efficacy and Empowerment among Urban Youth." *American Journal of Community Psychology* 43 (3-4): 345-359.

Berger. P. L., and Neuhaus, R. J. (1977). *To Empower People. Washington.* D. C.: American Enterprise Institute for Public Policy Research.

Boehm, A. (2003). "Community Theatre as a Means of Empowerment in Social Work: A Case Study of Women's Community Theatre." *Journal of Social Work* 3 (3): 283-300.

Cornish F. (2006). "Empowerment to Participate: a Case Study of Participation by Indian Sex Workers in HIV Prevention." *Journal of Community & Applied Social Psychology* (16):

301-315.

Doel. , M. (2012). "Social Work the Basics." *Routledge*, p. 108.

Dunn, H. , & Moore, T. (2016). "You Can't be Forcing Food down 'Em': Nursing Home Carers' Perceptions of Residents' Dining Needs." *Journal of Health Psychology* 21 (5): 619-627.

Eisenhardt, K. M. (1989). "Building Theories from Case Study Research." *Academy of Management review* 14 (4): 532-550.

Gaventa, J. (1993). "The Powerful, the Powerless, and the Experts: Knowledge Struggles in an Information Age." *Voices of Change: Participatory Research in the United States and Canada* (21): 40.

Geoffrey, N. , Joanna Ochocka, Kara Griffin & John Lord (1998). "Nothing About Me, Without Me: Participatory Action Research with Self-Help/Mutual Aid Organizations for Psychiatric Consumer/Survivors." *American Journal of Community Psychology* 26 (6): 881-912.

Greene, G. J. (2005). "The Languages of Empowerment and Strengths in Clinical Social Work: A Constructivist Perspective." *Families in Society* 86 (2): 267-277.

Hancox, J. E. , Quested, E. , Ntoumanis, N. , & Duda, J. L. (2017). "Teacher-created-Social Environment, Basic Psychological Needs, and Dancers' Affective States During Class: A Diary Study." *Personality and Individual Differences* (115): 137-143.

Jones, C. (2005). "The Neo-liberal Assault: Voices from the Front-line of British State Social Work." in *Globalisation, Global Justice and Social Work*. Routledge.

Kam, P. K. (2002). "From Disempowering to Empowering: Changing the Practice of Social Service Professionals with Older People." *Hallym International Journal of Aging* 4 (2): 161-183.

Kam-shing & Yip. (2004). "The Empowerment Model: A Critical Reflection of Empowerment in Chinese Culture." *Social Work* 49 (3): 479-487.

Kieffer, C. H. (1981). "The Emergence of Empowerment: The Development of Participatory Competence among Individuals in Citizen Organizations." (Volumes I and II), *University of Michigan*.

Kieffer, C. H. (1984). "Citizen Empowerment: A Developmental Perspective." *Prevention in Human Services* 3 (2-3): 9-36.

Kroeker, C. J. (2010). "The Cooperative Movement in Nicaragua: Empowerment and Accompaniment of Severely Disadvantaged Peasants." *Journal of Social Issues* 52 (1): 123-138.

Lam, C. M. , & Kwong, W. M. (2012). "The 'Paradox of Empowerment' in Parent Education: A Reflexive Examination of Parents' Pedagogical Expectations." *Family Relations* 61 (1): 65-74.

Lam, C. M. , & Kwong, W. M. (2014). "Powerful Parent Educators and Powerless Parents: the 'Empowerment Paradox' in Parent Education." *Journal of Social Work* 14 (2): 183-195.

Malterud, K., & Hollnagel, H. (1999). "Encouraging the Strengths of Women Patients: A Case Study from General Practice on Empowering Dialogues." *Scandinavian Journal of Public Health* 27 (4): 254-259.

Martínez-González, N., et al. (2021). "Perceived Coach-created Motivational Climates as Predictors of Athletes' Goal Reengagement: The Mediational Role of Goal Motives." *Frontiers in Psychology* 12: 740060.

Minow, M. (1985). "Learning to Live with the Dilemma of Difference: Bilingual and Special Education." *Law and Contemporary Problems* 18 (2): 91-92.

Mo, P. K., & Coulson, N. S. (2014). "Are Online Support Groups Always Beneficial? A Qualitative Exploration of the Empowering and Disempowering Processes of Participation within HIV/AIDS-related Online Support Groups." *International Journal of Nursing Studies* 51 (7): 983-993.

Mohajer, N., & Earnest, J. (2009). "Youth Empowerment for the Most Vulnerable: A Model Based on the Pedagogy of Freire and Experiences in the Field." *Health Education* 109 (5): 424-438.

Munn-Giddings C. & Borkman T. (2005). "Self-help/Mutual Aid as a Psychosocial Phenomenon." in S. Ramon and J. E. Williams (eds) *Mental Health at the Crossroads.* Ashgate Publishing Ltd., Aldershot, UK: 137-154.

Ngai, S. Y., & Ngai, N. P. (2007). "Empowerment or Disempowerment? A Review of Youth Training Schemes for Non-engaged Young People in Hong Kong." *Adolescence* 42 (165): 137-149.

Okpokiri, C. (2021). "Parenting in Fear: Child Welfare Micro Strategies of Nigerian Parents in Britain." *The British Journal of Social Work* 51 (2): 427-444.

Parsons, R. J. (1991). "Empowerment: Purpose and Practice Principle in Social Work." *Social Work With Groups* 14 (2): 7-21.

Patience, Seebohm, Sarah, et al. (2013). "The Contribution of Self-help/Mutual Aid Groups to Mental Well-being." *Health & Social Care in the Community* 21 (4): 391-401.

Percy-Smith B (2007). "'You Think You Know? You Have No Idea': Youth Participation in Health Policy Development." *Health Education Research* 22 (6): 879-894.

Rappaport, J. (1993). "Narrative Studies, Personal Stories, and Identity Transformation in the Mutual Help Context." *Journal of Applied Behavioral Science* 29 (2): 239-256.

Schorr, A. (1992) *The Personal Social Services: An Outside View.* New York: Joseph Rowntree Foundation: 8.

Scottish, E. (2006). "Changing Lives: Report of the 21st Century Social Work Review." *Edinburgh: Scottish Executive,* p. 28.

Simmel, G. (1903). "The Metropolis and Mental Life." *The Urban Sociology Reader:* 23-31.

Solomon B. B. (1976). *Black Empowerment: Social Work in Oppressed Communities.* New York: Columbia University Press.

Solomon B. B. (1987). "Petite-Manns, Wilhelmina. Black Empowerment: Social Work in Oppressed Communities" *Social Service Review* 52 (1): 157-158.

Spencer, G. (2008). "Young People's Perspectives on Health-related Risks. " *Educate* 8 (1): 15-28.

Spencer, G. (2014). "Young People and Health: Towards a New Conceptual Framework for Understanding Empowerment. " *Health: An Interdisciplinary Journal for the Social Study of Health, Illness and Medicine* 18 (1): 3-22.

Staples, L. H. (1990). "Powerful Ideas about Empowerment. " *Administration in Social Work* 14 (2): 29-42.

Torre, D. A. (1986). "Empowerment: Structured Conceptualization and Instrument Development. " (Power, Questionnaire Construction, Multidimensional Scaling), Cornell University.

Trainor, J. , Shepherd, M. , Boydell, K. M. , Leff, A. , & Crawford, E. (1997). "Beyond the Service Paradigm: The Impact and Implications of Consumer/survivor Initiatives. " *Psychiatric Rehabilitation Journal* 21 (2): 132-140.

Trotter, J. & Carol Campbell (2008). "Participation in Decision Making: Disempowerment, Disappointment and Different Directions. " *Ethics and Social Welfare* (2) 3: 262-275.

Williams, L. & Labonte, R. (2007). "Empowerment for Migrant Communities: Paradoxes for Practitioners. " *Critical Public Health* 17 (4): 365-379.

Wood, T. E. , Englander-Golden, P. , Golden, D. E. , & Pillai, V. K. (2010). "Improving Addictions Treatment Outcomes by Empowering Self and Others. " *International Journal of Mental Health Nursing* 19 (5): 363-368.

后现象地理学视角下的社会工作物理空间实践

——基于肌肉骨骼疾病老年患者居家生活的个案研究

刘　芳*

摘　要　重塑物理空间是帮扶身体残障群体的必要实践策略，当社会工作者以"人类中心主义"的逻辑处理物理空间和残障身体需求之间的关系错位，适得其反的服务效果要求他们超越单向度思维以重新探究物理空间的实践逻辑。后现象地理学从"多元物质力量交流"的本体论出发解释物理空间的本质及其实践起点，在这一理论指导下，本研究采用聚焦独特经验的个案研究方法分析28名肌肉骨骼疾病老年患者的居家生活故事，发现：（1）物理空间是由人类与非人类物质构造的三种关系单元组成，这三种关系为物际关系、人物关系和人际关系；（2）这些关系单元的内部状态属性——关联性与契合性——的正反组合构成物理空间的两种样态——关系错位和关系吻合；（3）物理空间实践是通过减少断裂/不合属性状态的关系单元以重塑物理空间的样态，使物理空间的样态从关系错位走向关系吻合。这一结论在丰富后现象地理学空间实践框架的基础上，以更加具体的实践指南推动社会工作从"人类中心主义"的单向度实践转向"多元物质力量交流"的关系实践，指导社会工作者开拓物理空间实践领域，以更契合现实的实践逻辑，从而提升居家健康服务的质量。

关键词　社会工作　物理空间实践　后现象地理学

一　问题提出

物理空间的布置显著影响空间中人类的情绪和态度，并塑造人类的行

---

*　刘芳，浙江财经大学讲师，研究方向为健康社会工作，邮箱：swliufang@ zufe. edu. cn。

为（Gutheil，1992）。若社会工作者以服务对象的需求为导向改变物理空间的布置，不仅可以营造信任与疗愈的氛围，使服务对象感受到安全和舒适，还可以激发服务对象的行动力，引导其养成健康的行为习惯（Wujec，2009）。与之相反，若物理空间的布置忽视服务对象的需求，甚至使其感到压抑和排斥，社会工作的干预反而成为压在服务对象身体的最后一根稻草（Jones，2020）。由于身体残障群体亟须物理辅助和行动支持，物理空间的布置与该群体的生活息息相关。例如，肌肉骨骼疾病老年患者的身体需求与家庭物理空间布置之间的张力正在困扰着社会工作者。

肌肉骨骼疾病是指人类身体的关节、骨骼、脊椎等部位因老化、炎症或自身免疫缺陷而引发的躯干磨损和退化，是人类致残的主要原因（World Health Organization，2022）。患有肌肉骨骼疾病的老年人会经历慢性疼痛、躯干变形、身体功能障碍和活动能力丧失等痛苦（Briggs et al.，2021）。这些病症爆发的结果是老年人无法独立支配和更改物理空间中的非人类物质的设计与布置。同时，无法满足残障身体需求的家庭物理空间安排正在加剧其身体磨损。老年患者原有的自立自足的生活秩序逐渐被打乱（Hruschak & Cochran，2017；吴丹贤、高晓路，2020）。为了减缓老年患者的疾痛，进而减少照顾者的照护负担，社会工作者尝试改变老年患者的家庭物理空间，或从居家安全问题着手，进行家庭适老化改造，或关心老年患者的身体残疾，开展无障碍空间设计（张晓筱，2017；陈虹霖、吴晓薇，2019；Mackelprang，2010）。

然而，由于社会工作者倾向从人类个体与人类社会交互的传统思路着手各项改造方案，这种"以人类为中心"的单向度实践存在巨大盲区，即忽视了物理空间中非人类物质对人类行为的影响与限制。关于人类与非人类物质的关系知识的缺位正在阻碍服务目标的实现，社会工作者提供的家庭物理空间改造服务常常因不符合残障身体的形态需要与功能需求而降低了老年患者对物理空间的掌控程度，加速了他们的身体病变与失能，进而导致家庭照顾关系的恶化。为了避免提供适得其反的服务，探究"物理空间中的关系错位是什么样以及如何改变关系错位"成为社会工作者亟须补充的知识和必须回应的实践挑战。探究这一研究问题不仅有助于完善我国社会工作本土实践的知识体系，亦有利于落实《"十四五"健康老龄化规划》的战略目标，推动老年健康服务高质量发展。

二 文献回顾

在社会工作萌芽之初，物理空间这一词语就隐晦地出现在先驱的论述中，如家庭访问制度实现了"跨越地点的网络流动……缩小了空间差异"（Webb，2007），再如睦邻友好运动开启的社区社会工作，将地域、街道和邻里等多维物理空间作为实践的关键点（Henderson & Thomas，2005：83）。

进入 21 世纪，受精神分析流派的影响，社会工作者们专注于探讨个人意义空间与物理空间之间的关联。根据物理空间的地点差异以及意义空间的主体差异，这一时段的"双空间"探讨是围绕以下四种空间关联展开的。（1）案主的家庭物理空间与其个人意义空间的关联。关注这一种空间关联的社会工作者发现，许多个人问题或家庭问题的成因是个人意义空间与家庭物理空间之间的关系错位，社会工作者可通过改变家庭物理空间的结构来满足案主自身关于家庭空间的个体想象和意义解释，从而解决案主正在面临的问题（Jeyasingham，2015：28）。（2）案主的社区物理空间与其个人意义空间的关联。个人对空间的想象和解释并不局限于一个预先确定的物理空间，如家庭，而是发生在社区日常生活的广泛空间中，物理空间范围的变动是根据个人或家庭的需要连接家庭生活的个人和社会方面，因此，社会工作者需要具备多尺度的空间感（Saar-Heiman et al.，2018）。（3）社会工作机构的物理空间与案主治疗体验之间的关联。这一种空间关联聚焦社会工作治疗室的物理空间设计是如何影响案主的舒适感与安全感，以及如何影响他们与社会工作者之间的治疗关系的，并建议社会工作者通过调整治疗室的物理空间设计来增强治疗成效（Bank & Nissen，2018；Jones，2020）。（4）动物辅助治疗空间与社会工作者自我意义空间的关联。这一种空间关联承认社会工作者可以通过参与动物辅助治疗，与物理空间中的非人类生命体建立互动关系，从关系空间中获得情感支持和自我价值，从而促进自我成长（Moshe-Grodofsky & Alhuzail，2022）。

由于个人意义空间的改变容易遭到社会阻碍，社会工作者们逐渐意识到物理空间隐含的社会权力是塑造个人体验的重要力量，他们随之将研究视角投向社会空间、物理空间与个人意义空间三者之间的关联。社会工作者对"三空间"关联的探索亦可按照社会空间的不同面向细分为三条路径。（1）社会空间的物理设置对社会工作者个人实践的影响。如杰亚辛厄姆（Jeyasingham，2018）借鉴列斐伏尔的空间辩证法，关注新公共管理政策的政治过程对社会工作者的办公空间设计与空间移动距离的影响，并质疑这种安排对社会工作实践的有效性和公平性的作用（Jeyasingham，2018）。再如约翰逊（Johnson）等从物理空间的可及性入手，探索残疾人在空间中遭遇的社会排斥及其背后隐藏的政治议程，并反思社会工作的反压迫性实践是如何生产空间排斥和不平等的（Johnson，2020；Ramcharan et al.，2020）。（2）社会空间的权力结构或设计规则与案主身份建构的关联。弗林（Flynn）等探究了社区社会空间结构、现代物理空间设计规则以及社会空间排斥规则是如何塑造案主的身份归属和需求表达的（Flynn & Mathias，2020；Hicks，2020；Littman，2021）。（3）社会空间的本质与社会工作者的空间生产实践。斯派翠克（Spatscheck）等倡导"社会空间"取向的社会工作实践，他们指出社会空间不是静态的"容器"，而是人类、人造物品和社会结构三者的关联聚合和可变安排，社会工作者可以通过社会行动改变空间中的非人类物质条件，创造新的社会空间结构与规则（Spatscheck，2019；Richter & Emprechtinger，2021）。

近二十年的探索充分揭示了空间的三重意象——社会空间、个人意义空间与物理空间以及三者之间既分割对立又相互影响的关系。社会空间、个人意义空间和物理空间之间存在优先次序，无论关注个人意义空间与物理空间的关联，还是聚焦社会空间通过物理设置影响个人体验和行动，物理空间始终处于人类空间的从属位置——作为人类个体及其社会的改造对象和中介手段。从属位置的设定隐喻着物理空间，尤其是空间中的非人类物质，包括动植物与各种人造物品，不具备自主性和能动性的论断。缺乏自主性意味着物理空间只有在人类主体意识到的情况下才能存在，缺少能动性则暗示了物理空间对先验、能动的人类主体的行动及其社会的运行没有限制（Roberts，2019）。囿于"人类中心主义"的思维，社会工作的空间研究与实践都将人类视为凌驾于物理空间之上的造物者，将物理空间视为一个人类生产的、固有的、无须解析的整体存在，忽视物理空间中非人类物质与人类之间的互限和关联，尤其是忽视非人类物质的安排对人类身体的磨损，及其对人类独立行动的限制。因此，至今尚无研究结论能够解答"物理空间中的关系错位是什么样的以及如何改善关系错位"这一问题。

上述研究都将社会工作者视为生产和改变各类空间的积极行动者，反之，将案主视为意义空间更改和社会空间塑造的被动承接者，其结果可能导致社会工作者在空间实践过程中陷入"专家中心主义"，漠视案主的生活经验与真实需求，弱化案主自我改变的动力，增加更多与其生活习性相违背的限制。以服务对象的需求为驱动力可以有效回避"专家中心主义"对空间实践的宰制，因此，在研究伊始需明确肌肉骨骼疾病老年患者的真实生活需求。

已有研究表明，肌肉骨骼疾病老年患者在居家生活场景中至少有以下五个方面的需求。一是管理慢性疼痛。在肌肉骨骼疾病发作的时刻，老年患者的身体将经历持久的疼痛，他们需要使用药物止疼并避免药物的副作用和药物依赖，或者使用非药物疗法缓解疼痛（Wallace et al.，2021）。二是照料日常生活。肌肉骨骼疾病会剥夺老年患者某一身体部位的机能，使他们无法完成一些基本的生活任务，如起床、翻身、穿衣、洗澡、吃饭、排泄等，老年患者需要照顾者协助他们完成这些基本任务（许琳等，2017）。三是重置空间和行动支持。为了在慢性疼痛和身体失能的状态下维持生活秩序，预防空间阻碍或行动无力导致的跌倒，老年患者希望拥有"量身定做"的行动辅助器具和物理空间设计，承担照顾任务的老年患者尤为强调功能性空间（厨房、洗衣间、电梯等）的重塑（李静、谢雯，2021）。四是疏导负面情绪。肌肉骨骼疾病剥夺了老年患者对生活的掌控力，使其持续陷于抑郁和自我贬低的情绪状态。另外，长久忍耐的疼痛和不确定的病情也使老年患者担忧自己未来的生活，常常陷入无助和焦虑的状态，他们需要情绪支持和疏导来缓解负面情绪（Rambla et al.，2023）。五是家庭关系重建。家庭成员的慢性疼痛、身体失能和愤怒情绪会破坏原有的家庭生活秩序、角色任务和沟通模式，如平等的伙伴关系转向剥夺-牺牲的不平等关系，使原本亲密、稳定的家庭结构走向破碎（Lewandowski et al.，2007）。

既有空间研究陷入固有的思维逻辑，无法揭示物理空间中的关系机理，为了超越传统的逻辑局限，挖掘肌肉骨骼疾病老年患者的生活逻辑与改变动力，社会工作者亟须以老年患者的生活需求为驱动，寻找新的理论以指导他们从案主的生活智慧中挖掘新的实践经验，重新审视物理空间中的关系错位以及改善关系的空间实践逻辑。

三　理论与方法

（一）后现象地理学

后现象地理学（Post-phenomenology Geographies）批判"人类主体是世界的中心"以及"人类与物理空间是主客二元对立"的本体论，试图超越人类意图的先验性，从空间本质和空间实践两个角度重新审视人类与物理空间的关系（Wylie，2009；Ash & Simpson，2016；Roberts，2019），为社会工作者探究物理空间的丰富内涵和制定物理空间的改造策略提供了本体论指导。

在后现象地理学家看来，物理空间是多元物质力量关系的结合体，人类和非人类物质同样是物理空间中的一种主体性与物质性的混合体（latour，1996），是物理空间的构成要素，非人类物质不是人类主体的客观背景或附庸（Ash & Simpson，2016），而是与人类共同创造物理空间的主要力量（Lea，2009：374）。正是由于物理空间是人类与非人类物质共同创造的结果，物理空间的形态表现为一种多元的、复杂的物质关系集合，包含人类之间的关系、非人类物质之间的关系以及人类与非人类物质之间的关系（Colls，2012；Boyd & Edwardes，2019：2-3）。人类与非人类物质共同创造空间的活动是一种实践，开始于物质力量关系的建立，最终会改变物理空间中的关系集合的样态，所以物理空间是流动的、不稳定的（Kinkaid，2021；Ash，2020）。

后现象地理学家详细描述了空间实践的第一步——物质之间相互影响并建立关系的过程。物质（包括人类与非人类物质）以特定的方式运动时所呈现出来的方向、形状、速度、质量和响应构成了物质的力量，当不同的物质在运动中相遇，它们会相互交流力量，形成同方向或反方向的力量交流关系。力量不仅包括非认知的、生理上的感受、气氛、情感或者共鸣，例如热量、光、压力、声音等，还包括认知维度上的各种象征意义，例如交换价值、知识、信念等。物质的主体性会引导物质运动，从而在特定的环境与其他物质相遇和相互影响，建立力量交流关系（Duff，2014：132；Andrews，2019；Jones，2020）。

（二）研究设计

后现象地理学没有放弃对人类经验和生活世界的细微理解，只是研究焦点从经验背后的意义转向经验本身的生产和解释。聚焦独特经验的质性研究方法与后现象地理学一脉相承，是探究空间关系和空间生产的有效工具（Lea，2009）。从 2020 年 3 月起，研究者采用质性研究方法中的个案研究法，探究厦门市湖里区 28 名肌肉骨骼疾病老年患者（个案基本情况见表1）在物理空间中的生活经验，思考社会工作实践与服务对象生活之间的距离，寻找改进社会工作实践的逻辑。为实现这一研究目的，研究者使用深度访谈法收集 28 名肌肉骨骼疾病老年患者对"物理空间中关系错位"的意义解释，以及对"改善关系错位"的实践经验。

表 1　个案基本情况

单位：人

分类	特征	数量
性别	男	14
	女	14
年龄	60~69 岁	11
	70~79 岁	10
	80 岁及以上	7
患病情况（身体限制）	关节问题	4
	骨骼问题	9
	肌肉问题	1
	脊柱问题	7
	两种及以上骨骼肌肉疾病	7
行动能力（功能限制）	行动自如（无须借助工具）	15
	行动缓慢（需借助工具）	9
	瘫痪在床	4

注：患病情况与行动能力的分类依据的是每个个案的健康档案表中的医护评估。

鉴于既有的深度访谈法，无论是出自实证主义脉络，还是源自现象学的指导，抑或关注话语诠释，都更关注人类的自我表达或人际关系的构成，这种"人类中心主义"的先验视野决定了深度访谈法对非人类物质信息的无能为力。值得庆幸的是，近些年来，技术哲学和后现象学的新兴打开了社会科学研究方法的视野，为本研究提供了一个可供参考的非人类物质资料的收集方法——深入探索给定技术典型用法（in-depth exploration of the typical use of a given technology）。这种方法以非人类物质尤其是人造物品为研究对象，根据"技术与人类共同塑造生活世界的存在与诠释，技术的主体性出现和分布在人与物品的关系之间"这一假设，通过定性访谈，收集人类话语中出现的人造物品本身的形状、质量、颜色和用途等信息，以及物品中所蕴含的工艺和科技知识（Adams & Thompson，2011）。这种研究方法对人造物品（以下简称"物品"）的关注以及人类与物品关系的假设，为物理空间的探索提供了可操作的载体。

研究者将同时使用深入访谈法和深入探索给定技术典型用法收集家庭物理空间中肌肉骨骼疾病老年患者与其照顾者之间的关系信息［编码为受访者姓氏-性别（M/F）-RR］、老年患者与常用物品之间的关系信息［编码为受访者姓氏-性别（M/F）-RW］、常用物品之间的关系信息［编码为受访者姓氏-性别（M/F）-WW］。接着，研究者使用主题分析法来归纳研究资料隐藏的逻辑线索，经过资料转录、初级编码、二级编码和三级编码等过程，分别得出 3 个主题和 8 个子主题（如表 2 所示）。

表 2 主题与子主题

主题	子主题
物理空间中的关系错位是什么	关系错位的构成
	关系错位的状态
肌肉骨骼疾病老年患者如何应对关系错位	识别关系错位的存在样态
	寻找可以破局的核心关系
	制定改变关系的行动策略
	寻求策略执行的资源支持
应对关系错位的结果是什么	部分恢复：提高关联且契合的关系单元在物理空间中的占比
	阻止恶化：维持关联且契合的关系单元在物理空间中的占比

四 研究发现

（一）物理空间中的关系错位：不合/断裂的多元物质力量关系集合

1. 关系错位的构成：物际、人物、人际

肌肉骨骼疾病是不可逆的，随着时间的推移，老年患者的慢性疼痛和功能限制会越来越严重。为了降低功能限制对日常生活的影响、延缓疾病的恶化以及缓解疼痛带来的伤害，肌肉骨骼疾病老年患者及其家属不得不购买行动辅助器、止疼药物和理疗仪器等物品。

肌肉骨骼疾病老年患者自诉他们很难买到使用顺手的行动辅助器，"顺手"这一标准要求行动辅助器不仅要符合老年患者的身体形态，还要契合地面材质，即行动辅助器底部材质与地面材质之间产生的摩擦力足够支撑老年患者的身体。使用不顺手的行动辅助器可能会导致更严重的跌倒，加剧肌肉骨骼疾病的损伤程度，缩小老年人可以自由行动的空间范围，切断老年人与一些物品的关联。使用轮椅的 Bao 奶奶在谈及自己为什么会坐上轮椅时提到：

> 一年前，我女儿给我买了一个新的拐杖。用这个拐杖的第一天我就发现，家里地砖很滑，这个拐杖头撑不住地，在家里走要很慢很小心，出去在水泥路上用就没关系。我想将就地用一用，没想到就在家里滑倒了，胯骨骨折，下半身动不了了，只能躺在床上。（Bao-F-WW）

如果说 Bao 奶奶的分享揭示了物品与物品之间的关系错位如何影响到人类的身体状态，那么物品的内在力量（如化学成分、热量传导等）与人类身体的内在力量（如血液循环、呼吸节律、组织成分、肢体作用力等）之间的错位也会阻碍物品预期功能的发挥，严重时还对人类身体造成不可逆转的伤害。使用止疼药的 Qi 爷爷告诉我们，他很难买到成效显著、没有副作用的药物，这些内服药物进入人类身体会严重伤害内脏器官，最先受影响的就是消化药物的肠胃。

> 变天的时候，关节疼得下不了床，只能吃止疼药（双氯芬酸钠缓释片）。刚开始还有点效果，服药一段时间后就能缓解疼痛，站起来去厨房做饭。但吃多了之后伤胃，一吃这个药就胃疼得厉害，只能躺在床上，不能出门打牌，也不能做家务。（Qi-M-RW）

虽然止疼药物能够缓解肌肉骨骼变形带来的疼痛，增加患病者身体与房屋中其他物品之间的契合度，但药物副作用本身会带来肌肉骨骼疾病之外的其他身体损伤和疼痛，副作用的长期累积可能会在老年患者的身体上增加新的损伤。这种新的损伤在身体上的固着反而在老年患者已遭遇的关系错位之上加码，切断他们与常用物品之间的力量关联，缩小他们可以顺畅行动的空间范围。

如果将人类也视为一种物理空间的构成物质，那么关系错位不仅发生在物品与物品之间、物品与人类之间的力量交流中，人与人之间的力量交流也会导致物理空间中的关系错位。Chen 爷爷与 Qin 奶奶是半路夫妻，两人一同生活在一室一厅的老旧楼房中。Chen 爷爷五年前因为胯骨骨折瘫痪在床，Qin 奶奶患有严重的腰椎间盘突出。因为没有子女照顾，也没有足够的经济收入聘请保姆，Qin 奶奶不得不带病承担照顾 Chen 爷爷生活起居的任务。照顾 Chen 爷爷不是一个轻省的活计，Qin 奶奶自述，照顾 Chen 爷爷要不断地使用腰力帮他翻身、抱他站立和扶他躺下，自己的腰椎间盘突出越来越严重，现在不得不减少照顾活动，如翻身次数从一天二十多次减少到一天七八次。然而，对于她来说，身体上的病痛和无力尚可忍耐，但她无法忍受 Chen 爷爷的"性格大变"和"怨恨"。

> 他白天睡觉，晚上睡不着，就骂我，说他现在这个样子都是我害的，说我白眼狼，对他不好，让我去死。他以前很讲理，对我很好，现在成了仇人。要不是担心我走了没人照顾他，我都想一了百了。（Qin-F-RR）

Qin 奶奶感叹道，如果 Chen 爷爷能够理解她的难处、肯定她的付出、关心她的病痛，身体上苦点累点都是有价值的，两人相依为命也很幸福，可现实并不尽如人意，Chen 爷爷将照顾活动的减少归因为 Qin 奶奶的"变心"。

> 我刚骨折的时候，她每天都守在我身边，我躺着有点难受，她马上就会问我是要喝水、上厕所还是要翻身，每天都会抱着我去客厅坐一坐。现在看都不看我，每天给我吃的都是"猪食"。我为了娶她，和子女关系都僵了，只能靠她，她现在觉得我是拖累，想（和我）离婚。（Chen-M-RR）

Qin 奶奶与 Chen 爷爷二者之间的认知交流和情感交流充满了误解和摩擦。为了避开 Chen 爷爷的责骂，Qin 奶奶搬出卧室，以沙发为床，尽可能在客厅活动，切断与卧室常用物品的关联，减少进入卧室面对 Chen 爷爷的频率。为了让 Qin 奶奶"回心转意"，Chen 爷爷在自己清醒的时候提出了很多照顾要求，直言她的不上心，希望她能意识到自己的错误，把注意力重新转回到自己身上，让自己的生活质量能够恢复到骨折之初的水平，扩大可关联物品的范围，如吃他自己喜欢的食物、坐到客厅沙发上看电视等。

综上可见，老年患者在物理空间中所遭遇的关系错位有三个维度，分别是物际力量交流错位、人物力量交流错位和人际力量交流错位。出于简化分析难度的考虑，这些关系单元被一一抽取出来，似乎维度与维度之间没有任何联系，但若将这些关系单元重新放回老年患者的疾痛生活中，我们可以发现这些关系是相互缠绕和相互影响的，正如 Chen 爷爷在物理空间所遭遇的关系错位既有夫妻之间力量交流错位、卧床身体与站立才能使用的物品之间的错位，又有轮椅与住宅构造之间的错位。同样因为胯骨骨折而不得不困于床塌的 Bao 奶奶也提到了病后的人物力量交流错位是如何加剧人际力量交流错位的。

> 以前站着的时候，我能自己做饭，媳妇只要买菜给我就可以了，我们关系还可以。摔倒之后，我自己不能做饭了，要靠媳妇照顾我。她煮的饭非常硬，我吃下去不消化，胃疼。我提了几次建议，她就到处说闲话，说我挑剔不惜福。现在她不过来看我，只让孙子送一日三餐过来。（Bao-F-RW；Bao-F-RR）

老年患者的疾痛生活从三个方面揭示了物理空间中关系错位的基本构成，首先，关系错位的本质是物质之间力量交流的错位，力量交流包括了生理上的力量、情绪上的力量以及认知上的力量；其次，老年患者在家庭物理空间中经历的关系错位不是一个关系，而是多个错位关系构筑的集合；最后，关系错位往往同时发生在物际、人物和人际力量交流之中，三个维度的错位关系相互缠绕，一个维度的错位关系往往会导致或加剧另一个维度的错位关系。

2. 关系错位的状态：在断裂与不合之间

当我们继续深入描绘老年患者的居家疾痛生活故事时可以发现两个隐藏的关系单元的内部属性——关联性和契合性。根据这两个属性的不同描述——关联与断裂、不合与契合，关系错位主要由三种处于不良状态的关系单元组成，分别是关联但不合、断裂且不合以及断裂但契合。这三种处于不良状态的关系单元至少存在断裂属性或不合属性，在后续的写作中，笔者将三种关系单元归结为具有断裂/不合的关系单元集。

关联但不合的关系错位常常出现在老年患者的问题描述中，如老年患者不得不持续服用导致脾胃虚弱的止疼药，或者老两口之间矛盾频发但不得不一起生活。处于这种关系状态中的老年患者会持续经历不合导致的损耗，无论是生理上、情感上还是认知上。断裂且不合的关系状态在老年患者的故事中也经常出现，亦如前文中已经出现的内容，卧病在床的老年人无法再独立地接触和使用厨房、洗衣台等物理空间中的常用物品，一方面是由于他们无法再独立进入这些物品所在的物理空间，另一方面是他们即使是在他人帮助下进入这些物理空间，也不具备使用这些空间中常用物品的条件——健康可发力的身体，更有甚者，这些空间中不符合身体需求的物品布置会加剧老年患者的跌倒风险。处于这种关系状态中的老年患者只能在有限的、符合他们身体状态的物理空间中活动。

与上述两种关系状态不同的是，断裂但契合的关系状态更多地出现在应对关系错位的失败经验中。Xie爷爷在阐述应对经历时提到：

> 我们知道聘请保姆来照顾更合适，可以解决很多照顾问题，但好的保姆不知道去哪里找，养老金不够支付保姆薪水。想去做关节置换手

术，但目前的家庭积蓄无法承担手术费用。（Xie-M-RW；Xie-M-RR）

断裂但契合的关系状态还可以细分为三种情况，上述所示为第一种情况，老年患者知道契合物品或人的存在，但缺少连接的途径或资本。第二种情况是契合的物品或人本身只存在于记忆中，现实生活中已无踪迹，Su奶奶正处于这一情况中。

> 我以前用这个护腰绑带，很有效，现在可能它停产了，网上和市场上都买不到，现在的护腰，支架都太弱了，撑不起来。（Su-F-RW）

第三种情况是老年患者并不知晓契合物品或人的存在，未产生建立联系的想法，当社会工作者提到床上护腰木板可以有效支撑受损腰椎时，Zheng 爷爷就表达了如下观点：

> 我不知道怎么上网买东西，不知道现在网络上有这种小的床上护腰木板卖，孩子都很忙，不好麻烦他们，附近的市场也不卖这种护腰木板。我不敢去太远的商场，腿脚没有力气，容易摔倒。（Zheng-M-RW；Zheng-M-RR）

断裂但契合的关系状态虽然出现在应对失败的经验描述中，但它仍然是物理空间中关系错位的主要状态之一。老年患者们正是由于连接不到契合的物品或人，为了维持既有生活节奏，他们只能接受与不合物品或人的关联状态，主动将自己困于既有的关系错位之中。随着肌肉骨骼疾病的恶化，处于断裂但契合关系状态下的老年患者常常感叹"人老了不要折腾了""能活一天是一天"，逐渐失去改善物理空间的勇气和希望。

综合解析关系错位的构成与状态可以发现，物理空间中的关系错位是一种物质力量关系集合存在的样态，这种集合样态是由多个维度的、多个不合/断裂的物质力量关系构成的，这些物质力量关系相互交缠且相互影响，无法拆分成边界清晰、有序排列的多段关系。如果我们发挥想象力，可以将关系错位的样态想象成由多段不合/断裂的物质力量关系交织在一起的、杂乱无序的关系网，形同捆缚在老年患者身上的"一团乱麻"，使其无法自由支配自己的身体，也无法自由地在物理空间中行动。

（二）应对关系错位：发挥能动性改善物理空间的过程

令人欣喜的是，虽然随着身体机能逐渐退化，老年患者所身处的关系错位集合将越来越大，但大部分老年患者都在努力运用自己的生活智慧以积极改善物理空间中的关系样态，尽力减少错位关系的数量。

1. 识别关系错位的存在样态

应对空间限制的第一步是从物质关系的角度识别物理空间中的关系错位。当问及怎么应对关系错位时，并不是所有的老年患者都能察觉到自己正在物理空间中经历关系错位，以及这些关系错位正在限制他们独立行动的能力。在一些老年患者看来，物理空间日渐陌生和紧缩是人到晚年必然经历的一种理所应当的过程，这个过程的出现归因于日渐衰弱变形的身体，与物理空间中其他物质无关。出于这一种认知，即人体的衰弱是不可逆转的，以及物理空间中其他物质的改变无法影响这一进程，老年人要学会"服老"，接受日渐被束缚的生活现实。

Ye 爷爷十分反对这种观点，他曾担任中山医院胸外科的主任医师，在 2019 年的一次跌倒之后，因髋骨骨折不得不卧床休养，在问及他面临的困难时，他的回答是：

> 其实骨折不可怕，也不是老年病，是可以治的。这二十年来，骨骼、关节置换手术发展得很快，最近这一两年做手术用的生物材料的费用和手术费用都在降价。如果选择更换胯骨，我能重新站起来，不用困在床上，可以恢复部分自理能力。只是现在的手术技术还不成熟，手术失败率高，而且术后的康复护理不适合老年人，康复没做好，后遗症反而会加剧身体衰退，我不敢冒险。（Ye-M-RW）

一些老年患者与 Ye 爷爷的观点一致，他们将物理空间的日渐陌生和紧缩归因于身体变化所引发的患者与其他物质之间的力量交流错位。这些老年患者主张，如果能够找到契合身体变化的物质重新建立关系，那么物理空间的样态是可以改变的。正是由于老年患者从关系角度看待物理空间的负面变化，他们才看到了改变的希望，即当被束缚的生活可以恢复到顺畅自由的独立状态时，才会发现应对行动的意义所在，进而激活自身的能动性。

2. 寻找可以破局的核心关系

如果说物理空间中的关系错位如一团束缚在老年人身体上的"乱麻"，那么在识别"一团乱麻"的存在状态之后，老年患者应对关系错位的第二步是从"一团乱麻"中找到可以打开多重束缚的关键线头以及连接线头的绳结，即从多重不合/断裂的物质力量关系中找到可以破局的一个不合/断裂关系单元，而不是抓住所有线头同时发力，使每一个关系都缠绕得更紧密、更复杂。

尽管对于每一位老年患者来说，作为"破局点"的这段关系单元的构成大相径庭，但他们在寻找这些关系单元时或多或少都考量了自身最急迫的生活需求和最固着的生活习惯。长期卧床生活的 Ye 爷爷正是考量最急迫的需求，即能够独立进食并保证肠胃能够顺利地消化食物、避免长期不动所导致的肌肉萎缩和褥疮扩散，才非常关心自己的双手与床垫之间的力量交流。

> 骨折之后，我只能躺在床上，这个时候发觉这张床太软，双手压在床上没有足够的支撑力支持我自己翻身，更不用说自己坐起来。（Ye-M-RW）

最急迫的需求不只是个人的需求，有时涉及整个家庭的需求。在讲述故事的当下，负责家庭一日三餐的 Guo 奶奶最担忧的是患病身体与灶台之间的力量交流，她担心无法做饭会影响家人的身体健康。

> 右肩蝴蝶骨没有骨刺（腰椎没有变形）的时候，这个灶台高度刚刚好，我做饭很好使力。现在不行了，手臂抬不起来（腰直不起来），就觉得灶台太高了，我一使力炒菜就疼，做一次饭就折磨一次。不做饭，全家要挨饿。（Guo-F-RW）

与其他老年患者不同，Xiang爷爷在寻找破局点时最为关注自己的生活习惯。近三年来，Xiang爷爷的双膝关节炎越来越严重，使他几乎走不动路。担心一人独居的Xiang爷爷无法照顾自己，他的子女雇用了保姆陈阿姨。陈阿姨非常细心勤快，把Xiang爷爷照顾得无微不至，但Xiang爷爷每天还是郁郁寡欢。在问及为什么不开心时，Xiang爷爷提到了肌肉骨骼疾病对自己生活习惯的破坏。

> 我住的这个房子是20来年前买的，没有电梯，轮椅没办法上下，房间门和大门都有门槛，我自己一个人也没办法推轮椅出门……公园很多小石子路和楼梯，即使能出门到公园，保姆也没办法帮我推轮椅。我原本习惯每天上午去公园散散步、下下棋，但自从坐上轮椅，我就没办法出门去散步，非常难受，总感觉一天空空洞洞的。（Xiang-F-WW；Xiang-F-RW；Xiang-F-RR）

Luo奶奶亦在患病故事中用大量笔墨描述了脊柱骨质增生对自己生活习惯的影响，她提到尽管自己的伴侣已经承包了大部分家务，尽力满足她的生活需求，但她有洁癖，伴侣帮她洗浴的方式总是无法让她满意，她一直期待女儿每周回家的那一天帮她洗澡。

> 我习惯每天都洗澡，老头子帮忙搓澡的力气太小，洗的不干净，有些天偷懒不帮我洗澡，我就忍不了，感觉全身很痒。只有女儿帮我洗澡才洗得干净，但她只有周末的时候回来，有时候周末加班回不来。（Luo-F-RR）

实际上，在介绍可以破局的不合/破裂关系时，老年患者会指出这段关系单元的构成，即这段关系是物际关系、人物关系还是人际关系，以及关系中具体涉及的人类和非人类物质，如Ye爷爷、Chen爷爷、Qin奶奶和Guo奶奶找到的破局点是人物之间的力量交流，涉及人与床铺/灶台之间的力量交流；Xiang爷爷关心的是物际错位关系问题的破解，涉及轮椅与公园道路设计之间的力量交流；Luo奶奶则希望改变现有的人际关系，涉及她自身与伴侣/女儿之间的力量交流。如果说识别到关系错位的存在，让老年患者开启了改善物理空间的认知程序，那么按照生活需求和生活习惯寻找和分析"破局点"的关系构成，则应对认知落实为应对行动提供了着力点。

3. 制定改变关系的行动策略

老年患者强调，如果仅仅只是掌握了"破局点"的关系构成，还无法支撑应对行动的开展，只有根据"破局点"的关系状态制定出相对应的行动策略，才有可能解开"破局点"。

Ye 爷爷向我们详细讲述了他是如何从身体与床铺的关系状态着手改变这段错位关系的力量交流的。Ye 爷爷清楚地意识到这段关系单元的状态是关联但不合，具体来讲：在骨折卧床之前，他觉着新买的席梦思床垫柔软舒适，一年后，由于胯骨骨折导致下半身瘫痪，他不得不依赖双手与床垫之间的作用力完成大部分的生活任务，直到这时他才发现，柔软的席梦思床垫无法支撑他完成起卧和翻身这些动作。骨折卧床是难以预料的意外事件，事件发生之后，他来不及更换床垫，暂时不得不继续使用这张床垫。直到他发现无法自如地翻身会使脚跟和臀部的褥疮越来越严重，骨骼肌肉萎缩加速，妻子的照顾压力越来越大，他开始思考怎么改变这段关联但不合的关系单元。为了使这段关系单元从关联但不合的状态走向关联又契合的状态，他向子女提出了购买契合身体状态的新床垫的诉求，并在买到合适的床垫之后，搬走旧的床垫。

关于如何解决洗浴问题，Luo 奶奶曾经试过调整自己与伴侣之间关联但不合的关系，希望伴侣能够习得契合的助浴方法，替换原本不合的助浴方法，但她失败了。由于过多的要求和抱怨，Luo 奶奶和伴侣之间的关系曾一度恶化。现今，她将解决要点放在女儿与自己之间的断裂但契合的关系单元上，希望制定有效策略促使关系单元从断裂但契合转变为关联且契合。考虑到工作地点离家较远，女儿不得不租住在公司附近，无法天天回家帮自己洗澡，Luo 奶奶在思考如何劝说女儿回家住，同时，她也在权衡是否使用家庭积蓄为女儿买一辆代步车，方便女儿上下班。

Xiang 爷爷只能坐着轮椅行动，在没有外力协助的情况下，他无法跨出房间门槛、住宅门槛和楼栋门槛进入公园，即使进入公园，不适合轮椅行动的道路设计让他的出行充满阻碍，而公园中偶尔出现的路坑也可能让他跌倒重伤，因此，Xiang 爷爷提出的"破局点"是一段断裂且不合的关系单元。为了使这段关系单元从断裂且不合的状态走向关联且契合的状态，Xiang 爷爷与我们分享了两个改造方案。第一个改造方案包含两个步骤，首先是改造住宅门槛设计和安装电梯，打通从住宅到公园的通路，使坐着轮椅的 Xiang 爷爷与公园建立顺畅的交通关联；其次是改造公园的道路，Xiang 爷爷希望公园能够有专门的无障碍道路供轮椅使用者通行，而且这个道路能够通往老年人经常聚集的场所。第二个改造方案与第一个改造方案的区别在于第二个步骤，Xiang 爷爷也在寻找便利自己出行的另一个公园，思考如何打通住宅到这个公园的通路。

值得注意的是，老年患者对同一个"破局点"的关系单元的理解常常是不同的，正如 Luo 奶奶既可以把助浴关系理解为自己和伴侣之间关联但不合的力量交流，也可以理解为自己与女儿之间断裂但契合的力量交流，理解角度的选择决定了随后的策略选择。尽管不同类型的关系构成与状态对应着迥异的策略取向和具体步骤，但老年患者的应对目标是一致的，即希望通过应对策略的执行改变"破局点"的关系构成与状态，使"破局点"的关系状态从断裂/不合转变为关联且契合。

4. 寻求策略执行的资源支持

是否每个老年患者的应对策略都能顺利实施并取得成效？答案是否定的。那么，为什么有些老年患者的应对策略能落地为行动，而另一些老年患者的应对策略仅停留在认知阶段？原因在于应对策略的实施需要相应资源的支持。

为了在楼栋中修建电梯以打通关联通道，Xiang 爷爷尝试联系同楼栋的业主委员会代表，向他提出自己的诉求，并协助业主委员会代表联系物业经理和居委会工作人员，促成电梯安装协商会议。虽然会议顺利召开，但由于改造资金的缺位，改造方案不得不搁置。

> 我们住的这个小区还没纳入老旧小区改造，没有政府专项的改造资金拨款，如果用小区的经营性收入，其他楼栋的业主又不同意，如果自行筹款，我们楼栋的其他业主也不同意，我自己也没有那么多钱去安装一个电梯。（Xiang-M-RW；Xiang-M-RR）

Ma 爷爷同样因为腿脚不便提出楼栋电梯安装建议，他居住的小区正好被列入老旧小区改造项目的名单，政府专项拨款已到位，所在楼栋的电梯安装事项也通过业主大会的举手表决，进入电梯品牌招标阶段。然而，在电梯品牌招标结束即将进入施工阶段时，小区业主举报业主委员会组织的招标会议有内幕，业主委员会拿了电梯厂商的回扣，多名小区业主联合要求重启招标会议。具体的施工事宜需要业主签字通过才能启动，业主与业主委员会之间的矛盾纠纷与调解持续了大半年，电梯施工一直无法启动，安装材料在楼栋门口也堆放了大半年。对于改造方案所涉及的资源使用效率的问题，Ma 爷爷表达了自己的担忧。

> 材料一直堆在门口风吹雨打，不仅会有损耗，还堵着我们进出，业主都怨声载道。政府这个改造项目是要一年就完成的，结项时间快到了的话，还是用这个厂商的产品，现在这么吵也是白白浪费时间。（Ma-M-RW；Ma-M-RR）

由于购买床垫只是改变住宅内部的家具布置，所需的资源都来自家庭资金和子女协助，相比于 Xiang 爷爷和 Ma 爷爷所设想的应对策略来说，Ye 爷爷所设想的应对策略更加私人化，获得资源支持的可能性以及资源使用的效率更高。

> 我们攒了一些钱，买床垫不贵，我打了电话给儿子媳妇，他们说周末有时间就开车带我去家具城，让我自己去试试床垫，合适的床垫可以送货上门，我也联系了社区旧家具回收超市，等床垫买好了，超市会来回收旧的床垫。（Ye-M-WW；Ye-M-RW；Ye-M-RR）

当然，并不是所有的私人化应对策略都能得到资源支持。由于女儿正在事业上升期，希望能够住在公司附近以方便加班，拒绝了母亲的提议，Luo 奶奶的应对策略不得不夭折。

实际上，从识别关系错位的存在样态开始，应对关系错位的每个步骤都暗含失败的可能性。老年患者身处关系错位之中可能无法察觉自己的处境，即使充分了解自己的处境，也可能缺少相应的知识和经验分析物理空间中关系错位的构成，制定相应的行动策略更需要老年患者精准找到解开"一团乱麻"的破局点，并匹配合适的关系改变策略。若说识别、寻找和制定策略是老年患者可以自我掌控的、相对稳定的过程，那么寻求资源支持则要面对无法控制的外部力量的介入，外部力量会增加应对过程的不稳定性和行动失败的概率。因此，如期完成四个应对阶段是一个理想的过程，应对失败是常态，失败的应对行动有时还会加剧物理空间中关系错位的程度。

（三）物理空间中的关系吻合：关联且契合的多元物质力量关系集合

将物理空间中的关系错位比喻为一团捆缚在老年患者身上、交错编织的乱麻，是为了更生动地呈现关系错位的立体样态以及改变关系错位的过程。在现实生活中，线团织就的乱麻可以完全解开，但老年患者所遭遇的关系错位却无法如他们所愿地走向完全吻合，即物理空间中的物质力量关系集合完全由关联且契合的多元物质力量关系构成。受访的老年患者提到，肌肉骨骼疾病是一种无法治愈且随着年龄增长不断恶化的疾痛，带病生活的物理空间处处都是束缚，成功找到物理空间中的一个"破局点"，只能增加一些关联且契合的物质力量关系单元，减少断裂/不合关系的存量，却无法完全消除关系错位。

那么，在已知关系错位永远存在的前提下，为何这些老年患者仍然积极应对关系错位呢？这是因为他们在疾痛生活中仍然抱持两重期望。一是部分恢复。在病情平稳或者疼痛缓解时，老年患者期望通过应对关系错位，找到部分"破局点"，提高物理空间中关联且契合的物质力量关系单元的占比。如在问及为什么要花一笔不菲的费用更换床垫时，Ye 爷爷讲述了自己的想法。

> 骨折瘫痪这么久，完全好起来是不可能的，但我不想因为床铺的原因，连上半身都不能控制。换了床铺之后，只要不疼，我可以用上半身的力量自己坐起来，自己翻身，自己吃饭，自己慢慢地挪到轮椅上，不用等别人照顾。（Ye-M-RW；Ye-M-RR）

二是阻止恶化。在肌肉骨骼疾病不断恶化的情况下，关联且契合的物质力量关系逐步减少，物理空间中导致断裂/不合的物质力量关系持续增加。身在这一处境中的老年患者期望通过应对关系错位，力所能及地找到一些"破局点"，维持关联且契合的关系单元在物理空间中的数量。就如 Li 奶奶为何在明知止疼药物会损伤其他身体器官的情况下仍然选择服用这些药物，这是因为：

> 我知道吃药不会延缓病情恶化，还会让胃疼更严重，肝功能也会受损，但吃了药就不会疼得只能躺在床上，我还要出门去买菜（煮饭、洗衣服、做家务），这些事情我必须做。（Li-F-WW；Li-F-RW）

尽管物理空间中的关系错位永远存在，关系完全吻合的物理空间只是理想，但老年患者可以通过增加应对实践或保持物理空间中关联且契合的物质力量关系单元的数量，改变空间的样态或改变空间样态预期的发展，降低关系错位的程度，以维持自己的独立生活能力。

五　研究讨论

后现象地理学的空间论述解构了人类的先验地位，揭示了物理空间的本质——多元物质力量关系的集合，人类与非人类物体同样是构成力量关系的物质要素。这个论述指引社会工作者以物质力量关系为分析单位探究物理空间中关系错位的内在机制，而不是将关系中的人类或非人类物质等单要素作为分析单位。后现象地理学在物理空间本质论述之上搭建的空间实践思路亦为社会工作者摸索物理空间的改善实践提供了一个起点——物质力量交流的方向，启发社会工作者基于物质力量关系的走向变化，从反方向到同方向，来理解物理空间的改善实践。

在后现象地理学的指导下挖掘和分析肌肉骨骼疾病老年患者的生活故事，可以发现物理空间中的关系错位是一种物质力量关系集合整体呈现的样态，物理空间出现这种样态是因为构成集合的大部分物质力量关系单元是不合的、断裂的。尽管后现象地理学揭示了物理空间的关系本质与分析单位，但鲜有论述向内深描物质力量关系的内部景观。这一研究发现丰富了后现象地理学的空间论述，在认同物理空间本质的基础上，提出物质力量关系的两个维度：一是关系中的物质构成，二是物质之间的关系状态。关系构成是基础维度，也是物理空间的本源意象，只有在关系构成的前提下我们才能讨论关系状态，因此，这两个维度可以叠加成（如图1所示）。

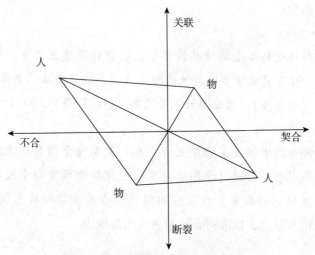

图 1　物质力量关系构成的内部景观

关系构成这一维度展示了物质力量关系的构成要素，人类与非人类物质，以及这两个要素搭建的关系类型，包括非人类物质构成的物际关系、人类与非人类物质构成的人物关系，以及人类与人类构成的人际关系，这些关系共同构造了老年人所属的、立体延展的物理空间，既包括充满错位的空间，也包括处处吻合的空间。关系状态这一维度则展示了物质力量关系构成要素之间的关联性与契合性，关联性可以分为关联与断裂两个端点，构成物质力量关系状态的 Y 轴，契合性可以分为契合与不合两个走向，形成物质力量关系状态的 X 轴，因此这一维度可以划分出关联但不合、断裂且不合、断裂但契合以及关联且契合四个象限。如若在老年患者的物理空间景观中，关联但不合、断裂但契合或断裂且不合这三种关系单元的总和占比较高，则他们会体验到空间处处充满了限制与不如意；如若在老年患者的物理空间景观中，关联且契合的关系单元占比高于另外三种关系单元的总和，则他们会体验到吻合身体需求的空间自由。

从老年患者改善物理空间的实践中可以看出，关系错位和关系吻合是物理空间连续轴上的两种样态走向，肌肉骨骼疾病对老年患者身体力量的弱化会引起所属空间的样态变化，使其空间样态更加接近关系错位这一端，而老年患者对关系错位的成功应对则会推动他们的物理空间走向关系吻合的样态。值得注意的是，倘若应对失败，老年患者的物理空间可能维持在原本的样态，也有可能更加靠近关系错位的轴端。因此，老年患者的应对过程至关重要，这一过程包括四个阶段，包括识别关系错位、分析关系构成、改变关系状态以及寻求资源支持。

物理空间的样态走向以及老年患者的应对过程共同构筑了动态的空间实践过程，如图2所示。每一个应对阶段都有可能经历成功或失败，任何一个阶段失败，都会导致整个应对过程的失败，失败的结果是老年患者将重回关系错位的样态，或者进入错位程度更加剧烈的空间样态中。只有四个阶段都成功，老年患者才能推动物理空间样态走向关系吻合这一轴端。

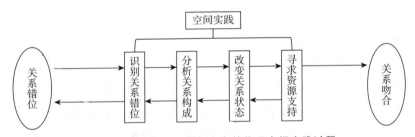

图2　肌肉骨骼疾病老年患者的物理空间实践过程

关系错位和关系吻合都是物理空间中物质力量关系集合的样态，倘若将关系错位和关系吻合还原成物质力量关系集合，那么老年患者的物理空间越接近关系错位，意味着物质力量关系集合中具有断裂且不合属性的关系单元的占比越高于关联且契合关系单元的占比，与之相反，越接近关系吻合这一端，表明物质力量关系集合中关联且契合关系单元的占比高于具有断裂/不合属性的关系单元的占比。从这个层面上说，物理空间实践的过程实际上是重塑物质力量关系集合样态的过程，如图3所示，实践成功意味着降低具有断裂且不合属性的关系单元在集合中的占比，提高关联且契合关系单元在集合中的占比，实践失败则意味着空间实践走向相反的方向，即提高具有断裂但不合属性的关系单元在集合中的占比，降低关联且契合关系在集合中的占比。

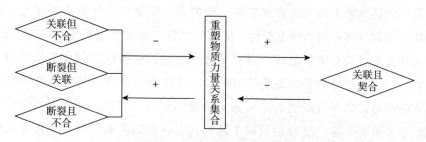

图3 重塑物质关系集合样态的空间实践过程

物理空间实践的实质是重塑物质力量关系集合样态的过程，这一结论的发现再一次丰富了后现象地理学关于空间实践的论述。后现象地理学已知空间实践的前提是建立物质力量关系，空间实践是改变物质力量关系集合的样态，新的结论在认同这一观点的基础上，发现改变物质力量关系集合样态的过程实质上是一个增减关系集合中某些属性类型的关系单元的过程。

探究肌肉骨骼疾病老年患者在物理空间中所遭遇的关系错位及其应对实践，不仅是为了丰富后现象地理学的空间实践理论，其最终目的是希望借鉴更为详细、可操作性更强的空间实践理论创建社会工作的物理空间实践模式，补齐社会工作既存的服务短板，提高社会工作服务的质量。新的模式鼓励社会工作者重新审视未曾耕耘的空间领域，将物理空间视为一个具有运行规律、流动变化、景观复杂、内部分化的生存空间，而不是人类探究个体意义和社会运行的不言而明的固定工具。探索新的空间实践领域要求社会工作者立足物理空间的关系本质，走出"人类中心主义"的单向度实践思维的困囿，采用"物质力量交流"的关系实践思维，解放非人类物质的自主性，承认非人类物质与人类是共生的，二者共同塑造物理空间的样态。

"物质力量交流"的关系实践思维指出实践的起点是物理空间中多元物质力量关系的错位，相应地，实践的目标终点是物理空间中多元物质力量关系的吻合。达成目标的实践路径是重塑物质力量关系，提高关联且契合关系的占比，减少集合中导致空间限制的关系类型，塑造新的物理空间样态。立足于老年患者真实的居家生活实践逻辑，社会工作者应当重新思考服务需求与问题，调整实践起点和路径，关注老年患者在重塑物质力量关系过程中遭遇的困境，帮助老年患者识别关系错位、分析关系构成、改变关系状态以及链接契合资源，协助老年患者提高所处空间中的关联且契合关系单元的占比，降低断裂且不合关系单元的占比，尤其是曾经忽视的非人类物质构成断裂且不合关系，并谨防社会工作服务本身成为断裂且不合关系的源头，陪伴老年患者走进关系更加吻合的家庭物理空间。

六 结论

在家庭物理空间中，患有肌肉骨骼疾病的身体与其他物质安排之间的错位及其对身体的持续损耗是开展居家养老服务不得不面对的挑战，然而物理空间一直是社会工作实践研究的盲区，当社会工作者在误读物理空间本质的情况下秉持"人类中心主义"的逻辑应对挑战时，这种单向度的实践思路与关系的错位问题之间充满张力，实践结果反而加剧老年患者的疾痛。后现象地理学为社会工作者探究物理空间本质及其实践策略提供本体论和起点。在后现象地理学的指导下，社会工作者以研究者的视角和物理空间的关系本质——"多元物质力量关系集合"为起点，收集与分析肌肉骨骼疾病老年患者的空间错位体验与身体磨损经历。这一研究深度揭示多元物质力量关系的内部构成以及物质之间的关系状态，结合老年患者应对关系错位的实践策略进一步推导出物理空间的两种样态——关系错位和关系吻合，以及物理空间实践的实质是通过减少断裂且不合的关系单元重塑物理空间的样态，从关系错位走向关系吻合。研究结果在补充后现象地理学的物理空间理论的基础上，以更加详细、可操作的实践框架推动社会工作从"人类中心主义"的单向度实践走向"物质力量交流"的关系实践，开辟了新的空间实践领域。

虽然物理空间实践的探索是从患有肌肉骨骼疾病老年患者的疾痛生活开始，但其对物理空间中患病身体与其环境（患者之外其他人类与非人类物质）的关系错位的应对事关所有身体残障群体的健康维持与照顾安排，遍及社会工作健康服务的各个领域，后续的研究可跳出居家养老服务的范畴，探讨更广泛领域中的物理空间实践。此外，从物质关系角度理解社会工作实践，亦可推动社会工作者反思现有服务的成效，在服务起点警惕断裂的、不当的服务对患者的伤害，为构建高质量的社会工作服务体系奠定基础。

参考文献

曹志刚（2020）："从社区规划到城市规划：宏观社会工作的价值与使命"，《学习与实践》，第 5 期，第 102-112 页。

陈虹霖、吴晓薇（2019）："适老化科技的社会工作回应"，《社会工作》第 1 期，第 99~108 页。

李静、谢雯（2021）："增能视角下残障老人居家养老的现实困境与纾困之道——基于 S 市若干残障老人的研究"，《西北大学学报》（哲学社会科学版）第 5 期，第 98~108 页。

吴丹贤、高晓路（2020）："居家失能老人照护的未满足需求分析——基于空间资源链接的视角"，《国际城市规划》第 1 期，第 29~35 页。

许琳、药荣乐、刘亚文（2017）："残障老人养老服务：从人文关怀走向制度保障"，《残疾人发展理论研究》第 1 期，第 114~126 页。

张晓筱（2017）："居家养老无障碍环境评估与评估工具的研究"，《社会工作与管理》第 6 期，27~34 页。

Adams, C. A., & Thompson, T. L. (2011). "Interviewing Objects: Including Educational. Technologiesas Qualitative Research Participants." *International Journal of Qualitative Studies in Education* 24 (6): 733-750.

Andrews, G. J. (2019). "Health Geographies II: The Posthuman Turn." *Progress in Human Geography* 43 (6): 1109-1119.

Ash, J. (2020). "Post-phenomenology and Space: A Geography of Comprehension, Form and Power." *Transactions of the Institute of British Geographers* 45 (1): 181-193.

Ash, J., & Simpson, P. (2016). "Geography and Post-phenomenology." *Progress in Human Geography* 40 (1): 48-66.

Bank, M., & Nissen, M. (2018). "Beyond Spaces of Counselling." *Qualitative Social Work* 17 (4): 509-536.

Boyd, C. P., & Edwardes, C. (2019). "Creative Practice and the Non-representational." in Boyd, C. P., & Edwardes, C. (eds.) *Non-Representational Theory and the Creative Arts*. Singapore: Palgrave Macmillan.

Briggs, A. M., et al. (2021). "The Need for Adaptable Global Guidance in Health Systems Strengthening for Musculoskeletal Health: A Qualitative Study of International Key Informants." *Global Health Research and Policy* 6 (1): 1-22.

Colls, R. (2012). "Feminism, Bodily Difference and Non-representational Geographies." *Transactions of the Institute of British Geographers* 37 (3): 430-445.

Duff, C. (2014). *Assemblages of Health: Deleuze's Empiricism and the Ethology of Life*. London: Springer.

Exploring Findings From an Ethnographic Study. " *Qualitative Social Work* 17 (1): 81−95.

Flynn, K., & Mathias, B. (2020). "I Would Say It's Alive: Understanding the Social Construction. of Place, Identity, and Neighborhood Effects Through the Lived Experience of Urban Young Adults. " *Qualitative Social Work* 19 (3): 481−500.

Gutheil, I. A. (1992). "Considering the Physical Environment: An Essential Component of Good Practice. " *Social Work* 37 (5): 391−396.

Henderson, P., & Thomas, D. N. (2005). *Skills in Neighbourhood Work* (3rd ed). London: Routledge.

Hicks, S. (2020). "The Feel of the Place: Investigating Atmosphere with the Residents of a Modernist Housing Estate. " *Qualitative Social Work* 19 (3): 460−480.

Hruschak, V., & Cochran, G. (2017). "Psychosocial and Environmental Factors in the Prognosis of Individuals with Chronic Pain and Comorbid Mental Health. " *Social Work in Health Care* 56 (7): 573−587.

Jeyasingham, D. J. (2015). *Geographers of Small Things: A Study of the Production of Space in Children's Social Work*. Doctoral Dissertation, University of Birmingham.

Jeyasingham, D. J. (2018). "Place and the Uncanny in Child Protection Social Work: Exploring Findings from an Ehnographic Study. " *Qualitative Social Work* 17 (1): 81−95.

Jin, Z. et al. (2020). "Incidence Trend of Five Common Musculoskeletal Disorders From 1990 to 2017 at the Global, Regional and National Level: Results From the Global Burden of Disease Study 2017. " *Annals of the Rheumatic Diseases* 79 (8): 1014−1022.

Johnson, B. J. (2020). "Daily life in National Disability Insurance Scheme Times: Parenting a Child. with Down Syndrome and the Disability Politics in Everyday Places. " *Qualitative Social Work* 19 (3): 532−548.

Jones, J. K. (2020). "A Place for Therapy: Clients Reflect on Their Experiences in Psychotherapists' Offices. " *Qualitative Social Work* 19 (3): 406−423.

Kattari, S. K., Lavery, A., & Hasche, L. (2017). "Applying a Social Model of Disability Across the Life Span. " *Journal of Human Behavior in the Social Environment* 27 (8): 865−880.

Kinkaid, E. (2021). "Is Post-phenomenology a Critical Geography? Subjectivity and Difference in Post-phenomenological Geographies. " *Progress in Human Geography* 45 (2): 298−316.

Latour, B. (1996). "On Actor-network Theory: A Few Clarifications. " *Soziale Welt* 47: 369−381.

Lea, J. J. (2009). "Post-phenomenology/Post-phenomenological Geographies. " in Kitchin, R. and Thrift, N. (eds.) *International Encyclopedia of Human Geography*. Oxford: Elsevier.

Lewandowski, W., et al. (2007). "Chronic Pain and the Family: Theory-driven Treatment Approaches. " *Issues in Mental Health Nursing* 28 (9): 1019−1044.

Littman, D. M. (2021). "Third Place Theory and Social Work: Considering Collapsed Places. " *Journal of Social Work* 21 (5): 1225−1242.

Mackelprang, R. W. (2010). "Disability Controversies: Past, Present, and Future." *Journal of Social Work in Disability & Rehabilitation* 9 (2-3): 87-98.

Moshe-Grodofsky, M., & Allassad Alhuzail, N. (2022). "The Significance of Space: Experiences of Arab Social Work Professionals with EAGALA Equine-Assisted Learning." *The British Journal of Social Work* 52 (3): 1492-1510.

Rambla, C., et al. (2023). "Short and Long-term Predictors of Pain Severity and Interference in Primary Care Patients with Chronic Musculoskeletal Pain and Depression." *BMC Musculoskeletal Disorders* 24 (1): 270.

Ramcharan, P., David, C., & Marx, K. (2020). "You Are Here! Negotiating Liminality in Place in the Context of the National Disability Insurance Scheme." *Qualitative Social Work* 19 (3): 359-379.

Richter, M., & Emprechtinger, J. (2021). "Social Work in Confinement: the Spatiality of Social Work in Carceral Settings." *Geographica Helvetica* 76 (1): 65-73.

Roberts, T. (2019). "Resituating Post-phenomenological Geographies: Deleuze, Relations and the Limits of Objects." *Transactions of the Institute of British Geographers* 44 (3): 542-554.

Saar-Heiman, Y., Krumer-Nevo, M., & Lavie-Ajayi, M. (2018). "Intervention in a Real-lifeContext: Therapeutic Space in Poverty-aware Social Work." *British Journal of Social Work* 48 (2): 321-338.

Spatscheck, C. (2019). "Spatial Approaches to Social Work-theoretical Foundations and Implications for Practice and Research." *European Journal of Social Work* 22 (5): 845-859.

Stanley, N., et al. (2016). "Rethinking Place and the Social Work Office in the Delivery of Children's Social Work Services." *Health & Social Care in the Community* 24 (1): 86-94.

Wallace, B., et al., (2021). "Towards Health Equity for People Experiencing Chronic Pain and Social Marginalization." *International Journal for Equity in Health* 20 (1): 53-66.

Webb, S. A. (2007). "The Comfort of Strangers: Social work, Modernity and Late Victorian England—Part II." *European Journal of Social Work* 10 (2): 193-207.

World Health Organization. 2022. Musculoskeletal Health, https://www. who. int/news-room/fact-sheets/detail/musculoskeletal-conditions, 2022-07-14.

Wujec, T. (2009). Tom Wujec: 3 Ways the Brain Creates Meaning, https://www. ted. com/talks/tom_wujec_on_3_ways_the_brain_creates_meaning? language = en, 2009-07-07.

Wylie, J. (2009). "Landscape, Absence and the Geographies of Love." *Transactions of the Institute of British Geographers* 34 (3): 275-289.

空间再生产：社会工作介入农村基层治理的新策略

——基于广东 S 村的行动研究[*]

李侨明　张和清[**]

摘　要　改革开放以来，我国农村的集体土地被卷入工业化、城市化与市场化的浪潮中，农村集体土地议题成为基层治理难题。为此，社会工作者采用空间再生产的介入策略做出间接性的回应。针对 S 村的行动研究结果表明，社会工作者采用"可视化"、"游走"和"协作"等策略可在一定程度上修补分割的社区物理空间，重构沉默的社区"历史－文化"精神空间，重振弱化的社区生活空间。空间再生产的介入策略对于理论的贡献是，借助德塞图关于"招数"的日常生活实践方法发展出了社会工作的空间再生产策略，这整合了地区发展与社会行动两种传统的社区社会工作模式，并增添了显著的空间再生产的维度；剖析了农村基层治理困境形成及其对社会关系的影响，对空间生产理论未曾涉及的农村社会关系再生产过程做出了补充，也为社会工作介入基层治理的空间生产策略奠定了社会分析基础。

关键词　空间生产　社会工作　集体土地　农村基层治理　行动研究

前　言

我（第一作者）自 2014 年 12 月至 2019 年 3 月在顺德 S 村社区营造项

---

[*]　本研究得到国家社会科学基金重点项目"我国社会工作本土化实验的'单项服务'模式研究"（项目编号：16AZD031；主持人：张和清）的支持。

[**]　李侨明，东莞理工学院法律与社会工作学院讲师，研究方向为社区社会工作、社工职业化、社会企业；张和清，中山大学社会学与人类学学院教授、博士生导师，中国社会工作教育协会副会长，研究方向为农村社会工作、社区社会工作、社会工作理论与实践。

目担任督导，每月到村里进行 1~2 天的督导工作。该项目是由佛山市某区向广州星星社会工作者服务中心购买的社会服务。社会工作者（以下简称"社工"）工作的办公室"S 村社区营造中心"位于 S 村的中心位置：当时重建的祠堂二楼，十字街口交汇处，离 S 村村委会办公室的直线距离不超过 100 米。祠堂里没有设置祖先的牌位，因而常年也没有祭祀活动。祠堂的一楼是"星光老年之家"，中老年村民一般按照"朝九晚五"的时间安排过来下棋、打牌；到了晚上中年的村民会来"接班"打乒乓球、下棋；等等。"祠堂"可算是村里唯一的室内公共娱乐场所，也是观察与接触社会工作者和村民互动的绝佳场所。因此，我以祠堂为据点驻村进行行动研究。本研究的经验问题源于社会工作者组织儿童手绘社区地图。我发现孩子们并未将 S 村一半面积的数千亩农田区标示出来。出于好奇，我和社会工作者进入农田区探访农户，发现村里唯一一片香蕉林也因为地方政府征地而被砍伐，蕉农们为自己的生计和生活感到惆怅……此后，我每次进村都会关注 S 村改革开放以来的多次征地问题，并从基层治理和社会工作者实践的角度思考农村集体土地征收对基层治理产生的影响，社会工作者应该采取怎样的策略介入基层治理。本文是我们运用行动研究方法，通过社会工作实践介入基层治理、搜集资料并借助空间生产（the production of space）理论，对上述问题进行探讨和反思的实践结晶。

一 行动研究方法与研究过程概述

行动研究是承继杜威的实用主义和唐纳德·舍恩的"反映的实践"理论以及法兰克福学派批判理论的一种认识论和研究方法（舍恩，2007）。与主流实证科学的不同之处是，行动研究不仅重视描述发生了什么冲突现象，而且注重如何将之进行转化，探索问题的解决之道，从而生产实践知识，并将之放置于实践中进行检验（阿吉里斯等，2012）。行动研究旨在改变研究者作为主体而被研究者作为客体的不平等地位，弥合理论与实践分裂的鸿沟，"为实践/改变而研究"（杨静，2015）。同时，行动研究是"带有视角的思考"（王醒之，2015），反对"价值中立"（古学斌，2013），是"一种行动者自我觉醒地对自我，对自我之行动历程，对自己的行动在什么样的社会关系脉络、社会位置情境与社会环境结构之下进行，对自己的行动又产生什么影响所进行的自主探究"（陶藩瀛，2004，转引自夏林清，2013）。因此，可以说行动研究探索的是一个"政治化的过程"，以及"人在行动的政治性当中成为人"的改变（陶藩瀛，2004，转引自夏林清，2013）。这样的研究范式、理念与亨利·列斐伏尔（Henri Lefebvre）的空间生产的人本理念不谋而合。

在具体的研究方法上，本研究采用参与式观察（participant observation）和深度访谈（depth interview）、焦点小组（focus group）、口述史（oral history）等方法。采用参与式观察的研究者以"局内人"的研究视角，置身于当地的文化社会脉络（context），探究当地当时/历时的事件过程，人与事件的互动关系与发展模式等。因此，参与式观察是一种将"本土知识"转化为研究者的"意义的阐释"的过程。这种对事实和意义的探究过程，需要同时借助"深度访谈"进行。"深度访谈"涉及的是研究者与研究对象面对面时的"我群关系"，既以获取研究数据为目的，也是田野研究的重要环节（杨善华、孙飞宇，2005）。借助研究对象的"口述史"（生活史）的叙事，我们可以无限接近其"真实生活"（lived life）。尽管"真实生活"与"被讲述的故事"（told story）之间存在"裂缝"，但只要我们进一步去理解叙事者的目的、叙事者所处的文化脉络，就能更好地理解"裂缝"因何产生，这也是研究的重要环节。行动研究和社会工作者实践都遵从方法上的实用主义原则，也就是说，在方法上是折中的，并不存在方法上的禁忌，只要有利于行动研究、达成研究目标且不违背研究伦理的方法都可以使用。

社会工作者团队在社区营造（以下简称"社造"）行动中努力围绕 S村的社会政治脉络，将社造的工作方向由传统的家庭综合服务模式转为介入 S 村空间再生产的基层治理策略。在此过程中，我观察各方的互动与反应，收集相关材料，做好田野笔记，尤其关注村干部和社会工作者都认为的与社造相关的社区日常事件。收集研究资料的方法包括个别深度访谈、焦点小组的访谈录音、社会工作者工作周记、督导记录、社会工作者年度述职报告、社造项目中期与终期评估报告以及项目其他材料；基层干部、村民访谈录音逐字稿、村民口述史、驻村田野日记；国家、省、市、区的法律法规，部门规章、决定、通知，以及 S 村村委会公开信函、财务年度报告及其他公开信息资料等。

考虑到部分村民/村干部（受访人）基于自身立场，可能对高校学者做出策略性的回答和反应，我们尽量采用了质性研究惯用的"三角互证"的方式去检验田野中建构的"事实"能否经得起推敲，例如，村民评价基层干部常出现两极分化的情况，这时我们就要去考虑村民所处宗族以及权力关系脉络等。同时，为克服研究者自身偏见，避免将自己的判断强加于村民，我们尽量采用接近"民主"的行动决策方式。例如决定合作社成员劳务费分配方式的过程中，社员通过讨论否决了"多劳多得"的建议，转而采用我们认为已经被市场经济所淘汰的"大锅饭"——平均分配的方式。

二　空间生产与空间再生产策略

自20世纪70年代以后，不同领域的学者已经注意到空间缺席的状态大大地限制了理论的解释力（吴飞，2009）。实际上，在古典社会学家那里早已经出现了不少关于空间的洞见，如马克思注意到资本主义的兴起导致时间对空间的消解；齐美尔进一步抽象地论述了空间的排他性、空间的分割性、社会互动的空间局部化、邻近/距离、空间的变动性；韦伯看到在官僚组织体系中，同一组织体系中的工作空间具有明显的等级性；涂尔干则发现了空间具有社会性（管其平，2022）。而以帕克为代表的芝加哥学派则将城市人类学视角带入城市空间研究，但是"同心圆"对城市社会的空间表述过多停留在外部观察和描述（何雪松，2006）。这些碎片化的洞见只是他们鸿篇巨著中的灵光乍现，空间也没有被赋予重要的位置。尽管（后）现代理论家中不乏对空间理论的新贡献者，例如布迪厄区分了阶级与空间的关联，吉登斯强调空间与互动的关系，福柯认为空间是权力微观运作的基础，等等，但是直到以列斐伏尔、德塞图（de Certeau）为代表的社会理论家出现，才发展出了对空间理论独特而系统的阐释。①

---

① 我们也注意到到，大卫·哈维（David Harvey）及其学生史密斯（Neil Smith）承接列斐伏尔的"三位一体"空间辩证法和马克思主义对于资本主义发展内在的总体不平衡批判，将空间的生产纳入资本主义生产的过程体系加以细化。哈维（2008）将"绝对（转下页注）

（一）空间生产：概念及其三重维度

列斐伏尔批判地继承了马克思主义的历史唯物主义、辩证法和社会实践论，认为空间不仅是社会实践的产物，也生产自身。在他看来，空间是社会活动的产物，又是社会活动的手段。首先，对于空间的"社会性"的发现，打破了空间在物质与精神之间的二元对立，是列斐伏尔在空间理论上的核心贡献（孙全胜，2015）。在此之前，空间要么被当作客观存在的、不受人干扰的一种绝对存在，是一种中介和容器（可察觉的空间或物理空间），不具有任何的意义；要么被当作一种抽象、先验的，人类认知的产物（想象的空间或精神空间）。

其次，列斐伏尔对生产的理解不同于马克思与恩格斯。马克思、恩格斯把生产的概念混沌、松散使用：广义的生产是指人类作为社会存在物，自我生产出了生活、意识和世界；而狭义的生产则是劳动，重要的是谁在生产、如何生产以及生产什么等方面的问题。在马克思、恩格斯看来，生产力是由自然、劳动及分工、劳动工具与技术和知识所构成的（列斐伏尔，2021：102~109）。列斐伏尔则放弃了生产"要素论"，将生产视为"一系列看得见、具有一定'客观性'的活动所构成，表现为某种在相互作用基础上的时间性的和空间性的秩序，其结果乃是一种共存性"（刘怀玉，2021：xiv），即生产指的是时间性与空间性之间不断往来的过程。

因此，空间生产在内涵上是指社会实践的生产与再生产，以及因此而产生的一切社会和时空关系的总和。空间生产在外延上则涵盖了所有的社会、历史时期和生产模式。在列斐伏尔（Lefebvre，1991：33）看来，空间生产具有"三位一体"的三重历史唯物主义辩证关系：空间的实践（spatial practice）、空间的再现（representations of space）与再现的空间（spaces of

---

（接上页注①）空间-相对空间-关系空间"纳入空间生产分析的维度，与列斐伏尔的"实践的空间-空间的再现-再现的空间"构成了二维分析矩阵，并将马克思主义理论（如土地的价值与使用价值）有机地糅合到空间生产分析当中，扩展了空间生产的分析维度并提出了时空压缩、时空修复等理论（详见哈维，2008）。不过，其地理政治经济学取向并非本研究所属学科脉络。与其相比，列斐伏尔的自我认同是"马克思主义社会学家"，其"空间生产"理论也代表着空间社会学首次系统性面世。因此，我们选择列斐伏尔与德塞图的空间生产理论作为主要论述框架，在此对哈维的空间理论只做简略介绍。

representation）。

首先，空间的实践主要是指未经思索的日常实践和惯例，以及由其所塑造的关联环境。列斐伏尔也将其称为"察觉空间"（perceived space），它需要通过空间的解码（deciphering）呈现出来。他把人类的空间分为"农村（农民）—工业—都市"的变化过程与共存形态。这些不同空间形态产生了"不均衡发展"，并且出现了权力和冲突的地带，即"盲域"（blind field）。其本质属性是"未被认识"的空间：它不仅表现为视觉中心意义上的"视而不见"，也延伸到思想、意识、行动与知识的层次上。空间实践藏匿于行动者的日常惯例和"为工作、私人生活和闲暇留出地方的路线和网络"结成的紧密连接之中，同时这种连接又存在极端的分离（Lefebvre，1991：38）。因此，尽管空间实践发生在我们的眼皮底下，但是绝大多数时候并不会获得人们有意识的关注。

其次，空间的再现也叫"构想空间"（conceived space），是指一种概念化的空间，以各种可缩减、可精确提及的形式出现。当它们存在于科学家、规划者、都市主义者和社会工程师等专业技术人群的有意识的关注范围内，多以图纸、数字、模型，或者"言语系统"（a system of verbal）的形式出现（Lefebvre，1991：39）。通过这些抽象的形式，这些专业技术人员和官僚用"什么是想象"来认定"什么是可察觉到的"与"什么是生活的"空间。

最后，再现的空间也叫生活空间（lived space），是人们直接的、身体的和外在于再现的言语系统的经验。它覆盖、贯穿在空间的实践之中，象征性地利用了它的客体。因此，"生活空间逃离了言语描述但拥有体验社会和物质世界新的形式的潜力"（Jeyasingham，2014）。这些空间不遵循连贯性和整合性的规则，它们"带着想象的和象征的元素，它们在历史中拥有资源"，这些资源"既存在于群体的历史，也存在于每个属于群体的个体的历史"（Lefebvre，1991：41）。简要地说，生活空间不受当下情境和制度的直接约束。

空间生产的三重辩证关系构成空间的整体性，因而在它们之间存在矛盾而统一的辩证关系。这种辩证关系决定了"空间如何生产"。当空间被空间组织管理者和规划师视为"抽象模型"（abstract mode）的时候，"差异"而"整合"的空间就有被"均质"而"断裂"的空间取代的危险。因而，

"察觉-想象-生活"三位一体的空间整体性就会遭受严重的削弱和限制，失去所有的力量，空间成为意识形态的中介之一（Lefebvre，1991：40）。列斐伏尔从空间以及空间生产的本体论、认识论的角度出发，揭示了在工业化与城市化进程中"空间生产是什么"，以及用辩证的认识论引导模糊的方法论分析空间组织者与城市规划师、专家和科学家等主体识别"如何生产空间"等问题。然而列斐伏尔只是在抽象原则上提出空间再生产的方法论（列斐伏尔，2021：618）——以差异空间取代均质空间、以整体空间取代分裂空间。"回溯-前进"的空间分析法的具体化要靠能动的理论与实践的否定来指导、恢复空间的使用价值。他并没有具体的方法来实现这些主张，尤其是作为"普通人"的行动者如何再生产出以人为本的空间。

空间的实践、空间的再现与再现的空间的三重辩证空间生产关系——空间的实践形成了空间再现的空间情境，空间的再现反过来改造空间实践，而再现的空间呈现了空间实践和空间再现的过程与结果。有助于理解农村集体土地征收对基层治理所造成的影响，为社会工作者介入基层治理奠定农村征地实践的空间生产的认识论与方法论基础，进而发展出空间再生产策略，介入农村基层治理。

（二）招数：空间再生产的核心策略

"空间再生产"实质上还是空间生产的构成部分，但与资本和权力所主导的"空间生产"在分析上有所区别。列斐伏尔的弟子德塞图继承了列斐伏尔的空间生产理论之本体论与认识论，并在行动者的立场上从方法论的角度发展出了实现空间再生产的核心策略——"招数"（tactic）。[①] 日常生活实践中的"招数"，展示了民众"沉默抵抗"的日常（吴飞，2009）。德塞图所理解的日常生活是，"通过捕获依赖于其他资源的无数的方式来创造自身"（de Certeau，1984：xii）。不同于精英主义的观点，在德塞图看来，日常生活中的"招数"是与代表正式权力的"战略"（strategy）对应的形式。战略指的是对力量关系（force relationship）的计算。当一种权力和意志

---

① "tactic"在国内文献中一般被翻译为"战术"，是引用文献的惯用翻译方法。这个词容易引起读者认为该词与战争等相关的误解。根据牛津辞典，其除了"战术"之外，还有"招数"的意思。为了避免误解，本文采用"招数"的翻译。

的主体（如财产所有人、企业、城市、科学研究所）能够与环境分离时，这种计算的实现就成为可能。战略假设一个可以被限定为专有的地方，从而作为与外部（竞争对手、"客户"、"目标"或研究的"对象"）产生关系的基础（de Certeau，1984：xix）。政治、经济和科学的合理性建立在这个战略模型之上。

招数正好与战略相反，既没有专有的空间或制度的在地化（localization），也没有与整体可见性相区分的边界线。它指的是采用"时间换空间"的方式，在他者的空间里碎片化地伺机而动，不断捕捉可以转化为机遇的事件。这就需要行动者将各种要素在某一时刻汇聚。"这些既定要素的知识汇聚所采用的形式不是话语（discourse）的形式，而是决策本身的形式，即'抓住'机会的行为和方式。"（de Certeau，1984：xix）这种实践是人们对于具体的环境、规训机制的具体应对及其运作过程，兼具场所性和主体性特征。招数借助于行走（walking）等变化无穷的日常形式，是对专属空间的灵活运用方式。这些对空间的使用都属于"权宜之计"（making do），正是这种对空间灵活多变的使用形式，使得行动者具有无穷无尽的"街头智慧"（street smart）。

首先，行走的实质是将身体（感觉和劳动）空间化的过程，通过身体自身的秩序定位、判断其社会关系。在行走的过程中，行动者既要适应物理地形体系，又要将场所"空间化"，使得各个空间位置实现互动（de Certeau，1984）。"空间化"将人的实践作用于场所，重新赋予空间的作用与意义。这种构成性的空间是社会关系的基础所在。

其次，行动者在行走中诠释战略的空间话语时，悄无声息地转译空间的主流叙事，创造出达到自身目的和满足自身需求而又不同于战略的无数可能，实现"逃而不离"（escaping without leaving）的招数目标。

可见，招数的实施与列斐伏尔的空间辩证法相互衔接、对应，通过行走等形式实现空间的再生产。在行走的空间实践中，凭借消极的身体（感觉）和积极的身体（劳动）作用于空间，连接社会秩序，并根据自身的目的、感知实现对空间的再现；结合个体、群体的历史资源，突破抽象空间对时间的封锁，连接了过去、现在与未来，从而呈现再现的空间。基于此，"行走"的概念对于社会工作者采用"游走"的策略介入基层治理具有直接而关键的启发性。通过"游走"的社区导赏实践，社会工作者推动的空间再生产成为可能。

总体而言，德塞图与福柯式的"体制性空间"不同的是德塞图赋予行动主体（空间使用者）充分的能动性（Crang，2000），认为行动者面对空间隔离、分类与操控的情况并非无能为力，并且将列斐伏尔对于空间生产的宏观论述拓展至以普通人为主体的抵抗强权空间规划战略的日常生活实践。基于此，空间再生产理论至少需要进一步展示不同群体在日常生活实践当中抵抗强权主宰的空间再生产策略。上述问题与社会工作者如何介入农村基层治理息息相关。在此需要指出的是，不同于西方的社会脉络，我国的农村空间再生产，不是沉默或公开的抵抗（resistance），更多地表现为更加柔和的"协商"（negotiation）方式（林磊，2021）。

三 农村基层治理困境及其影响

改革开放以来，社会在总体上由"静态社会"逐渐转向"流动社会"，进入了高频率、大规模、长时期、广空间的"流动"社会，"郡县国家"的静态社会治理经验与之严重不适应（曹锦清、刘炳辉，2016）。中国基层治理困境的核心问题是"作为上层建筑的整个国家治理体系与其对应的社会基础结构之间发生了深刻的不适应"（曹锦清、刘炳辉，2016）。

首先，农村集体土地的家庭联产承包责任制使得农村集体化制度式微，并引起了农村治理模式的转型。20世纪80年代至90年代，"庇护主义"在乡镇企业蓬勃发展的时期以"法团主义"的面貌出现（Oi，1989）。"乡镇企业"作为国家总体性体制向市场经济体制转型的过渡经济组织形态，几乎综合运用了农村集体土地家庭联产承包责任制、财政包干制以及承包经营制等一切可利用的国家政策（渠敬东，2013a，2013b）。这种基层治理模式形成了"地方政府—基层干部—村民"的新型依附关系。然而，这种模式在1994年中央与地方实行财政"分税制"改革中使地方政府失去了发展乡镇企业的动力（周飞舟，2006），兴盛一时的乡镇企业纷纷转型（渠敬东，2013a，2013b）。地方政府转而采用"土地财政+土地金融"的城市化发展模式。这一模式一方面增加了地方的预算外财政税费收入，另一方面解决了多数地方城市化发展过程中的资金匮乏问题（周飞舟，2011）。

其次，土地市场化使得农民的个体权益意识张扬，农村利益分化（郭亮，2013）；通过选举，当选村干部的村民可以干部身份掌握土地等主要经济资源（徐勇，2018：218-220）。征地是土地资源配置和利益再分配的过程（扈映等，2016）。由于村干部对征地结果与村民利益有重大影响，村民选举的制度实践具有激励与约束的双重作用（叶静怡、韩佳伟，2018）。Mattingly（2016）发现，农村征地与村干部之间存在家族精英的"精英俘获"（elite capture）效应。齐晓瑾等（2006）发现村干部会影响甚至能决定征地补偿方案，暗箱操作补偿款分配、擅自挪用截留和贪污补偿款等问题成为征地过程中的焦点问题。从20世纪90年代后期开始，个别地方征地和基层干部权利滥用诱发了村民的抱怨和抗争，导致当地基层政府和农民之间关系紧张。因此，基层政府对农民征地所产生的干群矛盾问题与村委会选举实践产生复合效应，逐渐变成为基层治理困境的政治与政策的根源（李侨明，2019a）。

再次，2006年全面取消"农业税"以后，农民从贡献农业税转向了"贡献土地"（周飞舟，2007、2011）。从此，农村集体土地的主要价值从使用价值的维度全面地转向了其交换价值。根据当时相关的土地法律和政策，①凡是城市开发所涉及的农村集体所有用地，都需要通过征地环节实现

---

① 《中华人民共和国宪法》（2018）第十条"城市的土地属于国家所有"规定："农村和城市郊区的土地，除由法律规定属于国家所有的以外，属于集体所有；宅基地和自留地、自留山，也属于集体所有。国家为了公共利益的需要，可以依照法律规定对土地实行征收或者征用并给予补偿。任何组织或者个人不得侵占、买卖或者以其他形式非法转让土地。土地的使用权可以依照法律的规定转让。一切使用土地的组织和个人必须合理地利用土地。"《中华人民共和国土地管理法》（2004）第二条第四款规定："国家为了公共利益的需要，可以依法对土地实行征收或者征用并给予补偿。"第四十三条规定："任何单位和个人进行建设，需要使用土地的，必须依法申请使用国有土地；但是，兴办乡镇企业和村民建设住宅经依法批准使用本集体经济组织农民集体所有的土地的，或者乡（镇）村公共设施和公益事业建设经依法批准使用农民集体所有的土地的除外。"《城市房地产管理法》（2009）第九条规定："城市规划区内的集体所有的土地，经依法征收转为国有土地后，该幅国有土地的使用权方可有偿出让，但法律另有规定的除外。"第二十三条规定："土地使用权划拨，是指县级以上人民政府依法批准，在土地使用者缴纳补偿、安置等费用后将该幅土地交付其使用，或者将土地使用权无偿交付给土地使用者使用的行为。依照本法规定以划拨方式取得土地使用权的，除法律、行政法规另有规定外，没有使用期限的限制。"

其国有性质的转换，才能进行城市建设。① 已经有众多的研究表明，农村集体土地征收在个别地方引发了一些基层社会矛盾，农民在地方政府征地过程中的策略性抗争与基层治理的灵活回应并不能形成可持续的农村基层治理模式（O'Brien and Li，2006；周雪光，2009；于建嵘，2010；赵晓峰，2011）。因此，农村基层治理"依附主义"的干群关系在20世纪90年代中后期遭到极大削弱，基层治理模式面临新的挑战。从农村基层治理的视角看，农村家庭联产承包责任制的变革主要解决的是效率问题。尤其是自2014年以来的"三块地"改革，所要解决的正是以农村集体土地政策实践所形成的干群权力关系矛盾为核心的基层治理困境。2020年出台的《中华人民共和国土地管理法》及其相关配套法规、政策也将农村集体土地治理的问题上升到了"国土空间规划"的总体高度。这意味着，国家也注意到土地政策实践带来的一些基层治理难题，难以在原有的基层治理体制中破解。

最后，当基层政府与村民发生利益与权力纠纷时，不管村干部是否愿意，都要夹在中间。这种基层的矛盾在原有的"地方政府—基层干部—村民"的农村基层框架内无法得到妥善的解决。这种基层治理困境与社会问题需要社会工作与新的社会治理模式来予以缓解（王思斌，2014）。

四 社会工作介入农村基层治理的空间再生产策略

空间再生产策略在本文中指的是社会工作者在空间生产的空间的实践、空间的再现和再现的空间三个辩证维度上，强调土地的使用价值和土地多元价值观，促进村民与村干部之间及村民与村民之间的互动，从而介入农村基层治理的行动策略。随着中国社会工作专业化发展与政府购买专业服务的推进，社会工作已经作为基层治理的新主体介入了传统的基层治理格局之中（吴同、胡洁人，2021；张和清等，2021），并形成了"地方政府—基层干部/社会工作者—村民"新的基层治理格局（李侨明，2019a）。然而，空间理论和空间再生产策略在这种新的基层治理模式中还处于缺席状

①《中华人民共和国土地管理法》（2020）及《中华人民共和国土地法管理实施条例》（2021）版布以后，部分农村集体土地用途"农转非"已经不再将土地性质国有转化作为前置条件。

态，我们需要系统化地阐明社会工作与空间的关系。尽管有学者意识到某些具有空间视角的社会工作实践，例如打造公共空间有助于形成公共性及社会资本（向羽等，2020），但空间本身在绝大多数的社会工作研究中要么被忽略，要么仅仅被当成社会工作实践情境的物理变量，难以表明空间生产本身与社会工作的关系。具有代表性的观点可以分为三类。

第一类是借助民族志直接研究微观社会工作实践当中的语言与陈述（discourse）或聚焦儿童保护个案、督导议题。例如，Furgeson（2004，2009，2010，2011）就通过对社会工作者实践的田野观察，聚焦流动性，关注社会工作者及其服务对象在日常实践过程中的情绪、流动性与空间体验，指出交通工具能提升社会工作者介入儿童保护及其家庭的效率。

第二类是对于社会工作者介入社区和城市空间规划的倡导与实践研究。曹志刚（2020）提出了宏观社会工作介入社区和城市规划的专业使命和价值倡导，强调社会工作可以弥补当前国内社区和城市规划的不足，提升城市空间及设施的社会属性和民众的社会福祉，缓解社会矛盾。Ku 和 Dominelli（2018）展示了与灾区居民共同打造社区的公共空间过程，以及其对村民认同感、在地文化传统的正向影响。该研究强调通过绿色社会工作的空间介入模式有效回应在灾后社区重建过程中的环境正义和社会公平。

第三类研究将空间置换为"实践场景"或"实践情境"，并主张社会工作者应该融入社群和社区的日常生活中反思与实践（童敏，2020；丁瑜，2019）。童敏（2020）认为中国社会工作者本土化应该转向空间（场景）实践，强调"场景为本"的社会工作者服务应该注重服务场景的灵活性、模糊性和差异性。丁瑜（2019）从妇女的日常生活实践情境和社会参与入手，探讨了在具体的社区自组织营造情境中，社会工作者如何在日常生活中塑造妇女的社群主体性的过程。这隐含了社会工作者运用空间实践塑造行动者（妇女）主体性的介入策略。

上述具有空间视角的社会工作论述存在明显局限性：第一类研究的限制表现在研究者及实务工作者都用自己的感受去替代服务对象对所处空间的感知经验，造成他们对空间及其影响的社会关系的偏见（Jeyasingham，2014）。第二类研究的局限性表现在尽管其增加了社会工作介入社区空间规划建设的可能性，但缺乏对空间实践策略和方法的深入探讨。第三类研究强调与社会工作实践相关的"场景"或"情境"考量，但日常生活的实践场域，并非社会工作实务的"万灵药"，因为日常实践的"场景化"或"情境化"强调容易掉入相对论的"犬儒主义"陷阱，即社会工作实践常常屈服于实践情境，所以我们应该进一步塑造实践情境。

因此，社会工作理论与实践应该随着转型与流动社会所形成的实践情境而调整社会工作的本体论、认识论、方法论与具体方法技术，从而建立流动的社会工作实践理论。社会工作实践一方面受限于时空的文化道德秩序与社会经济环境，另一方面也应积极地参与重塑这种环境，从而克服上述"犬儒主义"的陷阱（李侨明，2019b）。在此，需要进一步讨论的问题是，在社会工作实践策略上应该如何克服这种相对论的"犬儒主义"。Jeyasingham（2014）受到列斐伏尔的空间辩证法的启发，认为空间的实践，其物质与制度安排构成了社会工作介入行动的限制；再现的空间则可能在分类的范畴内限制社会工作者对其地方实践的理解。然而，当社会工作实践关注到空间的再现时，则可能识别出打破空间惯例的时刻，因此创造新的空间实践和空间体验成为可能。

在空间生产的视角下，社会工作介入农村基层治理，就是介入以"地方政府—基层干部—村民"为主体的基层治理。社会工作者应该如何通过空间再生产的策略介入农村基层治理是当前中国农村社会工作实践面临的迫切议题。一方面，农村的征地矛盾与选举所产生的基层治理困境构成了社会工作介入的背景，形塑社会工作者的行动。另一方面，社会工作者也在介入的过程中成为基层治理的主体，在空间再生产过程中协同基层治理。因此，社会工作介入农村基层治理的过程具体体现为空间再生产的策略（如图1所示）。①

---

① 　需要说明的是，由于行动研究过程中充满着大量的偶然性和不确定性，图 1 的空间再生产策略是研究者及其社工实践团队在行动过程中逐步形成的经验总结，是对"行动—反思—行动"循环往复探究的结果，而不是严格遵照（实际上也没法遵照）Kemmis 和 Taggart 的两周期行动研究模型或 Savin-Baden 和 Major 的八阶段行动研究模型（参见古学斌，2013）去实践和书写。也就是说，有时候我们是探索行动后才能总结出策略，而不是出现了清晰的策略后才严格依照计划去行动。根据我们的经验，前者才是在农村社区场域当中"真实"的行动研究的常态，例如，项目团队一开始并不能够计划从土地议题去介入社区营造，也无法计划培育出农民合作社，以社区自组织的形式去行动；而是在实践过程中"偶然性"地发现土地议题对 S 村基层治理的重要性，并抓住项目周期特点和社区调研的契机，才以"生态发展"的理由说服村干部与镇政府（购买方）转变项目的实践方向和形式。换句话说，空间生产策略是行动过程的呈现，也是行动后反思、建构的经验理论成果。

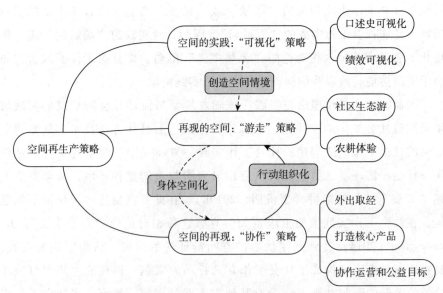

图 1　社会工作者介入农村基层治理的空间再生产策略

该策略是与空间生产的本体论、认识论与方法论一脉相承的社会工作介入方法论与方法，秉持"以人民为中心"的理念，以普通行动者或弱势群体的视角去介入工业化、城市化带来的基层治理。该策略借用列斐伏尔和德塞图等人的空间理论，与空间生产的"空间的实践—空间的再现—再现的空间"的辩证关系相对应，结合德塞图"行走"（walking）的日常生活实践——"招数"的具体化，发展出"可视化"、"游走"以及"协作"等三个对应策略。

"可视化"策略具有两层含义。第一层含义是指口述史的可视化。社会工作者从口述史汲取地方知识，吸引更多的民众参与到社区营造工作中，重新解读 S 村的历史和文化，并创造出代表 S 村历史文化的视觉化文创物品。第二层含义是指社会工作者主动将其绩效嵌入、展示于口述史可视化过程。可视化的空间实践是一种实现空间再生产的首要策略，找到再现空间的再生产历史文化资源，并创造其进一步行动的空间情境，建立与村民和村干部的信任关系。

"游走"策略指的是社会工作者有意识地组织村民领袖开展社区导赏活动，整合当地散布的城隍庙、墙画所在的居民区、香云纱工厂、河涌、市场、农田示范区等地场点（place）分散的资源，吸引 S 村内外的个体/群体到 S 村游走，使日趋碎片化、抽象化的社区空间意象重新变得具体而整体具有社区感。该策略承继"行走"招数的能动性和灵活性，以及普通人/弱者通过使用空间而生成对空间的权力；但不同的是，"招数"过于强调个人主义，灵光乍现却难以持续与积累。"游走"则是通过有效地组织，强调集体的互动；同时不将强-弱双方视为"敌-我"关系，不将权力变化看成此消彼长的"对抗"过程，专注于人与空间的连接而赋予不同群体彼此的共鸣机会。游走的空间再生产策略，以身体的空间化推动了社区社会组织的形成。

"协作"策略指的是通过"外出取经"的异地学习方式把原先形式松散、"自娱自乐"的妇女烹饪小组组织化，组建以"社区生态游"、"农耕文化"和"农产品体验"为核心产品的村民合作社、发展合作经济，以推动村民对社区事务的参与。这种社区社会组织方法使社会工作者介入基层治理从行动层面转化为组织层面，实现了空间的再现及再生产的日常化。协作的策略则蕴含了空间的实践与空间的再现，将行动组织化，重新形塑社会空间。

以上这些策略在一定程度上修补分割的社区物理空间、召回沉默的社区"历史-文化"精神空间以及重构的社区生活空间，期望实现农村基层治理的空间再生产，从而改善基层治理的空间生产过程。

五　社会工作介入 S 村基层治理的行动过程

（一）　S 村基层治理困境的形成及影响

S 村总面积 1.44 平方公里，是一个多姓氏，本地、外地人口混居，现代化农业与工业兼有的"城乡结合部"。本地户籍人口 3840 人，外来人口 3651 人。S 村北部的工业区土地在 20 世纪 80~90 年代招商引资的时候全都被出售给了企业。现有 40 多家企业，生产的产品以机械、塑料、五金及建筑材料为主。15 家规模以上的企业 2015 年的总产值约 1.70 亿元。S 村南部共有集体农业用地约 3222 亩，占全村总面积的 59.14%，人均耕地面积 0.84 亩。农业以水产养殖和花木种植为主，有鱼塘 213 个、花场 82 个，2015 年农业产值约 8966.6 万元。① 村民生活区位于 S 村中间，村民建筑以

---

① 　数据来源于 2015 年 S 村年度工作报告，数据截至 2016 年 1 月 26 日。

二层至四层的小洋楼为主，新旧建筑相间分布。本村人一般自住新楼房①，把旧的房子出租给外来人员居住。村民的收入来源较为多元，包括养鱼、②园艺苗圃、外出打工、农田土地收成及厂房租赁分红等。村民以土地入股，按年龄分配股数，每股分红约 2500 元/年，视当年股份社的整体收益而定。不少村民在街道办附近的中心区域购买了商品房，为的是获得更好的教育资源。这种教育外迁的情况明显地体现在 S 村小学的本地生与外地生的比例上。在 800 多个学生中，外地户籍的学生约占 80%，而本地生源仅有 20%。S 村的现状与基层治理困境是逐步形成的。

首先，工业化进程改变生产生活方式，诱发干群矛盾。改革开放以前，S 村是珠三角典型的桑基鱼塘模式③主导的生活、生产一体化的农村空间分布形成。住宅、桑基鱼塘和农地相间而生，桑基鱼塘和其他农地围绕着住宅，使村民的居住与耕种几乎不分离。20 世纪 80 年代改革开放以后，随着集体土地分产到户，S 村在街道办的主导下开始大力招商引资发展工业生产。S 村工业区原来是鱼塘和田洼。S 村村委会采用"三通一平"——通水、通电、通路、填平池塘，将之转变为厂房用地，用来建设厂房、招商引资。工业区开发后，S 村的物理空间就被分割为工业生产、居住（农业生产）两大区域。同时，包括村干部在内的基层干部也希望通过发展工业区吸纳本地人口就业。但是，村民的就业渠道较为多元，正如村民 R 叔所言："……厂房建好之后，我们那时的年轻人很少人愿意去的，因为我们自己有鱼塘、农田，自己就能做老板，为什么要去给你打工？"在"三通一平"的工业化过程中，在 S 村村民看来，他们并没能从发展中持续获益，因而累积了大量"怨气"。

1998 年征收土地、修建公路后，工业区和居住区的分界就更加明显了。迈入 2000 年，S 村又被征地修建公路和市立交桥。这些基础设施从东到西

---

① 部分只有一栋房子的村民会选择将多余的楼层分隔开来，租给外来务工人员。

② 由于池塘租金近年来飞涨，部分村民因无法承担高昂的租金而转做捕鱼的帮工。

③ 桑基鱼塘是珠江三角洲特有的农业经营方式，发祥于佛山南海的九江以及从南海分离出来的。20 世纪 70 年代联合国教科文组织专家曾到珠江三角洲考察，并评价该生产模式是一种"循环利用的科学与自然生态农业经营方式"。桑基鱼塘是种桑、养蚕和养鱼三者之间的连环生产体，是利用桑叶饲蚕，蚕沙（蚕粪）撒入鱼塘作饲料，塘泥涂抹塘基面做桑树的肥料，做到循环利用的农业循环生产方式（当地地方志，因匿名需要，隐去来源）。

贯穿 S 村，将 S 村的居住区与农业生产区完全分割。居住区的鱼塘和洼地也被进一步填平或改造，用于修建公园、篮球场、污水处理池以及住宅等，给村民提供更接近城市的环境和休闲设施。至此，S 村被南苑路和龙船路切割为工业生产、居住和农业生产三个功能区域，从南到北分别是农业示范区（南）、居住区（中部）和工业区（北）。

另外，城市化过程中的土地征收，引发干群矛盾。修建公路之后，公路两旁的土地也被地方政府规划、征用，S 村被镇政府征收 426 亩土地作为城区居民拆迁安置用地。农业区也有四百亩土地被街道预留作为商业开发用地。

S 村所处区域的工业化和城市化发展提升了其集体土地的市场价值，而土地的利益分配问题带来了一些干群矛盾，并导致基层治理的困境。因此，S 村的社区营造项目从一开始就面临了这种情境。

（二）社会工作介入的空间再生产策略

在"创新社会治理"和"政府购买社会工作服务"政策的推动下，该区自 2011 年下半年开始推动"以审批制度改革为突破口的行政体制改革、以社会协同共治为重点的社会体制改革、以完善基层治理模式为核心的农村综合改革"[①]。2014 年 S 村所在的区政府将社区营造作为社会改革工作要点之一。官方文件指出，社区营造实验要"立足村（社区），透过培育发展社区社会组织的过程，改变传统的社区治理模式，发动社区各方沟通共融、积极参与，通过引导和培训强化村（社区）居民的参与意识和责任意识，增强其自我管理和服务能力，营造社区事务自主自立、广泛参与的氛围，实现有效凝聚各方力量推促社区实现和谐与可持续发展的目标。"[②]

然而，以社会工作者为主的社区营造团队刚刚进入复杂的农村基层治理情境当中，只能小心谨慎地做文体活动。

2015 年 12 月，100 多亩的蕉林面临被砍伐的命运。社会工作者在"走社区"的过程中遇到了即将失业的蕉农。在这次偶然的社区走访过程中，"消失的蕉林"将关于集体土地议题摆在了社会工作者面前：社会工作者到

---

① S 村所在的市委、市政府材料。为匿名需要，除去来源。
② 《小教社会建设与创新设计方案（2014~2016）》，小教农业与社会工作局，2013 年 10 月 16 日。

底应该选择介入还是回避？如果介入，应该从何着手？我们在过去两年做口述史的时候正好得知了与土地相关的信息：S村传统特色农产品之一"香火蕉"已经不复当年销售盛况；几十年家家户户必备的农产品运输与日常交通工具——"小扒艇"① 已经成为S村河涌清洁工的"垃圾船"；桑基鱼塘与养蚕种蔗在新一代的村民看来已经遥远得像传说。他们面临的不只是生计的问题，生活方式也可能会随着本次征地而被彻底改变。社会工作者讨论的主要问题包括：如何看待S村的传统农业危机问题，农村的土地价值是什么，耕地需不需要保留，应该如何保留，等等。

在讨论的过程中，社会工作者中也出现了两种声音，第一种声音认为S村应该保存土地，理由是土地是生活的载体，不应该只有商品属性，同时大家也清醒地意识到土地问题属于农村的"敏感"议题。社会工作者M认为：

> 涉及社区所谓的敏感话题或公共议题，如土地问题，社会工作者如何采取适当的行动策划触碰这一敏感议题，可以通过扩展土地用途、生态教育、社区教育（社区艺术）等方式让大家认识土地价值，了解保护土地的意义。（社会工作者M，督导记录，20151208）

第二种声音来自S村本地的社会工作者J，她认为S村的农业已经节节败退，芭蕉更丧失了其市场上的经济价值，消失是迟早的事情。她解释说：

> ……我反思为何我自己对即将消失的蕉林没有什么太大的惋惜之情。的确，对于在蕉林中长期耕作的村民，他们的惋惜是绝对的，这里涉及他们的利益；不过对于我来说，一部分蕉林消失在现代化发展的社会真的是微不足道，反观S村近十多年来比起该区周边的城中村反而是发展过慢了。我作为S村青年，看到从（我）读书时多年来S村的相对落后，反而更惋惜可能S村错过了很好的发展机会，所以现在看到10多年闲置无租金收入的蕉林将要变成更有价值、给S村带来更多

---

① 当地传统捕鱼的小船。

机会的建筑，我是感到充满希望的。（社会工作者 J，集体督导记录，20160509）

    J 的声音至少代表了部分 20 世纪八九十年代出生的村民的心声。J 早年就在 S 村附近买了商品房，她正等着征地的"分红"归还房贷。这次征地，每个 18 岁以上 60 岁以下的村民都可以拿到约 6 万元的分红，未成年人约 3 万元，60 岁及以上的老人约 9 万元。因此，每个家庭可以获得少则十几万元多则几十万元的收入。类似社会工作者 J 这种情况的年轻人不少。他们为了孩子能去好的学校读书，也在繁华地段购买了商品房。

    尽管如此，社会工作者从讨论中得以澄清"保育蕉林"的目的既是指向传统产业的保留，也指向环境友好的生态发展。基于土地问题，社会工作者介入的最终目标是：创造多元的、不同于主流市场经济的土地价值观，即土地既可以作为商品出售，也可以作为一种"美好社区生活"的根基而保留。对于土地的多元价值立场决定了社会工作者介入社区营造的行动。它并不是一味地反对土地的商业开发，而是提倡各方关注土地的生活价值和使用价值，在土地议题上提供多元化选择。虽然社会工作者们对土地的价值仍然有些争议，但大家也达成了基本的共识：一是土地是敏感议题，社会工作者显然不具备直接介入土地征收的能力；二是社会工作者尝试从 S 村特色农产品"香蕉"开始引导村民关注 S 村农耕传统文化，培育土地的多元使用价值；三是社会工作者从自身做起，调整服务思路，将活动范围从居住区扩展到农田区，推动更多的村民参与社区公共事务。

    然而，这也只是基本的理念，具体行动如何"落地"，社会工作者没有任何的经验。此时，与社会工作者关系最为密切的 S 村妇女小组对于如何保育传统农业文化也持一种观望的态度。下面以上述讨论问题为起点具体阐述社会工作者介入基层治理的空间再生产行动策略。

    首先，实践空间（可察觉的空间）再生产的"可视化"策略。"可视化"相对于列斐伏尔提出的"盲域"而言，即对未被察觉的空间的对应行动策略。城市化和工业化发展的视觉中心主义令社会工作者、村民和村干部的视觉、意识和行动等选择性地过度倾向于工业化和城市化的空间变迁和叠加实践给我们设定的"标准"，从而造成对农耕时期的耕种、农业生产和农耕文化"视而不见"和"自我蒙蔽"。被城市规划所忽略的日常文化便逐渐边缘化，乃至隐形而"不可见"（De Certeau，1984）。本文开篇提及的农田在 S 村青少年生活中缺席的根本原因是，工业化与城市化的空间生产消除和掩盖了农耕时期的生产痕迹（列斐伏尔，2021：311-312）。村民对生活于其中的村落的空间变迁，如果不经有意的提醒，则很难察觉其变化。因此，需要将 S 村的空间变迁痕迹呈现出来，并促进其实践空间的整体化发展。

因此，"可视化"策略具有两层含义。第一层含义是指口述史的可视化。社会工作者在做口述史的时候，一开始采用的还是主流的"宏大叙事"方式，即向较为年长的村民询问村里都发生过哪些有重大影响的事件。这种方式获取到的内容要么跟官方宣传的"村史"几乎一致，没有新的信息；要么经常被村民以"我没文化，不懂这些东西"拒绝。除了个别有能力的村民能够提供与主流村史保持一致的信息之外，普通村民很难在这种"口述史"的过程中提供个人见解。因此，我们把口述史的实践方式转向"个人史"（personal history）。如此，村民就有机会在讲述个体及家庭的生命史当中回顾过往对自己影响比较重大的事件。例如，有村民讲述自己在"生产队"集体劳动时期的捕鱼经验，也向社会工作者描述捕鱼场景。我们便将此场景加以视觉化呈现，与村里的孩子在老房子外墙一起完成墙绘，展示过往的历史。与此类似，社会工作者将城隍庙中城隍爷的形象卡通化，在节日时加以运用，让年轻的村民更了解社区传统文化；将 30 多年前的日常水路交通工具——小扒艇"复活"，在社区导赏中再次使用。

这种策略回应的问题是 S 村的物理空间由于工业化、市场化和城市化而造成空间割裂。这种现象人们早已"习以为常"，需经有意的强调方能从意识层面察觉。尤其是"00 后""10 后"对这种现象更加缺乏认识，以至于占 S 村大半面积的农田在他们手绘的 S 村社区地图里"缺席"。社会工作者发现，通过将位于工业区的传统"城隍"元素和农田区的劳动场景通过"可视化"的方式展示出来，使得 S 村泾渭分明的物理空间重新在居住区得以出现象征意义上的聚合。这对传统的农耕生产方式和文化赋予了新的意义，老一辈的村民关于劳动生产的"集体记忆"也通过这些可视化的形式得以召唤，延续至新生代，形成代际互动，避免在日常生活中出现传统农耕文化在工业化和城市化的日常空间实践中断层，进而促进实践空间的再生产。

　　"可视化"的第二层含义指的是社会工作者将介入基层治理的"绩效可视化"。口述史可视化使社会工作者行动的社区影响力得以扩大，并促使购买方、评估方、村委会以及村民等逐渐认同社会工作者的专业能力。而此前，社会工作者在 S 村的工作一直难以被认可，社区营造的绩效多次被评估方、购买方和村委会所质疑，处在基层治理权力关系链中"不可见"的边缘地位。当然，并不是说这种策略可以即时改变社会工作者在基层治理权力格局中的边缘性，而是强调这种可视化的策略使社会工作者的专业能力得以展示，获得更多的资源与信任。基于这种效果，社会工作者的行动方式也越来越多地朝向可视化方向发展。例如拍摄社区营造微电影展示社会工作者工作成果、举办香蕉文化摄影大赛关注蕉文化和蕉农生计等，这些做法都与口述史及空间的可视化深度地捆绑在一起。

　　由此可见，口述史"可视化"策略与社会工作者介入基层治理的绩效可视化策略是空间实践的一体两面。社会工作者在介入基层治理的过程中，以口述史可视化作为一种召唤集体记忆的策略，同时又将自身的专业能力与形象嵌入其中，展示了介入基层治理的绩效。这种空间实践是一种实现空间再生产的首要策略，找到了再现空间再生产历史文化资源，并创造了其进一步行动的空间情境，建立了与村民和村干部的信任关系。

　　其次，再现空间（想象的空间）再生产的"游走"策略。在城市规划和空间资本化的主导下，再现空间通常被认为由城市管理者和空间规划、建筑等相关专业人士所掌控，其特点是用抽象的空间想象替代具体的现实。S 村自 20 世纪 80 年代以来的空间变迁，由来自自上而下的权力与资本所主导，村民和村干部缺乏对空间生产的发言权。在这种空间权力匮乏的情况下，他们的生产与生活严重分离。工业区和农田区退化为仅有市场价值而缺乏日常使用价值的空间。这种情况下，需要"游走"策略作为连接媒介，重建社区空间的日常生活价值，实现对再现空间的再生产。"游走"脱胎于德塞图的"行走"（walking）招数。德塞图认为"行走"是居民回应城市规划强权的关键招数。他认为"行走"具有三个基本的层次：第一是步行者对于地形体系的适应；第二是将某个地点（place）转化为空间的实践的过程；第三是在移动的"外衣"下建立多个不同位置之间的实用性契约和关系（de Certeau，1984：98）。同时，德塞图强调："'战术'是由专有（proper）地点的缺席所造成的故意行为。战术的空间是他者的空间，弱者不能自创空间并加以掌管，但可以采用'时间换取空间'的操作方式，迂回渗入权力之所在，并把握时机，偷偷摸摸地在转瞬间偷来的阵地略微发挥。相对于强者'画地为王'的空间策略，弱者只好伺机而动，借由结合异质元素，不断操弄事件，将其转为'机会'。"（de Certeau，1984：xix；转引自吴飞，2009）

因此，"游走"策略指的是社会工作者有意识地组织村民领袖开展社区导赏活动，整合当地散布的城隍庙、墙画所在的居民区、香云纱工厂、河涌、市场、农田示范区等场点（place）分散的资源，吸引S村内外的个体/群体到S村游走，将日趋碎片化、抽象化的社区空间意象重新变为具体而具整体的社区感。以第一个到访S村的参访团为例。一家高校的几十名师生希望将这次参访作为一个一天的实习实践课程。社会工作者们便设计了一个"社造经验分享+社区导赏+农耕体验"的体验课程。社造经验分享是社会工作者和妇女美食小组核心成员总结过往的社造经验，分工给来访的师生讲解社造心得和制茶过程。分享结束后，由已经70岁的社区导赏员A叔带领他们一边观赏S村的标志性建筑（例如城隍庙和祠堂旧址）和墙画，一边讲述村史。导赏结束以后，社会工作者便带领参访团坐上了"小扒艇"沿小河从生活区穿行到农田区进行农耕体验。这个并不完美的"社区一日游"安排给社会工作者和村民带来很大的信心，"社区生态体验游"的概念便基本成形了。

在"游走"的过程中，这些碎片化的场所由于来访者、导赏员、社会工作者之间的互动而得以重新连接。导赏员讲述的村史和个人生活史，使往昔的生产与生活的"集体记忆"得以回归，并赋予参与的村民强烈的传统价值感；来访者则能透过碎片的物理空间重新认识社区的历史、文化与生活方式。同时，他们表现的好奇与赞赏也给社会工作者与村民以信心。而由这种社区探访过程所带动的农耕体验、特色农产品制作与品尝以及饮食消费（农家乐）等，则在社会关系连接的基础上进一步激发了社区的经济活力。

因此，这些社会工作者介入基层治理的行动改善了S村基于工业化、市场化和城市化的空间生产总体战略（strategy）引致的精神空间碎片化，使S村的再现空间使用价值在"游走"的过程中得以再生产。对再现空间的再生产过程，"游走"的策略发挥了空间连接的媒介作用。不管是社会工作者、村民还是外来观赏的人都在这个游走过程中将原本被规划者所掌握的抽象空间再次加以具体化，通过行走、体验、彼此交谈和想象，逃逸出碎片化的空间符号（如高速路、工厂、农田等），重新掌握了对空间使用的主导权，使之满足了自身对日常生活的需要，进而也实现了空间再生产。"游走"的空间再生产策略，以身体的空间化推动了社区社会组织的形成。

最后，空间再现（生活空间）再生产的协作策略。协作策略指的是把原先形式松散、"自娱自乐"的妇女烹饪小组组织化，组建以"社区生态游"、"农耕文化"和"农产品体验"为形式与内容的村民合作社，以发展合作经济为路径，以推动村民对社区事务参与为目标的社区社会组织方法。这种社区社会组织方法，使社会工作者介入基层治理从行动层面转化为组织层面，实现了空间的再现及再生产的日常化。"合作经济"也称"社会经济"，它既不同于市场经济也不同于社会主义计划经济时期的集体经济。合作经济与前者最大的不同是注重社会关系，认为经济模式嵌入社会关系，以社会为基础并为之服务；强调人并非生产资料，发展经济要以人为本、注重劳动合作与收益平等分配。进而关注被后者忽略的劳动者合作之间的社会关系、弱势群体的福祉与社区的持续发展（闫红红等，2017）。可见，协作策略受到合作经济理念的影响，通过"外出取经"学习异地经验，打造核心产品和服务，推动合作社协作运营和转为公益目标导向，从而达到改善村民与村干部关系，促进基层治理权力关系平等化的社会工作介入目标。

第一，"外出取经"学习异地经验。协作策略的实施需要结合不同的历史资源，突破抽象空间对时间的封锁，连接过去与现在。如果说可视化策略是在纵向上连接 S 村历史资源，那么"外出取经"就是突破 S 村的历史资源限制，在横向上连接其他社区的"现在"，从而再生产 S 村的生活空间。参访 X 村时，大家认同驻村社会工作者组织村民开办民宿、推动返乡青年做社区导赏和制作特色农产品、发展合作经济、回馈社区等经验和"三同"（与村民同吃、同住、同劳动）驻村理念。体会到要将自己的工作融入村民的日常生活中，而不是要村民来"配合"社会工作者服务。不过，S 村并不具备像 X 村那样的青山绿水，也没有现成的特色农产品。

因此，如何突破经验的局限性成了社会工作者思索的首要问题。S 村妇女美食小组在过去两年中由社工定期组织聚在一起做美食。有了之前的工作基础，社会工作者便组织了几位妇女一起外出，到珠海 Q 美食合作社参访。参观的过程中，美食社"靠山吃山"的创新理念和救急扶困的慈善公益精神给 S 村的妇女们留下了深刻的印象。更重要的是，她们看到当地妇女在组建美食合作社、参与社区公共事务过程中既打发了闲暇时间，又获得了官方支持和社会赞誉，因而也增强了她们参与社区慈善公益事务的信心。之后，社会工作者便趁热打铁，与妇女们总结美食合作社的成功经验，并讨论 S 村开发特色美食的可能性。

第二，以妇女美食小组为基础，打造以蕉蕾茶、农耕体验和社区生态游为核心的特色服务产品。这种策略试图打造出休闲空间，促使 S 村的空间恢复其使用价值，正如列斐伏尔所说，休闲空间"向质朴性的回归，向有机性（因此是向自然）的回归，产生了令人惊讶的差异性"（列斐伏尔，2021：566）。妇女美食小组尝试从 S 村蕉农那里"收购"蕉蕾。蕉蕾清胃热、平肝解毒、润喉解渴的功效被村民广泛认可，在传统农耕时期，他们经常饮蕉蕾茶和食用蕉蕾粥。考虑到包装和销售的便利性，制作蕉蕾茶是低成本的可行选择。然而，销售蕉蕾茶还要考虑到包装的美观与销售对象的可接受性。于是，社会工作者又联系了广州美术学院的实习生与广州中医药大学的博士生，他们与村民一起设计了包装盒。同时，蕉蕾茶作为合作社的核心产品，其制作与销售、社区生态游和农耕体验共同构成了合作经济的价值载体。在社区生态游中，社会工作者与村民逐渐调整、优化了游览路线，有意识地将 S 村的传统文化（城隍庙与祠堂旧址）再造、传统手工艺（香云纱生产地）和传统农产品（蕉蕾茶与香火蕉）制作、反映 S 村耕渔传统的墙画、传统的交通方式（小扒艇）和农田区的农耕体验等在来访者游览的过程中有机地连接起来，形成整体的观赏体验。

第三，协作运营和社区公益目标。列斐伏尔认为："社会空间是社会的产物。"（Lefebvre，1991：30）因此，要改变生活空间，实现 S 村的空间再生产，最根本的是重建社区的社会关系。社会工作者借助原先通过服务建立的社区关系，招募合适的合作社成员补充加入合作社，大家共同确立合作社包容性与公益性的原则。包容性是指加入成员无论性别、年龄（18 岁以上）都具有加入合作社的权利。因此，8 名始创社员既有在 S 村居住的务工人员，也有本地户籍的村民；男女各半；老、中、青三代全有。公益性原则是指合作社的盈利除了合理的劳务分配以外，部分比例的盈利必须投入社区慈善公益事务（如图2所示）。社会工作者与几位村民一起讨论了合作社成员资格、加入方式、盈利分配、组织结构等方面的问题，并在合作社成立会议上以合作社章程的方式通过。合作社社员都有自己的全职工作与稳定收入，合作社并非以解决生计问题为中心。这一点最明显的体现是在确定劳务收益分配时，全体支持"平均分配"。社员解释："我们不是靠着这个收入生活，大家主要是为社区做些公益，一起做事，没必要分那么清楚。"合作社大小事务，都通过每周一次的会议商议，按照一人一票的方式投票决定。他们投票票选了合作社的负责人，又按照各自的特长，在对外联络、财务、采购蕉蕾、制作蕉蕾茶、购买接访的食物、导赏、扒艇、做饭、打理公益蔬果园等方面也有相对固定的分工。这些工作绝大多数是社员用晚上和周末的时间完成的。他们经常在晚上一起包装蕉蕾茶，周末一起到蔬果园开荒、种菜、挖鱼塘养鱼。

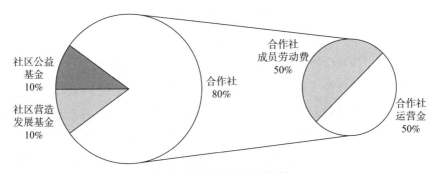

图2 合作社利润分配比例

因此，协作策略可以从生产关系与日常生活中去"补偿"主流经济社会发展模式带来的社会关系损伤，从而将空间的实践与空间的再现带入再现的空间，把行动组织化，实现空间再生产。这主要体现在，合作社运营的过程改变了社员们的日常生活，改善了村民与村干部的关系，促进了基层治理的权力平等化。C姐在一个机构做清洁工作，在没有参加合作社之前，其业余生活基本上是打牌。参加了合作社之后，她基本上把所有的业余时间都投入到了制作蕉蕾茶和打理蔬果园上。她说，"是X社会工作者把我从牌桌'捞'回来的"。不仅如此，她还推荐Z叔（她的配偶）加入合作社，他们经常一起到蔬果园耕作及接待。暑假时，部分社员还担任社区的夏令营导师，教孩子们烹饪、村史，带他们到农田区体验农耕。同时，社会工作者推动妇女参与 S 村的公共事务，实现自我赋权（self-empowerment）。在参与合作社之前 S 村的几位妇女，一般在公共场合是"隐形人"：不仅没有社区参与的机会，对自己的能力也极其缺乏自信。社会工作者之前屡次邀请她们参加活动，向她们征询意见时，她们的回复都是"没文化，不懂""做不了"。加入合作社之后，村干部举办重大活动都会事先跟她们"打招呼"并征询她们的意见，请她们动员其他村民参与。社员们甚至代表 S 村到街镇、区政府举办的活动上讲述参与合作社的经验。由此可见，重塑生活空间在一定程度上调整了权力关系。建立合作社，推动合作经济的发展，不仅改变了部分村民的日常生活，修补了他们的社区关系，也在一定程度上创造了村干部与村民互动、协商的机会，部分改善了不平等的基层治理权力关系。

六　结论与讨论

伴随着中国社会经济的转型，S 村自改革开放后就从农业社会向工业社会过渡，并持续至今。这种社会经济的转型实质上也是其空间生产的过程。在城市化发展推进过程中，工业发展和城市开发需要大量的土地。地方政府在土地征收过程中，往往通过自上而下的方式进行，这种土地开发的模式带来了农民传统生产方式和生活空间的割裂与解体，从而导致了社会关系和空间的改变。

空间再生产策略在社会工作者的行动研究中体现出一定的成效，使得 S 村实现了脆弱的短暂转变。"转变"指的是，社会工作者的介入策略改善了村民与基层干部、村民与村民之间的关系；使得村民意识到了土地与其社区及历史文化传统的重要关联和价值："社区和谐最宝贵"（G 叔，20171206），"S 村合作社（的任务）是保育村史文化和生态，给子孙后代（留下）一片绿地"（L 姐，微信朋友圈，20171207）。

然而，这种转变的脆弱性仍然存在。我们的空间介入策略是在"政府购买社会工作者服务"的专业基础上所衍生出来的一种柔性治理方式，难以短时间内改变基层治理的固化形态。另外，合作经济作为市场经济模式的一种补偿方式，其对于市场网络和生产—消费习惯的借用，很容易滑入市场经济的轨道。在征地—开发房产—城市发展等能即时兑现巨大经济收益的活动面前，农村集体土地作为商品的交换价值认知深入人心，农村土地的使用价值仍然被其交换价值裹挟其中。因此，社会工作者需要领会国家关于加强国家治理、加强基层治理以及乡村振兴等一系列的方针政策，既要在政策实践中找到合适的定位，也要持续在日常的专业实践中反思以保持其自主性。

可视化、游走与协作的三种空间再生产策略在理论上是与"空间的实践—再现的空间—空间的再现"的三重空间辩证关系相对应的社会工作实践逻辑，其本质是促进农村的社会关系、社会空间的再生产，从而为社会工作介入农村基层治理提供一种新策略。这三种策略相辅相成，并且在实践中体现出介入策略的叠合性：可视化策略再生产了实践空间并为游走策略做好了空间再现的情境准备；游走策略再生产了空间再现，通过身体的空间化重塑了社区具体的空间并形成了新的空间轨迹，为空间的再现奠定了行动基础；而协作的策略中则蕴含了空间的实践与空间的再现，将行动组织化，重新形塑了社会空间。社会空间是过往行动的累积结果，也提倡和禁止新的行动；这些行动要么为生产服务，要么为消费服务（Lefebvre，1991：73）。在中国乡村的基层治理意义上，梁漱溟（2013）认为要"藉经济入政治"。当中的"经济"与本文的"合作经济"所指相当接近。这意味着我们通过生产和消费的环节介入乡村基层治理，通过生产与消费给予社会空间与日常生活新的意义，至少具有空间再生产的方法（论）潜力。

本文的理论贡献首先是，在"社会工作的理论"（theory of social work）层次上，借助德塞图关于"招数"的日常生活实践方法发展出了可视化、游走与协作三种社会工作的空间再生产策略，整合与发展了地区发展与社会行动两种传统的社区社会工作模式。地区发展模式通过界定需求、采取行动，推动社区居民广泛参与，从而达到解决社区问题、建立社区自主的能力和社区整合（冯伟华、李昺伟，1994）。社会工作者在其中的角色是辅助者和使能者。其基本假设是在工业化、城市化、全球化的背景下，高度的社会流动导致传统社会解体，形成了原子化社会。自助、互助可以重建和谐的社区关系，增强居民的归属感以及提升他们解决问题的能力。其隐含的逻辑是居民应该并愿意参与社区事务；社区问题的成因之一是缺乏沟通与合作。其优点是能够形成参与性民主，增强社区认同感与归属感，与中国传统文化契合。但同时这种模式也存在资源和利益分配问题。而社会行动模式则假设集体利益需要居民团结起来共同维护，是一种非制度化的灵活社区工作模式（莫庆连、甘炳光，2014）。

借鉴上述模式，空间再生产策略整合了社会行动模式的结构视角与地区发展模式的"自助-互助"赋能技术。空间再生产策略没有回避造成农村基层治理的结构困境，而是采用间接、柔和的"倡导土地多元价值观和重塑土地使用价值"的形式予以回应，并促进村民从零散的参与行动转入成立社区社会组织。在空间再生产初期采用可视化、游走策略时，社会工作者的角色是倡导者和主导者，而在后期采用协作策略时则慢慢转化为辅助者和使能者，促进其自助-互助能力建设。同时，社区社会组织（合作社）在发展过程中既改善了村民和村干部权力关系，避免完全无视资源和利益分配问题，又促使村民参与社区的行动形成组织化和制度化，以保障社区行动的合法性，避免过多冲突破坏社区和谐。这是对上述两种社区工作模式的发展和突破，增添了社区工作显著的空间再生产实践的维度。

其次在"支持社会工作理论"（theory for social work）层次上，本文在历史维度上剖析了工业化农村基层治理困境形成及其对社会关系的影响，从微观层次上对空间生产理论未曾涉及的工业化农村社会关系再生产过程做出了补充，也为社会工作介入基层治理的空间生产策略奠定了社会分析基础。列斐伏尔的空间生产理论批判的是发达工业国家的空间资本化、政治化和非生态化的过程。尽管他区分了"前资本主义"和"新资本主义"阶段的不同内涵和特点，但是，他缺乏对农村向工业化与城市化过渡时的社会关系的深入分析。

然而，我们也意识到，社会工作者以空间再生产的策略介入农村基层治理，必须警惕空间生产带来的"透明的幻象"和"现实的幻象"（Lefebvre，1991），反思其处身于结构之中的局限性。"可视化"的结果也可能被纳入强权和资本主导的空间生产的过程，即社会工作实践创新本身成为空间生产的双重幻象带来的"自现其身"（reveal self）的表现，成为政绩的抽象符号；"游走"的过程也可能使乡村空间成为一种社会景观，容易在重复性的消费性损耗中丧失其历史文化资源的独特性；"协作"的社区社会组织也可能会因空间再生产过程所塑造的权力关系变化和利益分配不均而解体。

因此，本研究提供的空间介入策略具有明显的在地性，能否提升为一种社会工作实践的空间介入模式以及在其他的地区能否经得起实践的考验，则需要进一步研究。

参考文献

曹锦清、刘炳辉（2016）："郡县国家：中国国家治理体系的传统及其当代挑战"，《东南学术》第 6 期，第 1~16、246 页。

大卫·哈维（2008）：《新自由主义化的空间——迈向不均地理发展理论》，台北：群学出版有限公司。

丁瑜（2019）："妇女何以成为社群主体——以 G 市 L 村妇女自组织营造经验为例"，《妇女研究论丛》第 4 期，第 49~64 页。

冯伟华、李昺伟（2014）："地区发展"，载甘炳光主编《社区工作理论与实践》，香港：中文大学出版社。

古学斌（2013）："行动研究与社会工作的介入"，载王思斌主编《中国社会工作研究》（第十辑），社会科学文献出版社，第 1~30 页。

管其平（2022）："空间社会学的理论体系及其本土化实践"，《西安建筑科技大学学报》（社会科学版）第 2 期，第 54~61、94 页。

郭亮（2013）：《地根政治：江镇地权纠纷研究（1998—2010）》，社会科学文献出版社。

何雪松（2006）："社会理论的空间转向"，《社会》第 2 期，第 34~48、206 页。

贺雪峰（2016）："征地拆迁背景下的村庄政治"，《学习与探索》第 11 期，第 42~48、174 页。

亨利·列斐伏尔（2016）：《空间与政治》，上海人民出版社。

亨利·列斐伏尔（2021）：《空间的生产》，商务印书馆。

扈映、宋燕敏、陈伟鑫（2016）："农村征地拆迁中村干部的行为逻辑及制度基础——兼论村庄治理中管理与监督环节的缺陷与改进方向"，《中共杭州市委党校学报》第 1 期，第 63~70 页。

克里斯·阿吉里斯等（2012）：《行动科学：探究与介入的概念、方法与技能》，夏林清译，教育科学出版社。

李侨明（2019a）：《农村基层治理与社会工作介入研究——以广东顺德区 S 村社区营造为例》，博士学位论文，中山大学。

李侨明（2019b）："转型中国与流动的社会工作：一个基于本土化实践的理论框架"，《甘肃行政学院学报》第 1 期，第 76~85 页。

梁漱溟（2013）：《这个世界会好吗?》，天津教育出版社。

林磊（2021）："近年来乡村空间研究回顾"，《北京社会科学》第 8 期，第 109~118 页。

刘怀玉（2021）："序言"，载亨利·列斐伏尔《空间的生产》，刘怀玉译，商务印书馆。

莫庆联、甘炳光（2014）："地区发展"，载甘炳光主编《社区工作理论与实践》，香港：中文大学出版社。

齐晓瑾、蔡澍、傅春晖（2006）："从征地过程看村干部的行动逻辑——以华东、华中三个村庄的征地事件为例"，《社会》第 2 期。

渠敬东（2013a）："占有、经营与治理：乡镇企业的三重分析概念（上）重返经典社会科学研究的一项尝试"，《社会》第 1 期，第 1~37 页。

渠敬东（2013b）："占有、经营与治理：乡镇企业的三重分析概念（下）重返经典社会科学研究的一项尝试"，《社会》第 2 期，第 1~32 页。

孙全胜（2015）：《列斐伏尔"空间生产"的理论形态研究》，博士学位论文，东南大学。

唐纳德·A. 舍恩（2007）：《反映的实践者：专业工作者如何在行动中思考》，夏林清译，教育科学出版社。

童敏（2020）："空间思维的实践转向：本土社会工作专业化何以可能"，《社会科学辑刊》第 4 期，第 93~99 页。

王思斌（2014）："社会治理结构的进化与社会工作的服务型治理"，《北京大学学报》（哲学社会科学版）第 6 期，第 30~37 页。

王醒之（2015）："行动科学即政治实践的知识"，载杨静主编《行动研究经典读书札记》，社会科学文献出版社。

吴飞（2009）："'空间实践'与诗意的抵抗——解读米歇尔·德塞图的日常生活实践理论"，《社会学研究》第 2 期，第 177~199 页。

吴同、胡洁人（2001）："柔性治理：基层权力的非正式关系运作及其实现机制——以 S 市信访社工实践为例"，《华东师范大学学报》（哲学社会科学版）第 2 期，第 137~145、179 页。

夏林清（2013）："行动研究的双面刃作用——专业实践与社会改变"，载杨静主编《行动研究与社会工作》，社会科学文献出版社。

向羽、袁小良、张和清（2020）："'双百社会工作者'在乡村社会治理中何以可为"，《社会工作》第 4 期，第 97~108 页。

徐勇（2018）：《中国农村村民自治（增订本）》，上海三联书店。

闫红红、郭燕平、古学斌（2017）："合作经济、集体劳动与农村妇女——一个华南村落的乡村旅舍实践案例"，《妇女研究论丛》第 6 期，第 36~47 页。

杨静（2015）："关于'变'的理论"，载杨静主编《行动研究经典读书札记》，社会科学文献出版社。

杨善华、孙飞宇（2005）："作为意义探究的深度访谈"，《社会学研究》第 5 期，第 53~68 页。

叶静怡、韩佳伟（2018）："征地、经济利益与村民自治参与——基于 CFPS 数据的实证研究"，《东南学术》第 3 期，第 123~131 页。

于建嵘（2010）：《抗争性政治：中国政治社会学基本问题》，人民出版社。

张和清、廖其能、李炯标（2021）："中国特色社会工作实践探索——以广东社会工作者'双百'为例"，《社会建设》第 2 期，第 3~34 页。

赵晓峰（2011）："'被束缚的村庄'：单向度的国家基础权力发展困境"，《学习与实践》第 11 期，第 71~80 页。

周飞舟（2006）："从汲取型政权到'悬浮型'政权——税费改革对国家与农民关系之影响"，《社会学研究》第 3 期，第 1~38 页。

周飞舟（2007）："乡镇政府'空壳化'与政权'悬浮'"，《中国改革》第 4 期，第 64~65 页。

周雪光（2009）："一叶知秋：从一个乡镇的村庄选举看中国社会的制度变迁"，《社会》第 3 期，第 1~23 页。

Crang, M. (2000). "Relics, places and unwritten geographies in the work of Michael de Certeau (1925-1986)." In M. Crang, & N. Thrift (Eds.), Thinking space (136-153). Routledge.

de Certeau, M. (1984). *The Practice of Everyday Life*. CA.: University of California Press.

Dharman, J. (2014). "The Production of Space in Children's Social Work: Insights from Henri Lefebvre's Spatial Dialectics." *British Journal of Social Work* 44 (7): 1879-1894.

Furgeson, H. (2004). *Protecting Children in Time: Child Abuse, Child Protection and the Promotion of Welfare*. Basingstoke: Palgrave Macmillan.

Furgeson, H. (2009). "Performing child protection: Home visiting, movement and the struggle to reach the abused child." *Child and Family Social Work* 14 (4): 471-480.

Furgeson, H. (2010). "Therapeutic journeys: The car as a vehicle for working with children and families and theorising practice." *Journal of Social Work Practice* 24 (2): 121-38.

Furgeson, H. (2011). Mobilities of welfare: The case of social work, in M. Buscher, J. Urry and K. Witchger. (eds.) *Mobile Methods*. London: Routledge.

Harry, F. (2004). *Protecting Children in Time: Child Abuse, Child Protection and the Promotion of Welfare*. Basingstoke: Palgrave Macmillan.

Harry, F. (2009). "Performing Child Protection: Home Visiting, Movement and the Struggle to Reach the Abused Child." *Child and Family Social Work* 14 (4): 471-480.

Harry, F. (2010). "Therapeutic journeys: The Car as a Vehicle for Working with Children and Families and Theorising Practice." *Journal of Social Work Practice* 24 (2): 121-38.

Harry, F. (2011). Mobilities of Welfare: The Case of Social Work, in M. Buscher, J. Urry and K. Witchger. (eds.) *Mobile Methods*. London: Routledge.

Jeyasingham, D. (2014). "The Production of Space in Children's Social Work: Insights from Henri Lefebvre's Spatial Dialectics." *British Journal of Social Work* 44 (7): 1879-1894.

Ku, H. B. and Dominelli, L. (2018). "Not only Eating Together: Space and Green Social Work Intervention in a Hazard-Affected Area in Ya'an, Sichuan of China." *The British Journal of Social Work* 48 (5): 1409-1431.

Lefebvre, H. (1991). *The Production of Space*. Translated by Smith, N. Donald. Oxford: Blackwell Pubishing.

Li, Lian-jiang. (2003). "The Empowering Effect of Village Elections in China." *Asian Survey*

43 （4）: 648-662.

Mattingly, D. C. （2016）. "Elite Capture: How Decentralization and Informal Institutions Weaken Property Rights in China." *World Politics* 68 （03）: 383-412.

Oi, J. C. （1989）. *State and Peasant in Contemporary China: The Political Economy of Village Government*. C. A. : University of California Press.

O'Brien, K. J. and Li, Lian-jiang. （2006）. *Rightful Resistance in Rural China*. Cambridge and New York: Cambridge University Press.

Siu, H. F. （1989）. *Agents and Victims in South China: Accomplices in Rural Revolution*. C. T. : Yale University Press.

社会工作研究的缘起、特点及类型

马凤芝　陈树强*

摘　要　社会工作研究起源于英美慈善组织会社运动和睦邻组织运动，既包括需求预估，也包括对社会工作干预过程和结果的评估。虽然学者们对社会工作研究及其特点有不同的看法，但他们均从研究的议题和目标的角度来定义社会工作研究，从研究的目标和应用性角度来阐述社会工作研究的独特性。尽管学者们根据不同的标准对社会工作研究进行了不同分类，但他们更倾向于把社会工作研究看作一种应用性、评估性研究。本文对社会工作的缘起、特点及类型的这些描述和讨论，希望能够对社会工作专业学位硕士研究生学位论文的写作提供一些启示。

关键词　社会工作　社会工作研究　学位论文写作

我国自 2009 年举办社会工作专业学位硕士研究生教育以来，为国家培养了一定数量的高级社会工作应用型人才，但社会工作专业学位硕士研究生学位论文的写作一直是困扰学生和导师的一个难题。尤其是教育部开始毕业论文抽检以来，一些已经毕业的社会工作专业学位硕士研究生的学位论文被评审为不合格，更加使得学生紧张、导师焦虑。尽管 2022 年 4 月全国社会工作专业学位研究生教育指导委员会发布了《全国社会工作专业学位硕士研究生学位论文的基本要求》（征求意见稿），提出了社会工作专业学位硕士研究生的学位论文要体现社会工作专业学位的特性，并就五个类别的学位论文提出了相应的要求，但这些要求更多的是原则性规定，学生和导师在执行过程中还缺乏具体的指引。因此，破解社会工作专业学位硕

---

*　马凤芝，北京大学社会学系教授，研究方向为社会工作理论与实践；陈树强，中国青年政治学院社会工作系教授，研究方向为社会工作理论、社会政策。

士研究生学位论文写作这个难题，是我国社会工作教育界的一个当务之急。从一定意义上讲，社会工作专业学位硕士研究生学位论文是社会工作研究成果的一个呈现，要想写好社会工作专业学位硕士研究生学位论文，首先就需要准确把握并做好社会工作研究。也正因如此，本文拟围绕社会工作研究的缘起、特点及类型做相应的阐述，希望能够给学生撰写学位论文和导师指导学生写作学位论文提供一些具体指引。

一 社会工作研究的缘起

社会工作研究作为科学研究，首先发生于专业社会工作发展较早的英美国家。因而，我们对社会工作研究缘起的探索，亦需要追溯到以英美为代表的社会工作研究先行者。学术界一般把专业社会工作实践的源头追溯到发端于 19 世纪中后期的英美慈善组织会社运动和睦邻组织运动。慈善组织会社运动是临床社会工作的先驱，它聚焦个人和家庭，用科学的方法确定需求，并对社会服务提供者进行专门培训。睦邻组织运动是非临床社会工作的先驱，主要强调个人作为其社区的一部分、社会需求评估、社区组织、社会改革和政治行动、理解和欣赏文化多元性的力量，以及对社区的研究（Ambrosino et al.，2016：10）。慈善组织会社运动和睦邻组织运动这些早期的社会工作实践中就已经蕴含了一些研究的成分或元素。诚如一些学者所言：自社会工作专业创始以来，研究一直是社会工作的重要组成部分（Dunlap，1993）。早期的社会工作者意识到，倘若他们要有所作为，就需要将自己的努力建立在可验证的社会研究基础上（Brueggemann，2014：5）。尽管这些学者分别使用了"研究"或"社会研究"的概念而没有使用"社会工作研究"的概念来描述这些早期的社会工作实践中的研究成分或元素，但不可否认的是这些早期的社会工作实践中的"研究"或"社会研究"为后来的"社会工作研究"开了先河，奠定了基础。

柯克（Kirk）和里德（Reid）从科学与社会工作关系的角度，把这些早期的社会工作实践称作"遵循科学模式开展专业活动"。所谓遵循科学模式开展专业活动，亦即把科学作为一种实践模式。柯克和里德认为，社会工作把科学作为一种实践模式来运用，始于 19 世纪末的慈善组织会社运动。

一方面，慈善组织会社的领导者们有感于医学、生物学和工程学等领域所取得的科学成就，想效仿这些领域，也把科学方法应用到他们的工作之中。他们声称，慈善是一门科学，一门社会治疗科学，它像任何科学一样有它的规律。另一方面，他们希望以一种高效、务实的方式向穷人提供物质援助和指导。他们认为，只有这样，这些组织才能有效地应对日益严重的城市贫困问题。在他们看来，慈善就像科学一样，是一个有序的、系统的过程，在这个过程中，实践者收集事实，做出假设，并根据案例中的其他事实对它们进行修正。慈善组织会社的志愿者"友好访问员"或受薪工作人员收集与寻求援助的个人或家庭的困境有关的事实，并将其发展成可能提供因果解释的假设。例如，这个人贫穷是因为什么？因为身体不好而不能工作？因为酗酒而无法保住工作？然后，这些假设可以用来自案例的证据进一步加以"检验"，假设工作时喝酒是问题之所在，也许这可以通过与雇主的联系来确认。经过充分检验的假设可以解释这个问题，并提出可能的解决方法（Kirk & Reid，2002：26-28）。

简·亚当斯（Adams，Jane）创立的赫尔馆（Hull House）亦遵循科学模式开展专业活动，他们以"研究、改革和居住"为口号，解决移民、贫困、就业、青少年犯罪等社会改革问题。亚当斯及其同事经常利用绘制社区地图和描述性调查研究来收集公众意见和倡导资料，并为倡导发表自己的研究成果。通过集体的专业努力，他们提出了一个有说服力的论点，即青少年需要一个单独的司法系统，因为青少年在发育上与成年人不同。利用研究和证据进行倡导促进了在 1899 年建立少年法庭系统，随后在世界范围内被采用（Maschi，2016：24）。

在遵循科学模式开展专业活动基础上，社会工作逐渐开始利用科学知识指导这些专业活动。这也就是柯克和里德所说的"把科学作为知识的来源"（Science as a Source of Knowledge）。如果说"把科学作为实践模式"意味着社会工作者模仿其他科学以使自身变得更加科学的最初努力的话，"把科学作为知识的来源"则象征着社会工作开启了自身的研究之路。在这方面，也许最值得注意的是 20 世纪初的社会调查运动（Rubin，2008：451）。该运动始于 1907 年的匹兹堡调查（Pittsburgh Survey），源于对工业化和城市化相结合对城市居民生活影响的关注。这是一项雄心勃勃的、在全市范围内调查实际和潜在问题领域的尝试，如钢铁工业的工作条件、工业事故、伤寒、雇用妇女的行业和儿童救助机构。正如其调查说明书所述，该调查的目的是在每个领域提供公正的报告，作为当地行动的基础。人们认为，揭露各种城市弊病的令人震惊的事实将刺激市民参与改革计划。随着运动席卷全国，匹兹堡调查很快被许多其他调查所效仿。随着这项调查成为与社会工作相关的主要研究形式，最终数百次调查被实施。作为其重要性的一个指标，当时有影响力的社会福利杂志《慈善与公地》（*Charities and the Commons*）更名为《调查》（*Survey*）（Kirk & Reid，2002：32-33）。

柯克和里德认为，指导社会工作专业活动的科学知识可以分为两类，即与预估过程（assessment processes）有关的知识和与干预过程（intervention processes）有关的知识（Kirk & Reid，2002：32）。在他们看来，上述社会调查运动产生的是与预估过程有关的知识。换成我们今天社会工作研究方法教科书中的说法，也就是"需求预估"（needs assessments）。相比较而言，由于英国社会工作与国家福利提供之间的密切联系，其对社会工作进行以社会政策为导向的研究有着深厚的传统。大多数与社会工作有关的早期研究关注的是穷人的社会和经济状况，而不是社会工作者实践的细节。虽然美国许多早期的社会工作研究的重点与英国类似，但其更重视社会工作者如何最好地与那些在这种条件下处于不利地位的人一道工作。其早在20世纪20年代，就开始了实践干预的评估（Corby，2006：8-10）。

在与干预过程有关的研究或者实践干预评估研究方面，首先要提及的是对干预结果的研究。虽然人们对评估社会工作干预的结果很感兴趣，并且在这个专业的最初几十年里，人们认识到社会工作干预的重要性，但实际上很少进行研究。直到20世纪20年代初，社会工作领域才出现了第一个主要的评估研究。这些早期的结果研究，在确定社会工作的有效性方面代表了相当粗糙的努力。其所做出的判断都是由那些在项目中有既得利益的人做出的，它们很少试图确定测量的可靠性。最重要的是，它们对干预以外的因素对干预结果可能造成的影响没有任何控制，缺乏对结果的严谨研究。这在一定程度上导致了社会工作实践的效果危机，进而促使人们越来越有兴趣使用更加严谨的评估设计，使用某种形式的等效控制组（equivalent control group）。30年代中期发起的剑桥-萨默维尔青年研究（Cambridge-

Somerville Youth Study）标志着对个案工作项目的对照实验的发端，该项目旨在确定为问题青年提供辅导和其他服务是否能预防犯罪（Kirk & Reid，2002：37-38）。但在40年代末进行的评估中发现，实验组在社会适应方面的改善比预期的要好，但对照组也一样。因此，得出的结论是，提供给实验组儿童的强化支持和指导类型在发展亲社会行为和远离麻烦方面没有显著的有益结果（Corby，2006：10-11）。至60年代，随着对照评估的积累，研究发现中出现了一个令人不安的趋势：在大多数研究中，训练有素的社会工作者服务的对象，并不比没有接受或接受了较少训练的社会工作者服务的对象表现出更多的进步（Kirk & Reid，2002：38-39）。尤其是费舍尔（Fisher）对70项研究的回顾结果表明，当时以应用心理动力学原理和提供社会支持为特征的个案社会工作，在很大程度上并不比什么都不做更有效（Corby，2006：11-12）。由于这些问题和对社会服务问责的持续要求，社会工作者被越来越多地要求去评估他们自己的实践。相应的，也就出现了不同的评估方法。起初，重点是采用心理学的取向，即一种被称为单系统或单主题设计或研究的技术（Marlow，2011：114）。社会工作实践者采用单案例设计（single-case designs），并以具体的方式评估他们的实践效果。单案例设计将实验逻辑应用于单个案例，从而在不需要实验组和对照组的情况下控制对内部效度的影响（Rubin，2008：452）。由于单系统设计在产生新知识的能力、机构支持、设计的抗侵扰性以及对社会工作者的不切实际的期望等方面存在问题，描述性方法（descriptive methods）被开发出来，成为单系统设计取向的一种替代性取向，其用于监测服务对象的进展和监测干预措施。同与单系统研究相关的实证主义取向显著不同，这些方法中有许多采用了诠释取向和定性取向（Marlow，2011：114-115）。

除对干预结果的评估研究外，在与干预过程有关的研究或者实践干预评估研究方面，还必须提及的是对干预过程的研究。柯克和里德指出，对干预效果的了解意味着对干预过程的了解。除非我们能够说明这种方法是由什么组成的，否则说一种特定的社会工作方法在一项研究中被证明是有效的，并不能提供多少有用的信息。为了完成有效性研究，结果测量需要与干预措施相结合。更一般地说，有必要对社会工作者实际做了什么进行经验描述，作为断定社会工作活动性质的基础（Kirk and Reid，2002）。里士满（Richmond Mary）是最早对社会工作干预过程进行研究的学者，她在《社会诊断》一书中描述了个案工作者在评估和治疗计划中使用亲属、邻居、医生等"外部来源"的情形。她从三个城市中仔细抽取了 2800 例有目的的样本，列出了所使用的来源。罗宾逊（Robinson, V. P.）、迈里克（Myrick, H. L.）等在 20 世纪 20 年代进行研究，包括对个案的定性分析，以确定社会工作者活动的性质。卡普夫（Karpf, Maurice J.）于 30 年代初在对家庭机构记录的研究中，对社会工作干预进行了更详细的内容分析，其使用了相当大的案例样本、干预方法的一般类型学和量化的结果。霍利斯（Hollis, Florence）在 50 年代末和 60 年代初开发并测试了一种分类方案，该方案将当时社会工作者在一个更通用的系统中使用的心理动力学方法结合起来。她的研究包括一系列研究，在这些研究中，她利用分类方法对专门记录下来的过程进行了编码。在社会工作干预研究中，首次获得了编码者信度的资料，并将其用于改进方案（参见 Kirk & Reid, 2002：43-45）。

社会工作研究起源于英美慈善组织会社运动和睦邻组织运动，其既包括为直接或间接干预制定方案或社会政策的需求预估，也包括利用对照组设计、单案例设计、内容分析等对社会工作干预的项目或实践进行的结果评估和过程评估。

二 社会工作研究的特点

如前所述，社会工作研究起源于英美慈善组织会社运动和睦邻组织运动，然而早期的社会工作研究就像前面提到的并未使用"社会工作研究"的概念，而是使用了"研究"或"社会研究"的概念。按照柯克和里德的阐释，这是因为早期的研究者更多地借鉴了社会科学的研究，只有少数人做了更认同社会工作专业的研究。随着这类研究的增多，"社会工作中的研究"一词开始被用来指对可能成为社会工作干预目标的社会问题以及干预方法本身的研究（Kirk & Reid, 2002：46）。至于把"社会工作研究"作为一种特殊类型的研究提出来，学者们有不同的说法。邓拉普（Dunlap, Katherine M.）认为，1948 年美国社会工作者协会和西储大学（Western Reserve University）应用社会科学学院赞助的一个关于研究的研讨会，区分了社会研究和社会工作研究。会议报告的结论是，"社会研究的目的是促进任何基础社会科学的发展，而社会工作研究则是处理专业社会工作者和社区在关注社会工作功能时所面临的问题"（Dunlap，1993）。柯克和里德则追溯到1960年由波兰斯基（Polansky，Norman）主编的《社会工作研究》——社会工作领域第一本主要的研究教科书的出版，并且认为这本书的名称本身意义重大，因为直到最近几年，"社会工作研究"一词才开始取代"社会工作中的研究"一词。这种用词的变化是一个重要的象征性转变，为聚焦社会工作问题和方法的社会工作本身的研究事业的出现打开了一扇门（Kirk & Reid，2002：47）。

尽管在社会工作领域中出现了"社会工作研究"这个专门术语，但关于这个专门术语意味着什么，学者们有不尽一致的看法。甘布里尔（Gambrill，Eilleen D.）和霍布斯（Hopps，June G.）指出，人们至少在三种含义上使用"社会工作研究"这个专门术语。第一种用法是指在社会工作场合中进行的研究。第二种用法是指为社会工作者编写的描述研究方法的书籍。第三种用法是指社会工作所特有的研究方法（Gambrill & Hopps，1988）。

那么，到底什么是社会工作研究，或者什么样的研究、社会研究属于社会工作研究呢？在这里我们不妨引用几则社会工作研究的定义。波兰斯基在其主编的《社会工作研究》教科书中指出：社会工作研究始于实际问题，其目标是产生可用于计划和实施社会工作项目的知识（Kirk & Reid，2002：47）。肖（Shaw，Ian）和诺顿（Norton，Matthew）在"社会工作研究的类型和质量"一文中写道：我们将社会工作研究定义为由研究者、实践者、服务使用者/照顾者和社会工作共同体内的其他人进行的任何训练有素的经验或学术调查（研究、评估或分析）组成，旨在全部或在很大程度上实现社会工作目的（Shaw & Norton，2008）的研究。托马斯（Thomas，Gracious）认为，社会工作研究是把研究方法应用于知识的生产，这种知识的生产是社会工作者为了解决他们在社会工作实践中遇到的问题所需要的。这种知识有助于评估社会工作方法和技术的有效性。社会工作研究提供信息，这些信息可供社会工作者在做出决定之前考虑，影响到他们的服务对象、项目或机构，例如，使用替代性干预技术，改变或修改项目，等等（Thomas，2010：11）。格林内尔（Grinnell，Richard M.）和昂劳（Unrau，Yvonne

A.）认为，社会工作研究是运用科学的方法解决人类的问题，并创造出普遍适用于社会工作专业的新知识的一种系统的、客观的探究（Grinnell & Unrau，2018：48）。威尔逊（Wilson）等亦认为，社会工作研究是利用最适当的研究设计和可验证的方法与分析进行的系统调查。社会工作研究谋求为与社会工作有关的分歧、不确定或缺乏知识的问题找到答案，并有助于减少社会问题和痛苦，以及促进福祉（Wilson et al.，2011：243）。虽然这些学者对社会工作研究的界定不同，但从他们的定义中可以看出：社会工作研究的问题是社会工作的议题，社会工作研究利用的方法是社会科学方法，社会工作研究的目标或功能是解决社会工作实践问题。这就如同鲁宾（Rubin，Allen）和巴比（Babbie，Earl）在论证社会工作专业学生为什么要学习研究课程时所说的：你可能想知道为什么社会工作专业的学生必须修读研究课程。部分原因是社会工作研究旨在提供社会工作者解决日常实践问题所需要的实用知识。社会工作研究寻求实现与社会工作实践相同的人文目标；如同实践一样，社会工作研究是一项富有同情心、问题解决和实际的努力（Rubin & Babbie，2016：4；2017：16）。

倘若社会工作研究是利用社会科学研究方法，探究社会工作实践议题，以解决社会工作实践中的问题，进而实现增进人类福祉、促进社会公平正义的目标，那么这种研究又同社会学、心理学等研究有何不同呢？事实上，不少学者已经关注到了社会工作研究的独特性议题。麦克德莫特（McDermott）从社会工作对待社会理论和社会现实的特殊取向角度出发，认为社会工作研究必须做到以下六点：必须同时处理社会生活和实践的个人、集体和制度（政治和经济）方面的问题；必须使用多种方法来阐明和理解构成社会（和个人）现实的多个层面；必须认识到研究者是一个行动者，以批判和自我反思的方式将他的价值观和信仰带入研究工作；必须将研究过程作为一种干预方法；必须有意识和积极地关注穷人、弱势群体和受压迫者以及与他们交往的人；必须使用和开发涉及被研究对象的方法和过程，并使他们能够合作（McDermott，1996）。多米内莉指出，如果社会工作研究者想要识别他们有别于在类似领域和使用类似方法进行研究的其他人的特征，他们需要具备以下四项特质：改变取向、研究者与研究对象之间更加平等的关系、研究结果对服务对象/服务使用者负责、对他们正在对研究的问题或人的不同方面进行全面了解（Dominelli，2005：249）。史密斯（Smith R.）认为，社会工作研究是行动导向的，是与学习及实践不可分割的，并且是植根于社会工作价值观的。正是社会工作研究的这些关键特征，使它有别于其他学科的研究。尽管社会工作研究借鉴了广泛的方法论传统，并利用了与其他学科领域相关的方法，但任何一个方法论传统或其他学科领域相关方法都不能声称体现了社会工作研究。社会工作研究以其实践为基础的性质和综融主义特点使它与其他"纯粹"学科区别开来，而它对与社会工作相关的具体实践领域的关注使它与教育或护理研究等其他"应用"形式的研究区别开来（Smith，2009：182-189）。

　　除了一些学者从多维度阐述社会工作研究的独特性外，还有另外一些学者聚焦社会工作研究的目标。托马斯指出，社会工作是一个实践性的专业。因此，社会工作研究的主要目标是寻找社会工作实践中有关干预或处遇效果问题的答案。换句话说，社会工作研究试图提供关于哪些干预或处遇真正有助于或阻碍实现社会工作目标的知识。此外，社会工作研究还有助于寻找解决社会工作实践者在专业实践中面临的问题或困难的答案。最后，社会工作研究有助于奠定社会工作理论和实践的知识基础（Thomas，2010：11）。鲁宾（Rubin，A.）和巴比（Babbie，E.）指出，大多数社会工作研究者并不符合学术研究者的传统刻板印象。他们的目标不是为了知识而产生知识，而是提供社会工作者在实践中解决日常问题所需的实用知识。最终，他们的目标是为该领域提供减轻人类痛苦和促进社会福利所需的信息（Rubin & Babbie，2017：16）。克里斯克（Krysik，J. L.）和芬恩（Finn，J.）说得更加清楚：社会工作者使用的研究方法——也就是说，进行研究和收集与解释资料以便获得最有效的结果的程序——并不是社会工作专业所独有的。社会工作者指导其研究所仰赖的理论也不是社会工作专业所独有的。或许，对何者使社会工作研究具有独特性的最好的解释是立足于这样的理念，即专业身份更多地依赖于其目标的独特性，而不是其技术的独特性。因而，使社会工作研究具有独特性的东西，不是进行研究所使用的手段，而是所进行的研究指向的最终目标。社会工作研究需要完成社会工作的使命。毕竟，社会工作研究的目的是创造应用知识；也就是说，我们利用研究来发展用以指导社会工作实践的知识（Krysik & Finn，2010：10）。

与强调社会工作研究目标的独特性连在一起，也有一些学者从社会工作研究的应用性角度来阐述社会工作研究的特点。鲁宾和巴比指出，社会工作研究，与在其他学科中的社会科学研究不同，选择一个主题的动力应当来自社会服务机构面临的决定，或者，来自解决社会福利中的实践问题的信息需求。研究者的好奇心和个人兴趣当然发挥作用（就像在所有的研究中那样）。但是，如果一个主题是因为其提供了指引社会福利中的政策、计划或实践决定所需要的信息才被选定，那么一项研究则更可能对社会工作领域有价值（并被认为是社会工作研究）（Rubin & Babbie, 2016: 120）。托马斯在讨论社会工作研究的性质时指出，社会工作研究主要处理专业社会工作者、社会工作机构和社区在关注社会工作功能方面面临的问题。也就是说，在社会工作研究中，所要调查的问题总是在做社会工作或计划做社会工作的过程中发现的。因而，社会工作研究特别重视评估。这是社会工作研究也被理解为评估研究的原因之一。评估各机构及其项目和方案是社会工作研究的一些专门化领域（Thomas, 2010: 13-14）。尤其是，有些研究是关于影响、效率和效果的，开展评估研究就更有必要。

上述关于社会工作研究的定义及特点的讨论表明，虽然学者们对何谓社会工作研究有不同的界定，但这些定义均不强调社会工作研究在研究方法方面的特殊性，而是强调其研究的议题和研究目标的特殊性；尽管学者们对社会工作研究的特点亦有不同的表述，但他们都强调社会工作研究在目标和应用方面的特殊性。

三 社会工作研究的类型

如同学者们对社会工作研究的定义及特点有不同观点一样，学者们对社会工作研究的类型也有不同意见。大体上讲，以往学者们根据各自的分类标准，对社会工作研究主要做了以下几种分类。

第一，按研究取向进行分类。纽曼（Neuman, W. Lawrence）认为，社会研究有两个定向：一是有点超然的"科学"或"学术"定向，二是更积极、实际和以行动为导向的定向（Neuman, 2014: 26）。这两个研究定向其实就是指所谓的基础性研究和应用性研究。雅兹迪斯（Yegidis, Bonnie L.）

等对社会工作领域中的基础性研究和应用性研究进行了区分，认为基础性研究是旨在为我们的一般专业知识体系做出贡献的研究。社会工作者虽然进行基础性研究，但也严重依赖其他领域的研究人员进行的基础性研究。作为社会工作者，我们有时会立即将基础性研究的发现应用到我们的实践中，但更多的时候是把它们储藏起来，供我们在未来的某个时候为某些未知的目的而使用。与基础性研究相反，应用性研究的目的是产生具有直接的、通常是狭义的应用性的知识。它的研究结果经常被用来回答一个紧迫的问题或做出一个不能等待的决定，例如，是否应该终止干预或是否应该继续一个社会项目（Yegidis et al.，2012：18）。巴克（Barker，Robert L.）在《社会工作词典》中亦对基础性研究和应用性研究进行了区分。巴克认为，基础性研究是指系统的知识建设的调查，其成果没有已知的实际或商业用途，也就是说，为其内在价值寻求"真理"。这与应用性研究形成了对比。社会工作研究很少是基础性研究，因为它是面向解决社会问题的。应用性研究则是指系统的调查，以获取可用于解决或预防问题、改变生活方式、推动进步技术或增加收入的事实。这与基础性研究形成对比。大多数社会工作研究被认为是应用性研究，因为它主要涉及人与环境之间的相互作用、社会问题和助人方法（Barker，1995：24，30）。

第二，按研究者所属单位进行分类。达德利（Dudley，James R.）指出，一些社会工作者受雇于重视知识建设的大学或研究机构。他们进行的研究经常发表在专业期刊和书籍上。这种类型的研究通常被称为社会和行为科学研究或社会工作研究。这种类型研究的目的包括理论建构，确定项目和实践取向是否基于证据，对服务对象、项目和其他以前不太了解的现象进行描述性说明。这些研究人员专注于同社会工作实践、服务对象面临的社会问题、社会政策问题、社会机构的行政实践和其他相关问题相关的主题。另一种主要的研究类型是在雇用社会工作者的社会机构中进行的，被称为项目和实践评估。这种类型的研究通常对这些机构的有效运作至关重要，并侧重于项目和实践干预的三个一般问题，即确定是否需要一个新的项目或实践干预、监测现有干预的执行情况，并确定这些干预是否成功地帮助服务对象达到了他们的目标或结果（Dudley，2011：14）。

第三，按研究领域进行分类。埃维克（Ewijk，Hans van）认为，社会工作聚焦四个不同的研究领域。第一个领域是专业实践研究，其主要针对基本过程，使用者和专业人员之间的互动。我们可以区分为对过程的研究、对满意度的研究、对评估和效果的研究，以及对新方法和策略的开发与设计的研究。这类研究大多数是针对特定的背景或特定的活动领域。第二个领域是背景研究，首先是针对个人、群体或社区，调查一个社会问题、一个有问题的情境或社会来源。其次是涵盖社会结构、社会基础设施、背景和人口统计等的社区研究。第三个领域是系统研究"系统"是指社会政策和社会工作中的组织和决策层面。社会工作研究还包括分析社会服务的功能、社会政策、使用者、专业人员、服务和公共部门之间的相互作用以及社会服务或公共部门内部的相互作用。第四个领域是趋势研究，其主要关注社会和当地社区的趋势、意见、感受、人口发展，以及这些趋势如何影响社会工作实践，主要是通过更定量的研究设计和统计进行（Ewijk，2010：148-149）。安布罗西诺（Ambrosino）等指出，社会工作者把评估他们在所有环境层次上的干预的研究归纳为三种类型。第一种类型为学科研究。学科研究是指扩展一门学科的知识体系的调查。目的是解释它自己。学科研究始于把研究、研究目标和研究方法结合起来的范式或视角。这种范式指导研究者去哪里以及如何寻找证据。范式允许一个学科内的研究者在其领域内其他人的工作基础上进行研究。社会工作者也必须利用这些范式来确定对个人、家庭、小组和社区进行干预的实用方法。把任何学科研究连接在一起的"黏合剂"是理论。理论可以用来产生一个或多个假设，这些假设可以将人们的注意力引向某些观察结果，而这些观察结果又可以用来形成某些经验概括。由于研究过程的周期性，这个过程可以从四个点（理论、假设、观察和概括）中的任何一点开始。第二种类型为政策研究。政策研究是一种特殊形式的研究，其目的是为政府官员、机构管理者和其他人提供可信、有效及相关的知识，以便支持政府的决策过程。减少政策制定的不确定性和评估政策执行的结果是政策研究的中心任务。政策研究和学科研究都受科学方法论准则的支配。它们的不同之处在于，学科研究是为了发展对社会现象的理论的相关解释，而政策研究是为了识别、预估和评估用于达成公共目的的公共策略。第三种类型是评估研究。评估研究通常用来评估一项既定的政策或一套既定的政策的功效，或者测量一项具体的干预方法的影响。在评估研究中，科学方法是用于确定项目影响的基本分析工具。由于社会工作研究很少在受控的实验室条件下进行，因此专门的研究设计已经发展起来，以适应这一领域的研究。政策评估者的主要任务不仅是显示成功或失败，而是要表明做出判断时的确定性范围。除了评估社会工作项目的有效性，社会工作者还评估他们与服务对象一道直接工作的有效性。单主题设计或单案例设计用于评估干预对单个服务对象或案例的影响（Ambrosino et al.，2016：154-155）。

第四，按研究目的进行分类。鲁宾和巴比根据社会工作研究的目的，把社会工作研究划分为四种类型。第一种类型是探索性研究。许多社会工作研究是为了探索一个主题，对这个主题进行初步的了解。当研究人员正在研究一项新的感兴趣的事务时，当研究对象是相对新的和未被研究过的时，或者当研究人员试图测试进行更仔细研究的可行性或希望开发用于更仔细研究的方法时，通常就是出于这种目的。第二种类型是描述性研究。许多社会工作研究针对第二个目的——描述现象。例如，描述性研究可以评估一个社区无家可归者的数量和无家可归者在各种特征（如年龄、性别、药物滥用、精神病住院史等）上所占的比例。研究人员计算和报告个别议员投票赞成或反对社会福利立法的次数，也是一种描述性目的。描述性研究可以评估社会工作学生毕业后的职业模式。社会工作教育委员会每年都会对社会工作学院进行调查，确定每所学校学生和教师的各种特点，这是社会工作领域最著名的描述性研究之一。通过跟踪每年一次的调查报告，人们可以看到社会工作教育的重要趋势，如不同学位水平的申请人和入学人数的增加或减少，女性或少数民族入学或教学的比例等。第三种类型是解释性研究。社会工作研究的第三个一般性目的是解释事物。报告某些城市的儿童虐待比例比其他一些城市更高是解释性研究，而只是简单地报告不同的儿童虐待比例是描述性研究。如果研究人员希望知道为什么受虐妇女反复返回与施暴者生活在一起，而不是简单地描述她们这样做的频率，那么他们就有解释的目的。许多解释性研究是以检验假设的形式进行的。报告实现治疗目标的机构服务对象的数量是一种描述性活动，但测试一种新的干预将增加该数量的假设是一种解释性活动。第四种类型是评估性研究。社会工作研究的第四个目的是评估社会政策、项目、干预。社会工作研究的评估目的，实际上包括了前述探索、描述和解释三个目的。例如，我们可能与社区居民进行开放式的探索性访谈，作为关于评估他们需要什么服务的第一个步骤。我们可能进行一项社区问卷调查，去评估社区居民报告有什么问题和他们需要什么服务。描述性研究也可以使用定量方法和定性方法去评估服务是否按预期执行。我们可能进行一项解释性分析，去评估诸如种族或不同的文化适应水平等因素是否可以解释某些社区居民更可能比其他社区居民使用服务的原因（Rubin & Babbie，2017：141-142）。恩格尔（Engel，Rafael J.）和舒特（Schutt，Russell K.）与鲁宾和巴比持同样的看法，亦把社会工作研究划分为描述性研究、探索性研究、解释性研究和评估性研究四种类型。同时亦强调评估性研究可以是描述性的、探索性的或解释性的。评估性研究使用研究方法和过程来完成各种不同的任务，例如描述使用特定项目的服务对象，探索和预估不同社区或人口群体的需求，评估特定项目的有效性，监控服务对象的进度，或监控员工的表现（Engel & Schutt，2017：54-59）。

上述四种按研究取向、研究者所属单位、研究领域及研究目的进行的分类，尽管分类标准不同，但相互之间存在交叉。换言之，后三种分类均可以归入按研究取向，亦即基础性研究和应用性研究进行的分类。按研究者所属单位分类中的受雇于大学和研究机构的研究者的研究相当于基础性研究，受雇于社会服务机构的研究者的研究相当于应用性研究。按研究领域分类中，尽管埃维克划分出了四个研究领域的研究、安布罗西诺等归纳出了三种类型的研究，但从研究的性质上看，埃维克的四个研究领域的研究基本上属于应用性研究；安布罗西诺等的学科研究显然属于基础性研究，而政策研究和评估研究则属于应用性研究。按研究目的分类中，虽然鲁宾和巴比、恩格尔和舒特都把社会工作研究划分为探索性研究、描述性研究、解释性研究和评估性研究四种，但他们也都强调评估性研究包括了前三种研究。从这个意义上讲，我们可以把社会工作研究更多地理解为一种应用性、评估性研究。

四 对社会工作专业学位硕士研究生学位论文写作的启示

综上，我们从社会工作研究的缘起入手，进而讨论了社会工作研究的特点和类型。从这些描述和讨论中可以看到，社会工作研究更多的是一种应用性、评估性研究。然而，倘若如此，我们必须回答的一个问题就是社会工作研究与社会工作评估之间的关系。对于这个问题，可以从两个方面来理解。一方面，社会工作研究是一个整体，社会工作评估是其中的一个有机组成部分。从本质上讲，社会工作评估可以被认为是社会工作研究的一个子集，它利用社会研究方法，关注服务的需求、服务的成本、服务所提供的照顾质量、服务实际实施的程度，以及它们的有效性和效率等这些相互关联的焦点议题（Tripodi and Potocky-Tripodi，2007：13）。另一方面，社会工作研究与社会工作评估的目的不尽相同。研究的目的是发展或贡献可推广的知识，研究的受益者通常是社会，也可能是研究的参与者。评估的目的是评估一个项目是否在一个特定的群体中实现其目标，作为监控和改进项目的一种手段（Engel & Schutt，2017：59）。实践者继续应用研究方法来解决社会问题，并使用评估技术来证明社会工作实践的有效性（Miley et al.，2017：380）。当然，社会工作研究本身就处在一个由基础性研究和应用性研究为两端构成的连续体当中。在这个研究连续体上，社会工作研究更接近于应用端，因为它的目的是实用知识（Greenwood，1957）。

行文至此，我们可以回到文章开头提出的想要回答的问题，即希望能够给学生撰写学位论文和导师指导学位论文提供一些具体指引。当然，我们所说的"具体指引"并不是研究方法或研究程序上的，而是研究选题和研究类型上的。从一定意义上说，研究方法或研究程序上的具体指引可以决定学位论文水平的高低，但研究选题和研究类型上的偏离很可能会决定学位论文的"生死"。相比较而言，我们更关心后者、更关心"底线"具体指引。

先说研究选题上的具体指引。在研究选题上，也就是学位论文研究的议题或内容上，以往社会工作专业学位硕士研究生学位论文受到的最大挑战是被质疑是否属于社会工作研究范围。这就涉及大家如何理解社会工作研究的范围，进而如何理解社会工作的边界。我们在本文第一部分中已经阐明，社会工作及其研究经历了一个历史发展过程。在这个发展过程中，社会工作逐渐形成了自己的专业价值观、知识和理论，以及方法和技能。社会工作者把这些专业价值观、知识和理论，以及方法和技能应用于社会工作实践之中，从微观、中观及宏观等层面上帮助人们解决社会问题，满足社会需要，增进人类福祉和社会公平正义。从这个意义上讲，哪怕一篇学位论文选择研究我国社会工作的历史发展，或者某个人物的社会工作思想，也是属于社会工作研究范围的。诚如特里波迪（Tripodi Tony）所言：社会研究在多大程度上与社会工作实践相关，取决于所调查的现象。社会研究包含一套产生知识的技术和程序；如果研究的目标是研究社会工作实践的各个方面，这显然是相关的（Tripodi，1974：7-8）。但问题在于，在研究议题或内容上，社会工作专业学位硕士研究生学位论文要与社会学、心理学等专业的学位论文有"区分度"。在这方面，《全国社会工作专业学位硕士研究生学位论文的基本要求》（征求意见稿）列出的"问题分析研究类"学位论文风险较高。由于不少这种类型的学位论文仅仅停留在对某个社会问题的呈现和背后原因的分析上，并未提出社会工作解决方案，因而往往被批评为缺乏区分度，没有体现出社会工作专业的特性。因此，在选择研究议题或内容上，一方面，要厘清自己的研究与以往的研究之间的逻辑关系，为自己的研究提供研究脉络或学理脉络支撑；另一方面，"问题分析研究类"学位论文要格外留意在"导论（问题提出）"和"结论、讨论和建议"部分，阐明自己的研究议题或内容与社会工作的相关性，并提出解决问题的社会工作方案。

与研究选题亦即研究的议题或内容相关的另一个问题是学位论文的研究取向。在这方面，《社会工作专业学位硕士研究生学位论文基本要求》（征求意见稿）列出的"社会政策研究类"学位论文风险较高。笔者就遇到过一位社会工作专业学位硕士研究生，其学位论文在答辩前的外审中被评为不合格，原因是论文（研究）中没有社会工作实务——也就是社会工作实践，因而被判定为不属于社会工作的研究范畴。这就涉及大家如何理解社会工作实务，进而如何理解社会工作研究的实务特性。从社会工作实务的角度来看，社会工作实务是因应着社会发展的需要而不断发展演变的，既包括直接（微观）实务，也包括间接（宏观）实务。而且，自20世纪80年代中期以来，社会工作领域中的学者已经给社会政策添加了行动或实务要素（Jansson，1990：iv），也更愿意使用具有行动或实务意涵的"政策实践"（policy practice）概念。所以，选择撰写社会政策分析类学位论文的学生，最好能从间接实务或政策实践的角度为自己的研究找到研究脉络或学理脉络支撑，这样才能立于不败之地。再从社会工作研究的实务特性角度来看，虽然许多学者在由基础性研究和应用性研究两端构成的连续体中，更多地把社会工作研究放入应用性研究一端，强调社会工作研究的实务性或应用性，但马洛（Marlow，Christine R.）认为这种实务性或应用性研究主要是由受雇于社会服务机构的人员进行的，诸如"与青少年父亲身份有关的因素（或原因是什么）"这样的更"纯粹"的社会科学研究问题，可能是你在写社会工作硕士论文或博士论文时会问到的问题类型（Marlow，2011：40）。这就对我们的学生和导师提出了一个挑战：是写应用性、评估性学位论文还是写纯粹的、基础性学位论文。对于这个挑战，可以从两个方面考虑，一方面，马洛是境外学者，其观点只是一家之言且未必符合我国国情；另一方面，虽然学生是隶属于大学或研究机构的，但他们进行专业实习的时候又是隶属于社会机构的，他们具有双重身份。总之，从绝大部分学生是在专业实习过程中生成学位论文选题的实际情况来讲，写应用性、评估性学位论文比较保险。

再说研究类型上的具体指引。《全国社会工作专业学位硕士研究生学位论文的基本要求》（征求意见稿），把社会工作专业学位硕士研究生的学位论文划分为问题分析研究类、实践项目研究类、工作案例分析类、社会政策研究类、实践理论研究类等五类。从实际情况来看，学生选择实践理论研究类的极为罕见，选择社会政策研究类的为数不多，绝大多数学生选择的是问题分析研究类、实践项目研究类和工作案例分析类。所以，我们接下来再对这三类学位论文做进一步讨论。前面已经提及，问题分析研究类学位论文风险较高，究其原因，或许同研究或写作的角度不无关系，倘若能够从需求预估的角度来进行，就可以时刻提醒学生注意到，不但要呈现某个社会问题和分析其背后原因，而且要提出社会工作解决方案。这就如同达德利所说的，社会工作评估是由计划、实施和结果等三个基本阶段组成的。计划阶段发生在实施干预之前，包括确定需要帮助的服务对象的特征及其需求，设计将引入的干预，并制定将用于确定服务对象是否成功达到他们的目标的结果测量。计划阶段的一个至关重要的任务，是确定是否需要一个新的项目干预或实践干预。通常，这涉及进行需求预估。需求预估是一种有组织的、系统的对某个事物需求的评估，在这种情况下是对一个新项目干预或实践干预的需求的评估（Dudley，2020：7，115）。

如果问题分析研究类学位论文从需求预估角度来写比较保险的话，那么实践项目研究类和工作案例分析类学位论文是否也是如此呢？答案是肯定的。本文在前面的三个部分中已经阐明了"社会工作者被越来越多地要求去评估他们自己的实践""社会工作研究也被理解为评估研究""大多数社会工作研究被认为是应用性研究"，本部分亦阐明了"社会工作评估可以被认为是社会工作研究的一个子集"，这些均说明实践项目研究类和工作案例分析类学位论文是可以而且最好是从评估角度来写的。但这里的评估角度与问题分析研究类学位论文的需求预估角度有所不同，其是指达德利所说的项目评估和实践评估的角度。项目评估是运用科学研究的原则和方法对社会项目进行研究。其关注组织的实际需要，而不是理论问题，并且其遵守专业伦理守则。项目评估的主要目的是向不同的利益相关者做交代，并确定项目在帮助服务对象方面的有效性。实践评估是对实践者对服务对象的干预的研究，这种干预可以在个人、小组、社区等几个不同的系统层次上进行。实践评估与项目评估一样，遵循科学研究的原则和方法，遵守专业伦理守则。与项目评估不同，它一次只关注一个实践者的实践。与项目评估一样，实践评估的总体目的之一是确定实践干预在帮助服务对象方面的有效性（Dudley，2020：25）。总而言之，正如迪卡罗（DeCarlo, Matthew）在《社会工作中的科学探究》一书中所说的：评估研究可以被用于通过界定和诊断社会工作者服务领域中的社会问题来预估干预的必要程度，亦可以被用来了解他们的机构的干预是否产生了预期的效果。这种对干预和社会问题的关注使评估研究自然适合社会工作研究者（DeCarlo，2018：431）。

参考文献

Ambrosino, R., et al. (2016). *Social Work and Social Welfare: An Introduction, Eighth Edition*. Boston: Cengage Learning.

Barker, R. L. eds. (1995). *The Social Work Dictionary, Third Edition*. The NASW Press.

Brueggemann, W. G. (2014). *The Practice of Macro Social Work*, *Fourth Edition*. Belmont: Brooks/Cole.

Corby, B. (2006). *Applying Research in Social Work Practice*. England: Open University Press.

DeCarlo, M. (2018). *Scientific Inquiry in Social Work*. Roanoke: Open Social Work Education Roanoke.

Dominelli, L. (2005). "Social Work Research: Contested Knowledge for Practice," in R. Adams, L. Dominelli and M. Payne (eds.), *Social Work Futures: Crossing Boundaries, Transforming Practice*. Basingstoke: Palgrave Macmillan.

Dudley, J. R. (2011). *Research Methods for Social Work: Being Producers and Consumers of Research*, *Second Edition*. Boston: Pearson Education, Inc.

Dudley, J. R. (2020). *Social Work Evaluation: Enhancing What We Do*, *Third Edition*. New York: Oxford University Press.

Dunlap, K. M. (1993). "A History of Research in Social Work Education: 1915-1991." *Journal of Social Work Education* 29 (3): 293-301.

Engel, R. J. & Schutt, R. K. (2017). *The Practice of Research in Social Work*. London: SAGE Publications, Inc.

Ewijk, H. V. (2010). *European Social Policy and Social Work: Citizenship-based social work*. New York: Routledge.

Gambrill, E. D. & Hopps, J. G. (1988). "Social Work Research and Social Work: Combined or Separate?" *Social Work Research and Abstracts* 24 (2): 2-3.

Greenwood, E. (1957). "Social Work Research: A Decade of Reappraisal." *Social Service Review* 31 (3): 311-320.

Grinnell, R. M. & Unrau, Y. A., (eds.) (2018). *Social Work Research and Evaluation: Foundations of Evidence-Based Practice*. New York: Oxford University Press.

Jansson, B. S. (1990). *Social Welfare Policy: From Theory to Practice*. California: Wadsworth, Publishing Company.

Kirk, S. A. and Reid, W. J. (2002). *Science and Social Work: A Critical Appraisal*. New York: Columbia University Press.

Krysik, J. L. & Finn, J. (2010). *Research for Effective Social Work Practice*, *Second Edition*. New York: Routledge.

Marlow, C. R. (2011). Research Methods for Generalist Social Work, *Fifth Edition*. Belmont: Brooks/Cole.

Maschi, T. (2016). *Applying A Human Rights Approach to Social Work Research and Evaluation: A Rights Research Manifesto*. New York: Springer Cham Heidelberg.

McDermott, F. (1996). "Social Work Research: Debating the Boundaries." *Australian Social Work* (49): 5-10.

Miley, K. K., et al. (2017). *Generalist Social Work Practice: An Empowering Approach*, *Eight Edition*. Boston: Pearson.

Neuman, W. L. (2014). *Social Research Methods: Qualitative and Quantitative Approaches*, *Seventh Edition*. Essex: Pearson Education Limited.

Rubin, A. (2008). "Making Social Work Practice More Scientific." in White, Barbara W. (eds.), *Comprehensive Handbook of Social Work and Social Welfare: The Profession of Social Work*. New Jersey: John Wiley & Sons, Inc.

Rubin, A. and Babbie, E. (2016). *Essential Research Methods for Social Work*, *Fourth Edition*. Boston: Cengage Learning.

Rubin, A. and Babbie, E. (2017). *Research Methods for Social Work*, *Ninth Edition*. Boston: Cengage Learning.

Shaw, I. & Norton, M. (2008). "Kinds and Quality of Social Work Research." *The British Journal of Social Work* 38 (5): 953-970.

Smith, R. (2009). Doing Social Work Research. Berkshire: Open University Press.

Thomas, G. ed. (2010). *Social Work Research*. New Delhi: Indira Gandhi National Open University.

Tripodi, T. (1974). *Uses and Abuses of Social Research in Social Work*. New York: Columbia University Press.

Tripodi, T. and Potocky-Tripodi, M. (2007). *International Social Work Research: Issues and Prospects*. New York: Oxford University Press, Inc.

Wilson, K. et al. (2011). *Social Work: An Introduction to Contemporary Practice*, *Second Edition*. Harlow: Pearson Education Limited.

Yegidis, B. L., et al. (2012). *Research Methods for Social Workers*, *Seventh Edition*. Boston: Allyn & Bacon.

中国社会工作循证实践与研究综述[*]

孙希希　段文杰　王子川[**]

摘　要　循证社会工作是推动社会工作学科科学化和本土化探索的重要抓手，但该范式在我国的应用情况还不清晰，需要对其进行归纳以推动循证社会工作范式的进一步应用。遵循 PRISMA-ScR 指南，运用范围综述方法，在中国知识资源总库和 Web of Science 两个数据库中对51本社会工作中英文期刊进行检索，依据"证据分级框架"进行数据归类，最终纳入发表在41本中英文社会工作期刊上的1028篇文献。研究发现，社会工作期刊中循证研究证据总量持续上升，部分高校带头发展；高证据分级研究增速加快、低证据分级研究基础扎实。研究结果表明，我国循证社会工作发展重点已从"知识生产"转向"知识转化"阶段，建议政策和教育先行，优化高校和社会组织的合作机制，推动循证社会工作的进一步发展。

关键词　循证社会工作　证据分级框架　范围综述　知识转化

一　引言

教育部于 2018 年提出了"新文科"建设的倡议，更关注对"人"这一概念的理解和对人民需求的回应，更注重科学理念的应用以及技术与伦理并重的实践模式。我国社会工作自学科建立伊始，虽一直致力于提供可靠

＊　本文系 2023 年中国青少年研究会立项课题"我国少数民族县域青年发展的规划与应用实践研究"（项目编号：2023B02）的阶段性成果。

＊＊　孙希希，华东理工大学社会与公共管理学院社会工作（学）博士研究生；段文杰，华东理工大学社会与公共管理学院教授、博士生导师，通讯作者，duan.w@outlook.com；王子川，华东理工大学社会与公共管理学院社会工作专业硕士研究生。

证据支持下的服务和实践、构建具有学科特色的知识体系，但由于社会工作学科对科学知识的贡献有限，其合法性常常遭受质疑（李筱、何雪松，2021）。因此，提升社会工作学科的科学性和合法性是我国社会工作学科发展迫在眉睫的任务。而循证社会工作是提升社会工作科学性和合法性的有力抓手。开展循证社会工作研究有助于社会工作实务人员运用证据做出最佳决策，为服务对象提供更人性化的服务，取得更好的服务效果（李筱、段文杰，2021）。扎根于实践与研究的循证社会工作范式能够帮助社会工作回应科学质疑，获得社会与专业认可，提升合法性（王君健，2019）。

根据 Shneider（2009）的学科发展理论，学科发展会经历概念化（conceptualization）、工具开发（the development of instruments or tools）、具体问题调研（investigation of the research questions）和知识转化（knowledge transfer）四个阶段。研究者作为观点开发者（visioners and inventors），往往在学科发展的第一和第二阶段发挥积极、关键作用，回应以往尚未得到充分研究的领域，开发相适宜的工具，以便进行深入调查和研究。而在学科发展的第三和第四阶段则需要研究者和实务人员共同合作，以适配编码者（adaptors and codifiers）的身份对研究现象全面考察，合力将隐性知识转化为显性知识（Chen，2017；Shneider，2009）。对于社会工作学科发展而言，在学科发展的前两个阶段，新兴的研究主题、方法和工具开发为学科第三和第四阶段的发展打下了基础，这样社会工作研究者和实务人员才能共同将所生产的知识应用于实践，进一步积累实践数据和更新知识。在学科发展第三阶段中所遇到的困难点和无法被解释的现象也会引发下一个从第一阶段重新开始的演变过程，促进学科的持续发展（Shneider，2009）。

鉴于循证医学（Evidence-based Medicine）在实践中取得的优良成效（Magill，2016；Thyer & Myers，2011），循证实践（Evidence-based practice）逐渐被引入并应用于社会工作学科范畴，致力于满足服务对象的复杂需求并提升其生活质量（Stanhope et al.，2010）。根据 Rubin（2008）的定义，社会工作循证实践是指"社会工作实务人员结合他们的专业知识，综合考虑现有最佳研究证据以及服务对象的特征、价值观、偏好和实际情况进行实践决策的过程"，强调通过识别、评估、整合和应用最佳证据，及时对过程中每个步骤的有效性和效率进行评估（Kagan，2022；Nevo & Slonim-Nevo，2011）。循证社会工作实践的标准流程从形成可回答的问题开始，到寻找最佳证据、评估现有证据以及证据的应用、监测和评估，再到形成新的问题，如此不断深入（Gibbs & Gambrill，2002；Rubin & Bellamy，2012），对应了学科发展的四阶段。

循证实践对社会工作研究的贡献在于通过基于实践的观察，形成研究问题和假设，设计和开展科学研究，回答研究问题，逐步形成科学知识，以此巩固社会工作学科的证据基础（Drisko & Grady，2015；Finne，2020；Gilgun，2005），主要对应了学科发展的前两个阶段，并有机地参与学科发展的后两个阶段。从社会工作实务人员角度来说，循证实践范式要求社会工作者在实践中综合评估多个证据源的信息，将专业经验、最佳研究证据以及服务对象的真实状况相结合，根据监测反馈，不断调整优化，为服务对象提供最佳服务（Kagan，2022；Rubin & Bellamy，2012），主要对应了学科发展的后两个阶段。实务人员将研究者生产出的理论、方法和工具应用到实践中，发现新的问题，提升社会工作实践的可信度和严谨性（Magill，2016），形成循证实践的螺旋式上升，从而推动社会工作学科理论研究和实践的发展。循证实践的内在逻辑和学科发展以及我国新文科建设之间存在明显的连接点（李筱、何雪松，2021），可为提升我国社会工作学科的合法性和科学性提供一条可行路径。

但是，从国际上循证社会工作发展的趋势来看，循证社会工作研究的发展往往要快于循证社会工作在实践中的应用，研究者和实务人员往往因目标和需求的不同产生内在脱节现象（Bellamy et al.，2006）。社会工作研究者常困扰于提高研究产出的知识转化，尤其是随着社会工作领域的成效研究、实验研究和元分析等高质量研究成果在全球范围内快速增多（Magill，2016），社会工作研究者倾向于把研究证据的落地转化以及开展循证实践的压力转嫁给实务人员，并未从实质上解决循证实践与常规工作流程不兼容的问题（Rosen，2003）。而实务人员普遍受困于缺乏循证实践意识、资源以及相关知识技能上，无法系统应用科学证据以指导社会工作实践，社会工作实务人员倾向于依赖他们的实践智慧和经验知识，而不是科学的实证研究证据（Gambrill，2001；Gray et al.，2015）。另外，由于研究成果的发表通常需要较长周期，实务人员也会质疑已发表的研究证据已经

"过时"，无法适应实际情况的变化（Bellamy et al.，2006）。多项调查显示，一线社会工作者在实践中采纳研究证据的状况以及研究证据在实践中的适用性仍不尽如人意（Ekeland et al.，2018；Gleeson et al.，2021；Kagan，2022）。如何让实务人员对研究成果可知、有用和可用成为研究者与实务人员共同面临的问题（Pendell & Kimball，2021）。对社会工作学科发展来说，本质上是学科在前两个阶段的发展无法充分过渡到后两个阶段，导致学科发展四阶段难以形成闭环，从而影响了整个学科的持续上升和发展。但同时，循证社会工作作为一种较新的范式，其传播的成功与否和如何调动及改变现有的概念关系紧密相关，一个新范式在科学知识累积网络中的使用和所处位置会在极大程度上影响其扩散过程与程度（Cheng et al.，2023）。由此可见，循证社会工作研究先行，通过大量证据积累，才有可能实现新范式的引入、嵌入和在知识结构中进行重构，逐步推动循证社会工作范式在实践中的应用。

在我国，华东理工大学何雪松教授于2004年首次提出证据为本的实践是推动社会工作在中国发展、获得社会认同的可能策略（何雪松，2004）。2006年10月11日，党的十六届六中全会通过《中共中央关于构建社会主义和谐社会若干重大问题的决定》，明确提出"造就一支结构合理、素质优良的社会工作人才队伍"，这是对社会工作专业的一次重大推动（Ku & Ho，2020；Levine & Kai，2010）。Bai等（2022）以"循证社会工作"为关键词对我国现有有关循证社会工作的综述类研究以及其他相关研究进行文献综述，发现循证社会工作研究发展在我国处于不均衡状态，循证社会工作范式在实践者和决策者中的使用率较低。但该综述重点并非针对应用循证社会工作范式的研究。近二十年间，大量学者反复强调了循证社会工作对中国社会工作发展的重要性，其领域涉及矫正社会工作（熊贵彬，2020）、医务社会工作（童峰、杨文登，2019）、社会工作介入精准扶贫（王青平、范炜烽，2017）、残障社会工作（易艳阳，2019）、社会工作与其他学科的对比（杨阳等，2023）等，研究视角从宏观到微观层面，既涵盖了话语权（刘玲、彭华民，2019）和知识体系（郭伟和，2019）的研究，也包括了方法应用类的研究（彭瑾等，2022；郑广怀、朱苗，2021）。

然而，在循证社会工作被引入中国近二十年后，我们对目前循证社会工作在研究领域的应用情况及循证社会工作处于什么样的发展阶段的认识还不清晰。学界了解循证社会工作的重要性后，在各个研究领域的应用情况如何？如何推动循证社会工作进一步发展？

鉴于此，本研究旨在通过范围综述方法了解我国 2006 年至今社会工作可用证据的生产与积累状况，通过发展阶段的分析，探究我国循证社会工作范式应用情况，为进一步推动循证社会工作在我国的发展提供启示。由 Thyer 和 Pignotti（2011）总结的社会工作证据分级框架被用以对现有研究进行评估和归类。具体来说，本文的研究内容如下：（1）目前符合循证社会工作要求、由我国作者[①]撰写且发表在中英文社会工作类期刊上的文献有多少；（2）这些文献属于社会工作证据分级框架中的哪些级别；（3）这些文献的研究重点是什么；（4）未来中国的循证社会工作应该如何更好更快发展。

二 研究方法

（一）文献分类依据：证据分级框架

Thyer 和 Pignotti（2011）借鉴循证实践在医学和心理学领域广泛应用的证据分级标准，总结了适宜社会工作学科特点的"证据分级框架"（见图 1），证据级别对应相应的研究设计，在循证社会工作实践中对文献进行分级分类，有助于实务人员判断证据质量（李筱、段文杰，2021）。根据这个证据分级框架，系统评价处于证据分级的最高等级，其次是单一被试随机对照实验研究、大规模多样本随机对照实验研究、单个随机对照实验研究、大规模多样本准实验研究、单个准实验研究、可重复前实验结局研究、单个前实验结局研究、单一被试实验研究、相关研究、叙事案例研究、专家临床意见、可靠的理论、专业团队的建议，一共十四个分级，证据等级依次降低（见图 1）。鉴于本研究旨在通过评估现有社会工作文献的证据等级探究我国循证社会工作的发展趋势，本文将使用"证据分级框架"对纳入本研究的文献进行编码和分类。

---

① 不包括港澳台作者。

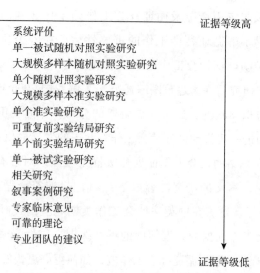

证据等级高

系统评价

单一被试随机对照实验研究

大规模多样本随机对照实验研究

单个随机对照实验研究

大规模多样本准实验研究

单个准实验研究

可重复前实验结局研究

单个前实验结局研究

单一被试实验研究

相关研究

叙事案例研究

专家临床意见

可靠的理论

专业团队的建议

证据等级低

图 1　Thyer 和 Pignotti 的证据分级框架

资料来源：Thyer & Pignotti, 2011。

（二）文献检索策略

为保证研究质量，本次范围综述遵循 PRISMA-ScR 指南（Preferred Reporting Items for Systematic Reviews and Meta-Analyses Extension for Scoping Reviews）（Tricco et al.，2018），参考 Arksey 和 O'malley（2005）五阶段框架，严格按照"确定研究问题、搜索相关文献、选择和确定文献、提取数据以及总结和报告结果"的步骤开展该范围综述。本研究采用范围综述而非系统综述，是因为系统综述的研究目的是通过对收集到的证据进行无偏总结从而构建或检验一个理论，为政策或实践提供启示（Siddaway et al.，2019），而范围综述是探索性研究，通常应用于新兴领域，纳入的证据具有研究方法和研究内容多样的特点，目的在于了解被清晰定义的研究领域中关键概念、证据类别和研究差距的图谱（Colquhoun et al.，2014）。本研究属于探索性研究，纳入文献处于证据分级不同层次且研究主题广泛，所以范围综述更加适宜。

为了保证全面涵盖我国社会工作文献，本研究选取中国知识资源总库（以下简称"中国知网"）和全球最大的科技引文索引 Web of Science（以下简称"WOS 数据库"）两个数据库进行检索。针对中文文献，本研究选取了中国知网社会学科Ⅱ类别下期刊名包含"社会工作"的 7 本期刊,分别是《都市社会工作研究》《儿童青少年与家庭社会工作评论》《社会工作》《社会工作(实务版)》《社会工作与管理》《中国社会工作》《中国社会工作研究》,在 WOS 数据库中,则选取了 SSCI 社会工作分类下的 44 本期刊(期刊引证报告年份:2021 年)。本研究的检索不对文章主题做限制。

(三) 文献纳入和排除标准

遵循 PRISMA-ScR 指南,本研究详细制定了文献纳入和排除标准。纳入标准包括:(1)文献发表期刊限定于中国知网的 7 本中文社会工作期刊和 WOS 数据库中 44 本类属社会工作的英文期刊;(2)文献发表时间介于 2006 年 10 月 11 日至 2022 年 11 月 27 日之间;(3)文献第一作者或通讯作者①来自我国且隶属于我国的机构②;(4)文献类型仅为学术研究类文章,其中在 WOS 数据库检索时直接限定文章类型为文章(articles)和评论文章(reviews)。本研究的排除标准如下:(1)重复的文献;(2)第一作者和通讯作者非隶属我国机构的文献;(3)第一作者和通讯作者非我国学者的文献;(4)非实证研究的文献;(5)不符合 Thyer 和 Pignotti(2011)"证据分级框架"的文献。

(四) 文献筛选过程

通过对中国知网和 WOS 数据库的搜索,最初检索出 11421 篇文献。值得注意的是,中国知网检索出的文献包含资讯类和实务类案例分析文献,不符合本研究要求,需进行手动排除。另外,WOS 数据库中虽已将文献搜索范围限定在我国学者和我国机构,但这些文献中仍包括了学者或其隶属机构为我国港澳台地区的文献,因此也需要逐一手动排除。本研究由第一作者和第三作者根据设定的纳入和排除标准筛选被认为可能符合条件的文献。当两位研究者出现意见不一致时,则通过共识讨论或邀请第二作者投票的方式来确定最终结果。排除重复文献、非学术研究类文献以及我国港澳台地区学者或非隶属于我国港澳台地区机构学者的文献后,符合条件的文献数

---

① 通讯作者的情况主要适用于在 WOS 数据库中检索出的英文文献。
② 学者来源地区和隶属机构均不包括港澳台地区。

量为 3698 篇。通过阅读文献摘要（必要时对原文进行审阅和评估）进一步筛选后，排除了 2670 篇非实证研究或不符合 Thyer 和 Pignotti（2011）"证据分级框架"的文献，最终纳入 1028 篇文献进行分析。图 2 呈现了本范围综述的 PRISMA-ScR 流程，详细说明了纳入和排除文献的过程和数据。

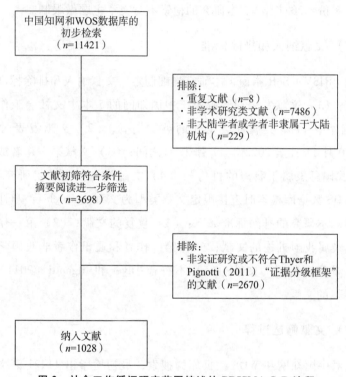

图 2　社会工作循证研究范围综述的 PRISMA-ScR 流程

三　结果与分析

（一）纳入文献总体呈上升趋势，部分高校带头发展

总体而言，自 2006 年 10 月 11 日以来，我国学者以第一作者或通讯作者身份在社会工作类期刊中的循证研究文献发表数量呈总体上升趋势。由图 3 可见，2006 年至 2014 年，循证研究文章数量为 117 篇。2017 年之后，研究数量迅速增加，仅 2019 年一年，文章发表数量就达到了 2006 年至 2014 年九年的总量，2020 年发表数量达到 243 篇的高峰值。

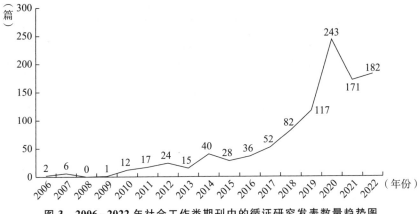

图3 2006~2022年社会工作类期刊中的循证研究发表数量趋势图

符合标准的1028篇社会工作类期刊上的循证研究来自41个中英文期刊。其中 *Children and Youth Services Review* 最受我国学者青睐，在该期刊上发表的循证研究达到296篇，占纳入文献总量的28.8%。该期刊及《社会工作》、*Child Abuse & Neglect*、《社会工作与管理》和 *Health & Social Care in the Community* 五个期刊上收录的我国学者以第一作者或通讯作者身份所发的循证研究文献数量排名前五，总数为677篇，占纳入文献总量的近2/3（见表1）。纳入文献的第一作者和通讯作者隶属机构对循证研究贡献排名前十的均达到或超过35篇文献的产出，其中北京师范大学和中国人民大学学者参与发表的文献数量都已过百，东南大学、北京大学、华东理工大学、复旦大学、南京大学、浙江大学、华东师范大学、华中师范大学等发表数量也较多（见表2），起到一定的带头作用。

表1 发表数量居前二十的期刊

单位：篇

序号	期刊名称	数量
1	*Children and Youth Services Review*	296
2	《社会工作》	114
3	*Child Abuse & Neglect*	96
4	《社会工作与管理》	90
5	*Health & Social Care in the Community*	81
6	*Journal of Community Psychology*	31
7	*Asia Pacific Journal of Social Work and Development*	27

续表

序号	期刊名称	数量
8	《中国社会工作研究》	23
9	*Journal of Social Service Research*	22
10	《中国社会工作》	22
11	*British Journal of Social Work*	19
12	*Research on Social Work Practice*	19
13	*Trauma，Violence，& Abuse*	19
14	《都市社会工作研究》	19
15	*International Social Work*	18
16	*Social Work in Public Health*	16
17	*International Journal of Social Welfare*	15
18	《儿童青少年与家庭社会工作评论》	15
19	*Family Relations*	10
20	*Social Policy & Administration*	9

注：此处显示的是纳入文献的期刊，《社会工作（实务版）》的文献均不符合本文的纳入排除标准，因此本文纳入的中文文献只来源于 6 本中文期刊。

表 2　发表数量居前十的机构

单位：篇

序号	机构名称	数量
1	北京师范大学	134
2	中国人民大学	125
3	东南大学	62
4	北京大学	48
5	华东理工大学	45
6	复旦大学	44
6	南京大学	44
6	浙江大学	44
9	华东师范大学	39
10	华中师范大学	35

本研究还对纳入文献的目标研究群体进行了编码和分析。结果显示，目前社会工作研究者开展的循证研究更多集中在儿童和青年领域，共有 429 篇相关文献，占纳入文献总数的 41.7%，另有 111 篇文献的目标研究群体是家庭或

父母，研究主题包括家庭在儿童发展中的作用、老年人群的家庭支持等。社会工作者也是主要目标研究人群之一，相关文献共 126 篇，主要涉及社会工作实务和社会工作教育领域发展等研究主题。其他目标研究群体还包括老年人、女性、精神卫生服务使用者、病人、残障人群、社区、组织等。

（二） 纳入文献整体证据分级水平有待提高

根据 Thyer 和 Pignotti（2011）"证据分级框架"，本研究对纳入的 1028 篇文献进行编码和分类，结果如表 3 所示。纳入文献的整体证据分级水平有待提高，呈现系统评价研究数量猛增、实验研究数量较少、相关研究占比最高、叙事案例研究增速平稳的特点（见表 3）。

表 3 社会工作类期刊中的循证研究证据分级结果汇总

研究类型	文献数量（篇）	占比（%）	重点研究对象
系统评价	56	5.4	儿童
单一被试随机对照实验研究	—	—	
大规模多样本随机对照实验研究	—	—	
单个随机对照实验研究	28	2.7	儿童、青年
大规模多样本准实验研究	1	0.1	
单个准实验研究	16	1.6	儿童、家庭、社会工作者、老年人
可重复前实验结局研究	—	—	
单个前实验结局研究	6	0.6	
单一被试实验研究	1	0.1	
相关研究	700	68.1	儿童、家庭、社会工作者
叙事案例研究	220	21.4	社会工作者
专家临床意见			
可靠的理论			
专业团队的建议			

1. 系统综述研究数量突增

在本研究中，共纳入 56 篇系统评价类文献（占总纳入文献数量的 5.4%）。2015 年是我国学者在社会工作领域发表系统评价研究的元年，首篇文献发表在 *Child Abuse & Neglect* 上（Fang et al.，2015），2020 年和 2022 年是我国学者发表系统评价文章的高峰时期，分别有 16 篇和 19 篇系统评价文章发表。在证据分级层次上，我国学者对儿童相关的实践领域颇为关注，涵盖儿童学业成绩（Lei et al.，2020；Lei et al.，2021）、暴力行为和问题行为（Cui & Liu，2020；Gao et al.，2021；Gao et al.，2020；Jin et al.，2019；Lei et al.，2018；杨梨、王曦影，2021）、儿童保护和儿童发展（Wen et al.，2021；Zhang，Li，et al.，2021；Zhang et al.，2023；Zhang et al.，2018；亓迪、沈佳飞，2020；赵芳、朱宁，2019）以及探究干预项目有效性的研究（Chen et al.，2021；Zhang，Shi，et al.，2021；Zhang et al.2021）等。

2. 实验研究数量较少

随机对照实验被认为是证据等级仅次于系统综述研究的证据形式，被认为是进行因果推断、计算因果效应的“黄金标准”（Shaya & Gu，2006；Thyer & Pignotti，2011）。在本研究纳入的文献中，共有 28 篇文献被归类于单个随机对照实验研究，占总文献量的 2.7%，未甄别到属于随机对照试验中的单一被试随机对照实验研究和大规模多样本随机对照实验研究。我国学者最早发表的社会工作随机对照实验文献出现在 2013 年，刊发在 *Children and Youth Services Review* 期刊上，该研究探究了认知扭曲在中国青少年网络成瘾中发挥的作用（Li & Wang，2013）。随机对照实验研究文献的发表数量保持在每年一篇左右，从 2020 年开始，发表数量略有上升，在 2~3 篇。与系统评价类研究类似，研究重点主要集中在儿童和青年领域，涉及的主题包括问题行为干预研究（Li & Wang，2013；Zhang et al.，2020）和积极发展干预研究（Duan & Bu，2019；Wang et al.，2022；段文杰、卜禾，2018；李希希等，2014；郑玉等，2021）。

准实验研究和前实验结局研究相比随机对照实验研究来说，证据可靠性稍弱，区别在于准实验研究没有将被试随机分配在控制组和实验组，而前实验研究甚至缺乏控制组（Thyer & Pignotti，2011）。在本研究中，共有 23 篇文献属于准实验研究和前实验结局研究，该证据分级的文献最早在 2016 年发表，研究领域集中于儿童、妇女和家庭，涉及针对贫困家庭儿童、留守儿童和残障儿童的干预研究（An & Li，2021；Guan & Deng，2019；Wu et al.，2020；Zhao et al.，2016；陈金凤、朱眉华，2021；王硕等，2020；周晓春等，2021），针对青少年心理和行为的干预研究（Duan et al.，2022；

Wu et al.，2014；Zhuang et al.，2022）以及亲职教育和家庭功能对儿童成长影响的实验研究（An & Li，2020；Hou et al.，2021；Luo et al.，2023）。

3. 相关研究占比最高

纳入本研究的文献有很大比例被归类为相关研究（共 700 篇，占纳入文献总量的 68.1%）。作为一种非实验研究，研究者往往鉴于从统计学意义上说，变量之间不存在因果关系或变量无法被操纵，而采用相关研究去测量和评估两个或多个变量之间的统计学关系（Chiang et al.，2015）。本研究纳入的相关研究中，结构方程模型、路径分析、潜在剖面分析、探索性因子分析、验证性因子分析、中介和调节模型等方法被广泛使用。在此类文献中，针对儿童和青少年的研究最多，涵盖儿童留守经历、儿童虐待和欺凌、心理健康和行为问题、家庭和学校层面的风险因素等诸多主题。除此以外，对于父母和家庭、社会工作实务人员和学生、老年照料、社区治理等群体和主题也受到研究者的普遍关注。

4. 叙事案例研究增速平稳

220 篇文献被归类为叙事案例研究（占纳入文献总数的 21.4%），该类研究可以提供丰富翔实的描述，帮助研究者发掘众多变量并产生新的假设（Chiang et al.，2015；Hartman，2017；Lietz & Zayas，2010；Magill，2016）。在这类研究中，我国研究者更关注社会工作者群体，涉及社会工作实务人员和社会工作学生在进行实务工作时所面临的挑战（Tang，2020；Wu et al.，2021；Wu & Chen，2022；Zeng et al.，2016；Zhang，2022）、社会工作者的职业和专业认同感（陆飞杰，2011；孙鸿平、刘江，2017；余冰、熊若杉，2017；赵迪等，2022）以及社会工作者在新冠疫情防控过程中发挥的作用（Chen & Zhuang，2020；Lin et al.，2021；Wang & Liu，2023；Wang et al.，2022）等研究主题。除此以外，研究者也关注到女性、老年人、社区、残障人士、公众等群体，并运用叙事案例研究方法进行探索性研究。

四　结论与讨论

（一）循证社会工作迅猛发展，高校发挥带头作用

本文遵循 PRISMA-ScR 指南，纳入了 2006 年 10 月 11 日至 2022 年 11 月

27 日发表在 41 个中英文期刊上、由我国学者以第一作者或通讯作者身份发表的 1028 篇循证研究文章。结果发现循证研究发文量与政策发展的路径趋势匹配，部分高校在循证研究方面发挥了带头作用，符合我国实际情况和社会工作发展规律。

从趋势上看，发表数量整体上升，尤其是在 2017 年以后，增速加快，并于 2020 年达到 243 篇的发表峰值，北京师范大学和中国人民大学等高校起到带头作用。从我国学者在社会工作类期刊上的循证研究文章发表数量的趋势不难发现，其轨迹与社会工作政策发展的路径相吻合（叶托等，2022）。鉴于学术研究从研究设计到文章发表需要一定的周期，发表时间与政策颁布的时间相比会有一定的滞后，而发表数量变化的几个重要年份前都伴随国家层面重大政策的颁布。2012 年至 2014 年，接连发布的《社会工作专业人才队伍建设中长期规划（2011—2020 年）》《民政部、财政部关于政府购买社会工作服务的指导意见》《关于加强青少年事务社会工作专业人才队伍建设的意见》等政策文件，推动文章发表数量在 2014 年达到一个小高峰。2015 年，社会工作首次写入政府工作报告后，又连续三年出现在政府工作报告中，标志着社会工作发展被纳入国家顶层设计，由此也推动了 2017 年以后循证社会工作研究文献发表数量的快速增长。在社会工作力量参与决战脱贫攻坚、《中华人民共和国未成年人保护法》首次将社会工作纳入法条、全国乡镇（街道）社会工作服务站建设全面启动等的推动下，我国学者文章发表数量至 2020 年达到高峰。2021 年发表数量的下降可能与新冠疫情期间难以开展研究、实践工作有关。

部分高校起到推动循证社会工作发展的带头作用，符合社会工作发展的历史规律和实际情况。在我国，社会工作行业发展规模、专业能力等存在地区差异，长三角、珠三角和大城市的社会工作综合水平较高（刘畅等，2020）。同时，我国社会工作存在"教育先行"的特点，高校的社会工作力量是促进社会工作发展的重要角色（王思斌，2014）。这为长三角、珠三角、大城市的高校教师和学生在社会工作类期刊上发表大量循证社会工作研究文章提供了解释。除此之外，西方社会工作的早期发展离不开心理学和社会学的推动（童敏、周晓彤，2022）。本研究中所涉及的学者发表文章较多的高校在心理学、社会学等学科同样强势，或率先成立了社会工作学博士点，这在一定程度上与西方社会工作发展历程相印证。当循证社会工作范式的应用研究，尤其是高证据等级的研究跨越不同研究社群，拥有持续的知识领袖时，循证社会工作范式将实现更大范围的扩散（Burt，2004）。

从纳入文献的整体证据水平来看，循证社会工作研究的整体证据水平还有待提升。根据 Thyer 和 Pignotti（2011）的"证据分级框架"，本研究纳入的文献中相关研究文献占比最高，达到 68.1%，其次是叙事案例研究文献，占比为 21.4%，而系统评价和实验类研究文献的比例都仅在 5% 左右。尽管整体循证社会工作研究证据质量不断提升，但证据分级水平较高的文献尤其是干预研究占比仍然较低，这可能与干预研究在时间、人力、财力上支出较大的特点有关。另外，随机对照实验研究有严格的纳入、排除标准，研究过程中易发生数据采集质量不符合要求、被试流失率过高等问题，导致干预研究的失败。在现有我国学者发表的实验类研究文章中，段文杰带领的团队和安秋玲带领的团队的成果较为丰富（An & Li，2021；Bu & Duan，2020；Duan & Bu，2019；Duan et al.，2022；安秋玲等，2020；段文杰、卜禾，2018），尤其是在新冠疫情防控期间，线下干预难以开展，段文杰带领的团队在确认线上干预的有效性后，设计了"优势为本的接纳与承诺疗法"，对受新冠疫情影响的青少年群体开展线上干预，有效降低了其焦虑水平、提升了其生活质量（Duan et al.，2022）。这说明，尽管干预研究的操作标准相对更高，但研究者在熟练掌握干预研究的设计和实施方法后，可最大化利用可用资源，有效开展干预研究，提升社会工作的循证研究证据等级。相关研究和叙事案例研究数量增加速度较快，覆盖广泛的目标研究群体和研究主题，对研究假设的产生具有重要价值，可以为产出更高级别的证据奠定研究基础（Burns et al.，2011；Thyer & Pignotti，2011），这一发展特征也符合循证实践的发展规律，与循证医学的发展历史相一致（Burns et al.，2011）。

（二）循证社会工作发展已转向"知识转化"阶段

从上述研究结果可以看出，社会工作研究证据不断快速积累，循证社会工作在研究中的应用和扩散已较广泛，其形成的知识体系处于不断构建和形成系统化和详细化的过程中，当研究者不断深入阐述、采纳和拥护循证社会工作范式时，将营造出具备创新性的社会工作知识生态和社会生态，符合社会工作发展的规律和实际需要。虽然循证社会工作范式还未被充分应用于社会工作实践，但随着时间的推移，研究证据的积累将更有可能跨越广泛的研究主题，促进循证社会工作范式推广。循证社会工作在科学体系建设、高质量证据积累、循证实践范式推广等领域都有着广阔的发展空间（杨克虎，2018）。

不可否定的是，鉴于社会工作循证研究未充分在实践中得到进一步评估、检验、反思和优化，社会工作循证实践迭代发展的"研究—实践"循环不能形成，社会工作研究与实践之间的脱节现象较为显著。只有当社会工作实务人员将证据应用于实践，才能冲破社会工作研究与实践之间的隔阂，形成不断循环的上升螺旋，促进社会工作学科良性发展（王君健，2019）。本研究在进行文献选择和筛选的过程中也发现，尽管国内期刊如《社会工作》和《中国社会工作》专门开辟版块鼓励社会工作实务人员发表文章，但此类版块发表的文章多偏向于政策宣导或简单的案例分享，文章内容未能提升到足够的学术高度，未对实务中发现的问题进行理论层面的探讨与深入剖析。这也从侧面反映了目前社会工作实务人员循证意识和研究能力薄弱的现象。对证据如何获得、如何解读、如何应用的未知，会使实务人员产生焦虑感（Gleeson et al.，2021）和对循证实践的负面情绪（Bellamy et al.，2006）。

由此可见，社会工作循证实践已从"无证可循"的境况逐步转向"有证如何循"的矛盾，社会工作学科发展的第一和第二阶段已逐步走向成熟，如何链接学科发展的第三阶段和第四阶段，已成为当前阶段的重要任务，换句话说，循证社会工作发展重点从"知识生产"转向"知识转化"，而解决"有证如何循"的矛盾需要社会工作实务人员、教育者和研究者的协作和共同努力。谭磊（2021）指出循证社会工作在实践中具有可量化、可借鉴、可传递的专业特质，不但能够减少专业服务设计中的失误、掌握内外部质量监控和评估的依据、促进社会工作行业科学化发展，也能为服务购买方、监督方以及政策设计和实施提供参考依据。但现阶段，"适度循证"将更适宜我国循证社会工作发展的走向，可循序渐进运用社会工作研究中积累的证据，融合社会工作的价值关怀与科学关怀（张昱、彭少峰，2015）。

（三）研究的局限性

本研究存在一定局限性。首先，本研究在文献纳入标准上，将其限定为在中英文社会工作期刊上发表的文章。英文社会工作期刊的选定依照了2021 年 JCR 社会工作分类下的 44 本期刊，虽然这是被普遍认可的学科期刊分类，但社会工作类期刊中的文献也可能出现其作者学科归属或文献内容不属于社会工作研究的情况。而在中文社会工作类期刊的选定上，则通过在中国知网社会学科Ⅱ分类中搜索期刊名包含"社会工作"的期刊，可能不同学者会对如何界定中文社会工作类期刊持有不同意见，如《社会建设》、《华东理工大学学报》（哲学社会科学版）等报刊中也包含较多与社会工作相关的文献，但由于纳入标准，这些报刊中的文章并未被纳入本研究。除此以外，我国社会工作研究者也可能在其他非社会工作类期刊上发表社会工作领域的研究成果，而本研究纳入的文献作者也可能不具有社会工作学科背景，因此，社会工作研究证据覆盖面可能存在偏颇。对我国大陆社会工作者在循证证据生产上的贡献的评估可能存在一定偏差（Hodge & Turner,2022）。其次，本研究并未发现以我国社会工作实务人员为研究对象的实证研究，无法确切了解社会工作实务人员在实践过程中应用循证实践范式和研究证据的真实状况。未来有必要开展全国性的纵向调查，探究我国社会工作实务人员应用研究证据的状况及其影响因素，以更准确地反映我国循证社会工作发展面临的困难和挑战。

五　对策与建议

（一）政策先行推动循证社会工作进一步发展

社会工作的发展离不开社会政策的指引，以社会政策为前提和基础，奠定了社会工作发展方向以及相应的政策支持和保障。循证社会工作研究在近几年的迅猛发展离不开多项政策的出台和政策环境的改善，循证社会工作研究在经历了高速度增长阶段后，也将逐步转入高质量发展时期，以提升研究的证据等级和证据质量为主要目标。把握社会工作的最新发展形势，将循证社会工作发展纳入顶层设计，不断完善系统性、科学性和整体性的社会工作政策体系（叶托等，2022），全面覆盖社会工作的主要服务对象，如残障人士、妇女、儿童、老年人、吸毒人员、贫困人员等，促进循证社会工作在更广泛研究领域的进一步发展。

（二）全面优化高校与社会组织合作机制

随着循证社会工作发展进入"知识转化"阶段，只有全面优化高等院校和社会组织之间的合作机制，建立和完善"实践-研究网络"（Audin，2009；Campbell，2010），才能真正形成研究者与实务人员共同开展研究的良好氛围，促进研究的落地和现实问题的理论总结和归纳。目前我国学者较为关注的儿童领域已积累了可观的研究成果，证据基础较为扎实，可首先在该领域尝试建立"实践-研究网络"示范点，取得经验后再向其他领域拓展。另外，我国可以推动建立一个专门为实务人员设计的社会工作研究数据库，将学术研究成果转化为更易于实务人员理解的语言，促进知识转化，使社会工作实务人员更方便地在实务中搜索和应用科学证据（Regehr et al.，2016）。

（三）教育促进循证社会工作研究升级

鉴于我国高校在循证社会工作发展中所起到的带头作用，充分调动高校力量，发挥其教育功能，积极响应新文科建设的要求，将有助于进一步促进循证社会工作的研究升级。各高校可在社会工作高等教育中注重培养社会工作专业学生对循证社会工作范式的理论认知和对循证实践的积极态度，同时应在课程中培养学生的研究素养，以此促进循证研究质量和证据等级的提升（Bender et al.，2014；Rubin，2014）。利用高校丰富的教育资源，在社会组织和社会工作机构中开展循证社会工作范式的宣导、教育和培训，将能够有效提高实务人员在实践中应用最佳证据的意识，提升其理解研究语言的能力，缓解使用科学证据和遵循循证实践范式时的焦虑（Gleeson et al.，2021），认可循证社会工作的科学价值（Aarons，2004；Rosen，2003）。国务院学位委员会与教育部在《研究生教育学科专业目录（2022年）》中增加了"社会工作博士"，这将吸引更多社会工作实务人员接受高等教育，进一步促进循证社会工作的发展。

参考文献

安秋玲、李强、鲁琳（2020）："上海低收入家庭中亲子冲突的干预：一项随机实验研究"，《社会工作与管理》第 20 卷第 4 期，第 5~11、36 页。

陈金凤、朱眉华（2021）"流动儿童学业拖延行为的小组干预研究"，《社会工作与管理》第 21 卷第 4 期，第 25~32、62 页。

段文杰、卜禾（2018）："基于优势的干预实验及其机制研究——以改善大学新生心理健康的干预为例"，《社会工作》第 6 期，第 42~51、110 页。

郭伟和（2019）："专业实践中实证知识和实践逻辑的辩证关系——以循证矫正处境化实践为例"，《社会学研究》第 34 卷第 5 期，第 116~137、244 页。

何雪松（2004）："证据为本的实践的兴起及其对中国社会工作发展的启示"，《华东理工大学学报》（社会科学版）第 1 期，第 13~18 页。

李希希、韩晓燕、赵鑫、王海萍、朱丽君（2014）："'青少年正面成长计划'在中国大陆的客观成效性探究"，《儿童青少年与家庭社会工作评论》第 2 期，第 185~201、317 页。

李筱、段文杰（2021）："循证社会工作的科学价值与学科价值——兼论开展循证社会工作的若干原则与方法"，《社会工作》第 3 期，第 2~9、106 页。

李筱、何雪松（2021）："新文科建设、循证实践教育与社会工作的专业化发展"，《社会工作》第 1 期，第 20~30、105~106 页。

刘畅、刘仕清、袁易卿、孙小悦、段文杰、何雪松（2020）："中国社会工作者的专业化——基于 CSWLS 2019 的数据分析"，载王思斌主编《中国社会工作研究》（第十九辑），第 22~55、216~217 页。

刘玲、彭华民（2019）："逻各斯的失衡与道的平衡——循证社会工作的西学话语和东渐重构"，《社会科学》第 10 期，第 76~87 页。

陆飞杰（2011）："上海社会工作者的离职原因探析——基于 50 位社工的访谈"，《社会工作》（学术版）第 11 期，第 82~84、60 页。

彭瑾、李娜、郭申阳（2022）："社会工作研究中的定量方法及其应用"，《西安交通大学学报》（社会科学版）第 42 卷第 1 期，第 46~57 页。

亓迪、沈佳飞（2020）："近十年国内外儿童发展研究综述——基于 CiteSpace 的可视化分析"，《社会工作与管理》第 20 卷第 6 期，第 39~49、59 页。

孙鸿平、刘江（2017）："专业社会工作者留职影响因素研究：基于一项定性比较分析法（QCA）"，《社会工作》第 4 期，第 77~85、111 页。

谭磊（2021）："循证社会工作：我国本土语境下理念与实务的融合"，《理论月刊》第 2 期，第 109~115 页。

童峰、杨文登（2019）："循证社会工作：'医养结合'的新力量"，《人民论坛》第 25 期，第 48~49 页。

童敏、周晓彤（2022）："超越心理学与社会学：社会工作的在地性审视及其理论重构"，《厦门大学学报》（哲学社会科学版）第 51 卷第 6 期，第 10~17 页。

王君健（2019）："循证社会工作建构的可能、挑战及趋向"，《社会科学家》第 12 期，第 20~27 页。

王青平、范炜烽（2017）："伦理方法抑或技术路径：西部地区扶贫治理的循证实践"，《西藏大学学报》（社会科学版）第 32 卷第 2 期，第 184~190 页。

王硕、杨静、高万红（2020）："绘本阅读提升农村幼儿情绪社会性能力的干预研究——以云南省楚雄州 Y 镇幼儿为例"，《社会工作与管理》第 20 卷第 4 期，第 12~19 页。

王思斌（2014）："社会治理结构的进化与社会工作的服务型治理"，《北京大学学报》（哲学社会科学版）第 51 卷第 6 期，第 30~37 页。

熊贵彬（2020）："社区矫正三大管理模式及社会工作介入效果分析——基于循证矫正视角"，《浙江工商大学学报》第 2 期，第 114~125 页。

杨克虎（2018）："循证社会科学的产生、发展与未来"，《图书与情报》第 3 期，第 1~10 页。

杨梨、王曦影（2021）："国外残障学生欺凌干预研究综述与展望"，《社会工作与管理》第 21 卷第 3 期，第 23~29 页。

杨阳、卢洁妤、魏志鹏、杨克虎（2023）："效度视角下的循证社会实践探析——基于社会工作、管理与法学三领域的比较研究"，《图书馆建设》第 1 期，第 63~75 页。

叶托、余莉、陈丽丽（2022）："我国社会工作政策的变迁历程和演化逻辑——基于 1987—2020 年 118 份国家级政策文本的量化分析"，《长白学刊》第 6 期，第 119~130 页。

易艳阳（2019）："残障社会工作循证实践模式本土化探究"，《社会工作》第 5 期，第 88~95、111 页。

余冰、熊若杉（2017）："专业认同与行业认知——一项对中国大陆社会工作学生专业实习成效的质性研究"，《社会工作》第 2 期，第 48~56、71、110~111 页。

张昱、彭少峰（2015）："走向适度循证的中国社会工作——社会工作本土实践探索及启示"，《福建论坛》（人文社会科学版）第 5 期，第 160~166 页。

赵迪、张志鹏、张伟（2022）："因为专业所以认同——南京市社会工作者主观地位认同的质性研究"，《社会工作与管理》第 22 卷第 3 期，第 23~34 页。

赵芳、朱宁（2019）："近三十年儿童保护研究进展与趋势——基于 CiteSpace 和 HistCite 的图谱量化分析"，《社会工作》第 4 期，第 95~107、12 页。

郑广怀、朱苗（2021）："生态因素如何影响循证实践在社会工作专业化进程中的作用"，《学海》第 3 期，第 77~85 页。

郑玉、关远、向德平（2021）："疫情防控常态化下流动儿童抗逆力提升的小组干预：一项随机对照试验"，《社会工作》第 3 期，第 40~52、108 页。

周晓春、韩旭冬、张肖蒙、尹姝亚、聂睿（2021）："留守儿童抗逆力提升的历奇干预：基于混合方法试验研究的项目可行性探讨"，《社会工作与管理》第 21 卷第 4 期，第 16~24 页。

Aarons, G. A. (2004). "Mental Health Provider Attitudes Toward Adoption of Evidence-based Practice: the Evidence-Based Practice Attitude Scale." *Mental Health Service Research* 6 (2): 19.

An, Q. & Li, Z. (2021). "An Intervention Study in Urban Low-Income Families: Promoting

Family Functioning to Children. " *Asia Pacific Journal of Social Work and Development* 31 (3): 176-188.

Arksey, H. & O'malley, L. (2005). "Scoping Studies: Towards a Methodological Framework. " *International Journal of Social Research Methodology* 8 (1): 19-32.

Audin, J. M. -C. M. B. K. (2009). "Practice Research Networks for Effective Psychological-Therapies. " *Journal of Mental Health* 10 (3): 241-251.

Bai, Z. G. , et al. (2022). "Evidence Based Social Science in China Paper 2: The History and Development of Evidence Based Social Work in China. " *Journal of Clinical Epidemiology* 141: 151-156.

Bellamy, J. L. , Bledsoe, S. E. & Traube, D. E. (2006). "The Current State of Evidence-based Practice in Social Work: A Review of the Literature and Qualitative Analysis of Expert Interviews. " *Journal of Evidence-Based Social Work* 3 (1): 23-48.

Bender, K. , Altschul, I. , Yoder, J. , et al. (2014). "Training Social Work Graduate Students in the Evidence-based Practice Process. " *Research on Social Work Practice* 24 (3): 339-348.

Bu, H. & Duan, W. (2020). "Strength-Based Flourishing Intervention to Promote Resilience in Individuals With Physical Disabilities in Disadvantaged Communities: A Randomized Controlled Trial. " *Research on Social Work Practice* 31 (1): 53-64.

Burns, P. B. , Rohrich, R. J. & Chung, K. C. (2011). "The Levels of Evidence and Their Role in Evidence-based Medicine. " *Plastic and Reconstructive Surgery* 128 (1): 305-310.

Burt, R. S. (2004). "Structural Holes and Good Ideas. " *American Journal of Sociology* 110 (2): 349-399.

Campbell, B. (2010). "Applying Knowledge to Generate Action: A Community-based Knowledge Translation Framework. " *Journal of Continuing Education in the Health Professions* 30 (1): 65-71.

Chen, C. (2017). "Science Mapping: A Systematic Review of the Literature. " *Journal of Data and Information Science* 2 (2): 1-40.

Chen, Q. , Zhu, Y. & Chui, W. H. (2021). "A Meta-analysis on Effects of Parenting Programs on Bullying Prevention. " *Trauma, Violence, Abuse* 22 (5): 1209-1220.

Chen, Y. & Zhuang, J. (2020). "Roles of Medical Social Workers in Interprofessional Teams: A Case Study of a Shanghai COVID-19 Quarantine Centre for Medical Observation. " *Asia Pacific Journal of Social Work and Development* 31 (1-2): 123-131.

Cheng, M. , Smith, D. S. , Ren, X. , et al. (2023). "How New Ideas Diffuse in Science. " *American Sociological Review* 88 (33): 522-561.

Chiang, I. -C. A. , Jhangiani, R. S. & Price, P. C. (2015). *Research Methods of Psychology*. Victoria: BCcampus.

Colquhoun, H. L. , Levac, D. , O'brien, K. K. , et al. (2014). "Scoping Reviews: Time for Clarity in Definition, Methods, and Reporting. " *Journal of Clinical Epidemiology* 67 (12): 1291-4.

Cui, N. & Liu, J. (2020). "Physical Abuse, Emotional Abuse, and Neglect and Childhood

Behavior Problems: A Meta-analysis of Studies in Mainland China. ” *Trauma, Violence, & Abuse* 21 （1）: 206-224.

Drisko, J. W. & Grady, M. D. (2015). “Evidence-based Practice in Social Work: A Contemporary Perspective. ” *Clinical Social Work Journal* 43 （3）: 274-282.

Duan, W. & Bu, H. (2019). “Randomized Trial Investigating of a Single-Session Character-Strength-Based Cognitive Intervention on Freshman's Adaptability. ” *Research on Social Work Practice* 29 （1）: 82-92.

Duan, W. , Kong, Y. , Bu, H. , et al. (2022). The Online Strength-informed Acceptance and Commitment Therapy Among COVID-19-affected Adolescents. ” *Research on Social Work Practice* 32 （4）: 465-474.

Ekeland, T. -J. , Bergem, R. & Myklebust, V. (2018). “Evidence-based Practice in Social Work: Perceptions and Attitudes Among Norwegian Social Workers. ” *European Journal of Social Work* 22 （4）: 611-622.

Emparanza, J. I. , Cabello, J. B. & Burls, A. J. (2015). “Does Evidence-based Practice Improve Patient Outcomes? An Analysis of a Natural Experiment in a Spanish Hospital. ” *Journal of Evaluation in Clinical Practice* 21 （6）: 1059-1065.

Fang, X. , Fry, D. A. , Brown, D. S. , et al. (2015). “The Burden of Child Maltreatment in the East Asia and Pacific Region. ” *Child Abuse & Neglect* 42: 146-162.

Finne, J. (2020). “Evidence-based Practice in Social Work: Who are the Critics? ” *Journal of Social Work* 21 （6）: 1433-1449.

Gambrill, E. (2001). “Social Work: An Authority-based Profession. ” *Research on Social Work Practice* 11 （3）: 166-175.

Gao, S. , Assink, M. , Liu, T. , et al. (2021). “Associations Between Rejection Sensitivity, Aggression, and Victimization: A meta-analytic Review. ” *Trauma, Violence, & Abuse* 22 （1）: 125-135.

Gao, X. , Liu, C. H. , Guo, X. L. , et al. (2020). “Relationship Between Parental Psychological Control and Children's Academic Achievement in China: The Role of Children's Failure Mindsets. ” *Children and Youth Services Review* 119: 10.

Gibbs, L. & Gambrill, E. (2002). “Evidence-based practice: Counterarguments to objections. ” *Research on Social Work Practice* 12 （3）: 452-476.

Gilgun, J. F. (2005). “The Four Cornerstones of Evidence-based Practice in Social Work. ” *Research on Social Work Practice* 15 （1）: 52-61.

Gleeson, H. , Pezzella, A. & Rahman, N. (2021). “Learning to Become Evidence based Social Workers: Student Views on Research Education and Implementation in Practice. ” *Social Work Education*: 1-17.

Gray, M. , Joy, E. , Plath, D. , et al. (2015). “What Supports and Impedes Evidence-based Practice Implementation? A Survey of Australian Social Workers. ” *British Journal of Social Work* 45 （2）: 667-684.

Guan, S. & Deng, G. (2019). “Whole-community Intervention for Left-behind Children in Rural China. ” *Children and Youth Services Review* 101: 1-11.

Hartman, E. (2017). "The Queer Utility of Narrative Case Studies for Clinical Social Work Research and Practice." *Clinical Social Work Journal* 45 (3): 227-237.

Hodge, D. R. & Turner, P. R. (2022). "Who are the Top 100 Contributors to Social Work Journal Scholarship? A Global Study on Career Impact in the Profession." *Research on Social Work Practice* 33 (3): 338-349.

Hou, S., Wang, Y., Cai, P., et al. (2021). "What Parents Bring to Preschool Children? Parental Instructive Speech and Gestures, Children's Learning and Cultural Differences." *Children and Youth Services Review* 127: 106078.

Jin, Y. C., Li, J. Y., An, J. X., et al. (2019). "The Differential Victimization Associated with Depression and Anxiety in Cross-Cultural Perspective: A Meta-analysis." *Trauma, Violence, & Abuse* 20 (4): 560-573.

Kagan, M. (2022). "Social Workers' Attitudes Towards Evidence-based Practice: A Multidimensional Perspective." *The British Journal of Social Work* 52 (8): 4497-4517.

Ku, H. B. & Ho, D. K. L. (2020). "The Predicament of Social Work Development and the Emergence of Social Work Action/Practice Research in China." *Action Research* 18 (1): 7-18.

Lei, H., Chiu, M. M., Cui, Y., et al. (2018). "Parenting Style and Aggression: A Meta-analysis of Mainland Chinese Children and Youth." *Children and Youth Services Review* 94: 446-455.

Lei, H., Chiu, M. M., Li, F., et al. (2020). "Computational Thinking and Academic Achievement: A Meta-Analysis Among Students." *Children and Youth Services Review* 118.

Lei, H., Chiu, M. M., Quan, J., et al. (2020). "Effect of Self-control on Aggression Among Students in China: A meta-analysis." *Children and Youth Services Review* 116.

Lei, H., Xiong, Y., Chiu, M. M., et al. (2021). "The Relationship Between ICT Literacy and Academic Achievement Among Students: A Meta-analysis." *Children and Youth Services Review* 127.

Levine, K. A. & Kai, Z. (2010). "The Changing Context of China: Emerging Issues for School Social Work Practice." *International Social Work* 53 (3): 339-352.

Li, H. & Wang, S. (2013). "The Role of Cognitive Distortion in Online Game Addiction Among Chinese Adolescents." *Children and Youth Services Review* 35 (9): 1468-1475.

Lietz, C. A. & Zayas, L. E. (2010). "Evaluating Qualitative Research for Social Work Practitioners." *Advances in Social Work* 11 (2): 188-202.

Lin, L., Jiang, A., Zheng, Y., et al. (2021). "New Media Platform's Understanding of Chinese Social Workers' Anti-epidemic Actions: An Analysis of Network Public Opinion Based on COVID-19." *Social Work in Public Health* 36 (7-8): 770-785.

Luo, Y., Zhang, A. & Qi, A. (2023). "A Parent Education Program for Single Fathers' Parent-Child Relationship in Rural China: A Pretest-Posttest-Follow-Up Study." *Research on Social Work Practice* 33 (4): 413-422.

Magill, M. (2016). "The Future of Evidence in Evidence-Based Practice." *Journal of Social Work* 6 (2): 101-115.

Nevo, I. & Slonim-Nevo, V. (2011). "The Myth of Evidence-Based Practice: Towards evidence-informed practice. " *British Journal of Social Work* 41 (6): 1176-1197.

Pendell, K. & Kimball, E. (2021). "Dissemination of Applied Research to the Field: Attitudes and Practices of Faculty Authors in Social Work. " *Insights: The UKSG Journal* 34.

Regehr, C. , Stern, S. & Shlonsky, A. (2016). "Operationalizing Evidence-based Practice: The Development of an Institute for Evidence-Based Social Work. " *Research on Social Work Practice* 17 (3): 408-416.

Rosen, A. (2003). "Evidence-based Social Work Practice: Challenges and Promise. " *Social Work Research* 27 (4): 197-208.

Rubin, A. & Bellamy, J. L. (2012). *Practitioner's Guide to Using Research for Evidence-based Practice.* Hoboken: John Wiley & Sons.

Rubin, A. (2008). *Practitioner's Guide to Using Research for Evidence-Based Practice.* Hoboken: John Wiley & Sons, Inc.

Rubin, A. (2014). "Efforts to Bridge the Gap Between Research and Practice in Social Work. " *Research on Social Work Practice* 25 (4): 408-414.

Shaya, F. T. & Gu, A. (2006). "Deriving Effectiveness Information for Decision-making. " *Expert Review of Pharmacoeconomics & Outcomes Research* 6 (1): 5-7.

Shneider, A. M. (2009). "Four Stages of a Scientific Discipline: Four Types of Scientist. " *Trends in Biochemical Science* 34 (5): 217-223.

Siddaway, A. P. , Wood, A. M. & Hedges, L. V. (2019). "How to Do a Systematic Review: A Best Practice Guide for Conducting and Reporting Narrative Reviews, Meta-analyses, and Meta-syntheses. " *Annual Review of Psychology* 70: 747-770.

Stanhope, V. , Tuchman, E. & Sinclair, W. (2010). "The Implementation of Mental Health Evidence Based Practices From the Educator, Clinician and Researcher Perspective. " *Clinical Social Work Journal* 39 (4): 369-378.

Tang, Y. (2020). "Challenges and Rewards of Social Work Pioneers in the 'Making' Process: A Qualitative Study. " *Journal of Social Service Research* 46 (6): 813-824.

Thyer, B. A. & Myers, L. L. (2011). "The Quest for Evidence-Based Practice: A View From the United States. " *Journal of Social Work* 11 (1): 8-25.

Thyer, B. A. & Pignotti, M. (2011). "Evidence-based Practices Do not Exist. " *Clinical Social Work Journal* 39 (4): 328-333.

Tricco, A. C. , Lillie, E. , Zarin, W. , et al. (2018). "PRISMA Extension for Scoping Reviews (PRISMA-ScR): Checklist and Explanation. " *Annals of Internal Medicine* 169 (7): 467-473.

Wang, L. & Liu, C. (2022). "What Did Chinese Social Workers Do at the Worst Moment? A Research Based on Social Workers' Participation in the Fight Against COVID-19 at Guangzhou. " *Social Work in Public Health*: 1-12.

Wang, M. & Liu, K. (2023). "Self-Recognition, Self-Efficacy, and Confidence Intervention of Kunjing Children Without Sufficient Parental Care. " *Research on Social Work Practice* 33 (8): 849-860.

Wang, Y. X. , Chen, S. Q. & Wang, Y. Q. (2022). "Toward Four Basic Systems of Trauma-informed Practice for COVID-19-affected Communities in China: Framework Analysis from Social Workers' Perspectives. " *Journal of Social Service Research* 48（3）: 329-344.

Wen, Y. J. , Hou, W. P. , Zheng, W. , et al. (2021). "The Neglect of Left-behind Children in China: A meta-analysis. " *Trauma, Violence, & Abuse* 22（5）: 1326-1338.

Wu, F. , Fraser, M. W. , Guo, S. , et al. (2014). "Strengthening the Social Information-Processing Skills of Children: A Controlled Test of the Let's Be Friends Program in China. " *Research on Social Work Practice* 26（5）: 525-538.

Wu, J. , Chen, K. , Ma, Y. , et al. (2020). "Early Intervention for Children with Intellectual and Developmental Disability Using Drama Therapy Techniques. " *Children and Youth Services Review* 109: 104689.

Wu, L. , Huang, Y. , Chen, Q. , et al. (2021). "Social Work Students' Experiences of Ethical Difficulties in Field Placements: A Qualitative Study in China. " *The British Journal of Social Work* 51（2）: 505-523.

Wu, Y. J. & Chen, A. N. (2022). "Unfolding Turnover: The Turnover Decision-making Process of Social Workers in China. " *Journal of Social Service Research* 48（2）: 187-199.

Zeng, S. C. , Cheung, M. , Leung, P. , et al. (2016). "Voices From Social Work Graduates in China: Reasons for Not Choosing Social Work as a Career. " *Social Work* 61（1）: 69-78.

Zhang, H. , Ji, M. , Wang, Y. , Xu, S. , & Shi, R. (2023). "Early Childhood Neglect Among 3-to 6-year-old Children in China: A Meta-analysis. " *Trauma, Violence, & Abuse* 24（1）: 3-14.

Zhang, H. , Li, J. , Sun, B. , et al. (2021). "Effects of Childhood Maltreatment on Self-compassion: A systematic review and Meta-analysis. " *Trauma, Violence, & Abuse*: 1-13.

Zhang, H. , Shi, R. , Li, Y. , et al. (2021). "Effectiveness of School-based Child Sexual Abuse Prevention Programs in China: A Meta-analysis. " *Research on Social Work Practice* 31（7）: 693-705.

Zhang, J. , Yan, L. , Qiu, H. , et al. (2018). "Social Adaptation of Chinese Left-behind Children: Systematic Review and Meta-Analysis. " *Children and Youth Services Review* 95: 308-315.

Zhang, Q. , Cao, Y. , Tian, J. , et al. (2020). "Effects of Prosocial Cartoon Models on Aggressive Cognitions and Aggressive Behaviors. " *Children and Youth Services Review* 118: 105498.

Zhang, Y. Y. (2022). "Structural Barriers and Narratives of Chinese Social Workers' Coping Strategies. " *Human Service Organizations Management Leadership & Governance*: 22.

Zhao, Y. , Du, M. , Gao, X. , et al. (2016). "Altered Brain Network Topology in Left-behind Children: A Resting-State Functional Magnetic Resonance Imaging Study. " *Child Abuse & Neglect* 62: 89-99.

Zhuang, X. , Lau, Y. Y. , Huang, Y. -T. , et al. (2022). "Efficacy of Low-Intensity Cognitive Behavior Intervention for Chinese Delinquent Youth. " *Research on Social Work Practice* 32（2）: 155-167.

社会工作实践智慧

—— 一个"信息加工"的问题解决模型*

季俊含 范 斌 李 晴**

摘 要 社会工作实践智慧是社会工作后现代复杂性实践与反思性实践的研究重点。德鲁斯基于西蒙的"有限理性原理"、坎贝尔的"进化认识论"以及舍恩的反思性实践研究,提出了整合取向的社会工作实践智慧模型,但是其理论模型依然存在内部运作机制模糊、结果分析存在选择性不足的问题。本文基于德鲁斯社会工作实践智慧模型的研究局限,进一步从认知科学角度发展出了社会工作实践智慧"信息加工"问题解决模型:首先,在问题解决信息加工范式下的"通用问题解决程序"基础上,提出了四阶段"通用社会工作实践问题解决程序";其次,基于该程序拓展了德鲁斯模型中的"行动中认识"与"行动中反思",并辨析了实践问题解决过程中两者之间可能的四种组合形式及其与社会工作实践智慧之间的关系;最后,运用农村社会工作实务的实证研究进一步阐释了新的理论模型。社会工作实践智慧"信息加工"问题解决模型的提出,有助于进一步理解与促进后现代专业实践中社会工作实践智慧的生产与再生产。

关键词 社会工作实践智慧 反思性实践 信息加工 问题解决

---

* 本文得到了国家社会科学基金重点项目"中国儿童保护体系建设的理论建构与实践路径"(项目编号:19AZD023)的资助。

** 季俊含,义乌工商职业技术学院讲师,华东理工大学社会工作(学)博士;范斌,华东理工大学社会工作系教授、博士生导师;李晴,里昂大学博士研究生。文章初稿曾在中国社会工作教育协会第五届社会工作理论工作坊宣读,感谢与会学者提出的修改意见。感谢审稿人对论文修改提供的宝贵建议。

一　反思性实践中的社会工作实践智慧问题

20 世纪 80 年代，在后现代主义与实践科学影响下，社会工作逐渐兴起了实践研究的思潮（古学斌等，2021；王思斌，2022）。社会工作越发重视实践对于专业合法性、科学性以及有效性的意义，积极运用实践逻辑联结专业知识与直觉技能，弥合社会工作内部科学与艺术、理论与实践之间的张力（Shulman，2016；郭伟和，2019）。社会工作的"实践转向"也引起了社会工作实践模式的变化。科技理性模式作为来源于实证主义传统的社会工作实践模式，强调专业实践应当建立在能够通过研究证实真假的命题知识上，主张运用科学研究发展出来的一般性知识，设计能够重复验证的实践方案，开展具有科学性、客观性、可信性的专业实践（何国良，2017）。然而，随着专业实践的后现代特征越发明显，科技理性模式的适应性问题也随之凸显。后现代专业实践情境的突出特点就是具有明显的独特性和流变性，专业实践中充斥着多样的道德标准、宗教信仰以及隐喻意涵。坚持证据化、标准化以及一般化的科技理性模式，难以适应后现代专业实践的复杂情境（郭伟和，2022）。复杂的实践情境要求专业实践转向更具艺术性、人文性以及情境性的反思性实践模式（Schön，1988）。反思性实践模式与科技理性模式不同，它反对专业实践的过度科学化，主张充分发挥实践者的能动作用，在实践者心智禀赋与具身能力的艺术性运用中促进理论与实践循环，进而实现问题解决与个人发展（舍恩，2018：49-54）。

社会工作学界对反思性实践的重视使得大量研究不约而同地关注到了社会工作实践智慧。[①] 一方面，这些研究普遍认为社会工作实践智慧是在允满复杂性、流变性以及不确定性的后现代专业实践情境中，促成和优化反

[①] "实践智慧"一词的英译有"practice wisdom"、"prudence"、"practical intelligence"和"intelligence"等，来源于拉丁词"prudentia"，对应希腊词"phronēsis"。在"社会工作实践智慧"相关研究中，"社会工作实践智慧"尚不是一个具有独特学科内涵的概念，学者们对"社会工作实践智慧"的分析主要是在"实践智慧"意义上展开的。"社会工作实践智慧"可以理解为在社会工作领域出现的"实践智慧"。本文正是在这个意义上使用"社会工作实践智慧"概念的（参见 Tyson，1994；O'Sullivan，2005；Nai Ming Tsang，2008；Schwartz，2011；施旦旦、侯利文，2021）。

思性实践的关键要素（季俊含，2022）；另一方面，这些研究虽然达成了功能论上的共识，但是在本体论与生成论上也有多样化解释。社会工作实践智慧本体论的探讨主要存在四种观点：一是将其看作构成社会工作知识体系的底层知识形态（Boehm，1958）；二是将其理解为社会工作者在专业实践中勾连经验现象与科学知识的权变机能（Tyson，1994；O'Sullivan，2005）；三是将其视作响应实践情境之具体性和多样性、蕴含着向善的价值理性（Schwartz，2011，施旦旦、侯利文，2021）；四是将其看成社会工作者与服务对象不断开展理论与实践反思性循环的整体过程（Cooper & Lousada，2005；侯利文、徐永祥，2018）。社会工作实践智慧生成论的探讨主要存在两种观点：一种观点认为社会工作实践智慧是社会工作者直觉、隐性以及自发的创造力与想象力的外化，只能通过个人不断反思和感悟获得，而无法被外界传授（Imre，1985；Zeira & Rosen，2000）；另一种观点则与此相反，认为社会工作实践智慧能够通过社会工作教育者，在社会工作者面前展现专业实践全过程，辅以言传身教实现具象化，这样社会工作实践智慧就能够变为可言说、可传达的知识，进而被社会工作者学习和掌握（Ardelt，2003；Halverson，2004；Irwin，2013）。

社会工作实践智慧的研究分歧虽然丰富了社会工作实践智慧的内涵，但也提升了学科共识的达成难度。一些学者试图弥合社会工作实践智慧的研究分歧，通过整合相关研究发展更为全面的社会工作实践智慧解释。较为有代表性的学者是德鲁斯（Yosikazu S. DeRoos）。德鲁斯将西蒙（Herbert Simon）的"有限理性原理"（bounded rationality）、坎贝尔（Donald T. Campbell）的"进化认识论"（evolutionary epistemology）以及舍恩（Donald Schön）的反思性实践研究三者结合起来，提出了整合取向的社会工作实践智慧模型，回答了社会工作实践智慧如何从建立在生活世界中的问题转向解决过程中形成的问题（DeRoos，1990）。德鲁斯的工作一定程度上实现了社会工作实践智慧研究的整合，但是其提出的理论模型也存在一定局限。例如，模型运作机制模糊、结果分析存在选择性等。面对德鲁斯研究工作的不足，本文尝试在德鲁斯理论模型基础上，从认知科学视角切入，将社会工作实践智慧与个体问题解决的认知过程联系起来，进一步发展德鲁斯社会工作实践智慧模型。下文遵循以下逻辑展开，首先，分析论述德鲁斯社会工作实践智慧模型的思路及局限；其次，引入认知科学领域问题解决"信息加工范式"下的"通用问题解决程序"，重新理解、细化以及扩展德鲁斯社会工作实践智慧模型；最后，运用新的理论模型分析论述农村小组工作中的社会工作实践智慧运作。

二　德鲁斯社会工作实践智慧模型及局限

德鲁斯的社会工作实践智慧模型是在西蒙的"有限理性原理"、坎贝尔的"进化认识论"以及舍恩的反思性实践研究基础上提出的。首先，德鲁斯介绍了西蒙的"有限理性原理"。西蒙认为，经典社会科学中将个人视作纯粹理性、无所不知的社会行动者的做法，是一种过于理想化的处理，人类无法通过运用公理、规则、计算便能实现问题的有效解决。相反，现实中人类遵循的是"有限理性原理"：与顺利解决生活世界中复杂问题所需要的理性相比，人类所拥有的理性十分不足，即人类的理性能力是有限度的（Simon，1957：197-198）。西蒙指出，虽然人类总是试图最大化解决问题，但是由于思维能力的限制以及问题情境的多变，人类的问题解决总是难以避免出现失误。在面临有限的信息、时间以及理智的情况下，人类的问题解决思维将会偏向启发式（heuristic）。①

其次，德鲁斯介绍了坎贝尔的"进化认识论"观点。坎贝尔将19世纪的进化论学说引入人类认知过程，发展出了"进化认识论"，回答了人类何以适应并探究自然世界的问题。"进化认识论"认为，人类建构的主观世界模型与客观世界现实之间存在不对应关系，而且人类也无法知道主观世界模型在多大程度上能够代表客观世界现实。人类只能通过不断检验、纠错、更新主观世界模型来接近更加正确的对应。这一历程可以通过一个包含不合理变化和选择性保留的过程解释，即发展现有形式的变异、系统的选择过程、选择变异的保留（Campbell，1960）。在这个意义上，人类在所有领

---

① 在认知心理学中，启发式是指个体将复杂问题转化为简单问题的有效规则或过程。个体能够运用启发式快速地将复杂的情况转变成一个更容易理解和判断的情况，再根据简洁的决策规则快速做出判断。启发式能够有效减少个体心理消耗，能够帮助个体在认知有限的情况下做出好的决定。启发式可以分为代表性启发式（representative heuristic）和可利用性启发式（availability heuristic）两类（Read & Grushka-Cockayne，2011；Hey，2016）。

域中发展主观世界模型的过程，都在概念上与生物进化平行。

再次，德鲁斯将"有限理性原理"和"进化认识论"结合起来，分析了人类发展主观世界模型的过程。德鲁斯认为，人类在构建主观世界模型时，由于有限理性的限制，无法测试所有可能的模型变量及其组合形式，所以会在模型建构中大量运用启发式思维。但是启发式作为试探性和灵感性的思维模式，不可避免会出现偏差与失误，从而降低主观世界模型的准确性。但是这并不意味着启发式就无法回应准确性问题。虽然特定启发式的运用总是会存在正确性和精确性方面的局限，但是通过多重启发式的运用就能够有效突破这一局限。多重启发式的收敛应用（选择性保留运用启发式后生成的异变，反复检验与更新主观世界模型），能够有效提升获得理想主观世界模型的可能，从而不断接近与客观世界现实的对应。通过这一过程，人类将不断扩大一个由主观世界模型组成的知识库，内部的库存知识能够有效指导人类解决问题与适应世界。

又次，德鲁斯将舍恩的反思性实践研究引入了人类主观世界模型的发展过程。德鲁斯认为，现实世界中人类大部分决策判断、问题解决以及知识发展，都是在悬置反思、缺乏认识的情况下发生的。在这一情况下，人类行动依靠的是"习惯"。所谓"习惯"，德鲁斯引用了舍恩（Schön，1983：49-51）的论述进行说明："当我们对日常生活中的行为进行自发、直观的表现时，我们明白自己是知识渊博的，但通常我们无法说出我们所知道的是什么。当我们试图描述它时，我们发现自己不知所措，或者我们做出了明显不恰当的描述。我们的了解通常是默契的，隐含在我们的行动模式和我们对所处理事物的感觉中。"德鲁斯指出，如果从社会工作的角度审视，"习惯"就是相关社会工作研究中提及的实践智慧。在这个意义上，社会工作实践智慧就是社会工作者脑海中一系列信息、假设、判断以及意识形态的积累，这些积累能够帮助社会工作者识别问题、分析推理以及解决问题，但是通常不易被社会工作者意识到和捕捉到。

最后，德鲁斯基于上述分析提出了他的社会工作实践智慧模型。德鲁斯进一步赋予了"习惯"以结构性特征，认为"习惯"从本质上说就是一种应对现实问题的行为模式。因此，社会工作实践智慧更适合被理解为社会工作者解决问题的实践模式，这一实践模式包含"行动中认识"（knowing-in-action）和"行动中反思"（reflecting-in-action）两个阶段（见表1）。第一个阶段是"行动中认识"，是指个体运用养成和内化的各种行为惯例解决问题的过程，具有以下三个特征：其一，个体不必在行动之前或行动期间考虑自身的行为意识；其二，个体可能不知道自己掌握了某种知识，只能发现自己在运用这种知识；其三，个体可能无法描述自身行为背后的逻辑，这一逻辑更多是内化和默会的。社会工作实践中时常可见"行动中认识"，例如，一位经验丰富的社会工作者可以"阅读"服务对象的肢体语言，而无须对服务对象身体动作的含义进行有意识的反思。第二个阶段是"行动中反思"，是指个体在行动过程中对行动进行刻意反思，将思想转回到行动以及行动中隐含的意识的过程。德鲁斯将"行动中认识"称为一阶启发式，认为它是社会工作实践智慧的主要部分；将"行动中反思"称为二阶启发式，认为它是社会工作实践智慧的剩余部分。在社会工作者解决问题的过程中，一阶启发式失败时，二阶启发式就会启动。换句话说，当"行动中认识"未达到理想的实践结果，社会工作者便会进入"行动中反思"，有意识地吸收未预期结果，开展实践反思与试错行动，从而不断接近理想结果。"行动中反思"意味着社会工作者能够吸收新的信息，调试专业实践，生成行动规则，修改或扩展实务模式，从而更有效地适应不断变化的实践情境。德鲁斯进一步指出，由于每次专业实践都是独特且流变的，所以即使是十分有经验的社会工作者，也难以仅靠"行动中认识"完成专业实践，而不免涉及"行动中反思"。也正是在社会工作者运用"行动中认

表1 德鲁斯社会工作实践智慧模型

	行动中认识	行动中反思
阶段次序	一阶启发式	二阶启发式
阶段内容	经验性处理实践问题	试错性处理实践问题
阶段条件	养成和内化的各种认知与习惯	有意识的评估、反思以及试错行动
阶段特点	直觉化、多无意识	逻辑化、多有意识
阶段性质	单向性、及时性	反身性、持续性
阶段结果	运用和巩固主观世界模型	修改或扩展主观世界模型
阶段效果	为实践行为提供稳定性	为实践行为提供可变性

注：表中内容根据德鲁斯相关论述自制。

识"和"行动中反思"，应对专业实践情境，充分解决没有预先存在解决方案的实践问题时，社会工作实践智慧便应运而生。

德鲁斯提出的理论模型有力地促进了社会工作实践智慧的整合化、系统化以及清晰化。但是其理论模型也存在一定局限，主要表现为以下两点。其一是模型内部运作机制模糊。虽然德鲁斯试图用问题解决的分析框架整合社会工作实践智慧，但是这一分析框架并不清晰，特别是框架内"行动中认识"和"行动中反思"两个阶段的实践运作较为模糊。在论述"行动中认识"和"行动中反思"时，德鲁斯只是将两者笼统归结为大脑的差异性认知行为，而未阐明两者具体的实践运作过程。并且，德鲁斯也未能很好地交代"行动中认识"和"行动中反思"与既有社会工作实践智慧研究中提及的知识、能力、价值等要素之间的关系。可以说，德鲁斯对社会工作实践智慧做出了较好的概括性工作，但是其内部运作细则依然是有待揭示的"黑箱"。实际上，随着当代认知科学研究的发展，以及人类大脑认知过程的进一步展现，德鲁斯理论模型中的"黑箱"是能够被揭示的。其二是结果分析存在选择性。德鲁斯将社会工作实践智慧视作社会工作者解决问题的一种实践模式，"行动中认识"和"行动中反思"是它的两种子模式。德鲁斯认为，社会工作实践智慧便是"行动中认识"—"行动中反思"的有序联结，但是事实并非如此。"行动中认识"和"行动中反思"作为德鲁斯提出的理论分析工具，确实能够帮助剖析社会工作实践智慧，但是无法代表社会工作实践智慧。如果"行动中认识"和"行动中反思"作为社会工作者解决问题的两种子模式，那么理论上在实践问题解决过程中这两者之间便存在多种组合可能，而德鲁斯论述的只是其中一种可能结果。对于其他可能结果，德鲁斯显然缺少分析。

三 问题解决与社会工作实践智慧：一个"信息加工"模型

面对德鲁斯研究工作的局限，本文尝试继续沿着德鲁斯的研究思路，将社会工作实践智慧置于个体问题解决过程进行分析，并引入认知科学相关研究成果，进一步发展德鲁斯的社会工作实践智慧模型。具体而言，本文从认知科学的问题解决角度切入，引入问题解决"信息加工范式"下的

"通用问题解决程序"，细化和拓展了德鲁斯模型中的"行动中认识"和"行动中反思"，并阐明了实践问题解决过程中两者之间不同的搭配组合及其与社会工作实践智慧之间的关系。

（一）问题解决的"双重过程"与"信息加工范式"

问题解决是认知科学领域重要的研究议题，它关注人类在问题解决过程中的推理、判断以及决策等认知行为。"双重过程"（dual process view）是问题解决研究中一个重要的公理性观点。该观点认为人类有两种思维模式，分别是"系统 1 思维"（system 1 thinking）和"系统 2 思维"（system 2 thinking）。"系统 1 思维"是指依赖情感和本能，以过往经验和信念为基础的"启发式"认知思维模式。它常被认为是一种快速和高效的捷径或者经验法则，经常在人类判断能力受到时间、信息等因素限制的情况下出现。"系统 2 思维"是指依赖分析推理能力和大量即时记忆能力的逻辑化认知思维模式。它相较于"系统 1 思维"更加慎重和缓慢（Kahneman，2003）。

问题解决研究领域对"双重过程"中不同思维模式的偏向，逐渐派生出了比较行为主义和格式塔两大研究范式。比较行为主义范式认为，人类的问题解决过程是一个遵循效果律（law of effect）的反复尝试与不断试错的过程。如果一个反应取得了令人满意的效果，那么这个反应和它发生情境之间的联系就会加强；反之则会减弱。人类就是通过这样一个"无须动脑"的不断向正确靠近的"刺激-反应"过程实现问题解决的。格式塔范式则认为，人类的问题解决过程是一个对问题中各种元素进行正确编码、组合以及排序的过程。这一过程是依靠"顿悟"和"灵感"实现的，具有很强的创造性和新颖性。两大研究范式具有各自鲜明的特点，但同时它们的局限也十分明显。比较行为主义范式虽然能够将许多复杂的认知活动描述为简单联系机制的结合，但是这一做法的解释力度是有限的，它难以回应人类在问题解决中的创新性行为；格式塔范式虽然能够从心理表征角度解释创新性行为，但是不够清晰和明确，也没有提出可检验的相关概念与定义（罗宾逊-瑞格勒、罗宾逊-瑞格勒，2020：437）。面对问题解决研究中的范式对立问题，一些学者力图消弭范式之间的分歧，进而开展范式整合的工作。

20 世纪 60 年代中期，随着计算机技术和人工智能科学的迅速崛起，在信息论、控制论以及系统论影响下，问题解决研究领域逐渐形成了一个新的研究范式——"信息加工范式"（information processing paradigm）。"信息加工范式"整合了比较行为主义和格式塔两大研究范式，将人的感知、注意、表象、记忆以及思维等认知过程，与信息输入、加工、存储以及提取的计算过程联系起来。该范式不仅将人类认知活动的各个环节串联起来，而且将感性认识和理性认识结合起来，有力改变了以往研究对人类问题解决过程进行简单划分和片面理解的做法，进而能够在人类认知整体上探究问题解决的特点和规律。问题解决"信息加工范式"下的一个经典模型是"通用问题解决程序"（general problem solver）。该模型认为人类问题解决的过程是：搜索问题空间，寻找到一条从初始状态通向目标状态的通路，并运用算子从初始状态逐步过渡到目标状态。这一过程类似于，计算机通过执行程序，提取、加工、运算存储在某种数据库中的信息，从而达到问题解决目标状态（oppenheimer & Kelso，2015）。"通用问题解决程序"将人类问题解决过程大致分为四个阶段：确定问题表征、制定问题解决方案、评估问题解决方案、执行问题解决方案。首尾阶段之间相互联系，如果执行问题解决方案未能达到目标状态，便要重新确定问题表征，进行新一轮的问题解决（Newell & Simon，1988a：453-460）。"通用问题解决程序"具有以下四个显著特点：一是条件性，问题解决在明确的目标指导下进行；二是程序性，问题解决按照一定步骤有序展开；三是认知性，认知活动在问题解决中占主导地位；四是反身性，问题解决方案会根据方案结果动态调整。

（二）通用社会工作实践问题解决程序

本文尝试将"通用问题解决程序"引入社会工作实践领域，建构通用社会工作实践问题解决程序，用以分析社会工作者的实践问题解决过程。通用社会工作实践问题解决程序可分四个阶段，分别是"定题"阶段、"筹划"阶段、"筛选"阶段和"笃行"阶段。

1. "定题"阶段

当社会工作者遭遇实践问题并试图解决时，首先会进入"定题"阶段。在"定题"阶段，社会工作者需要将实践问题建构为实践问题表征。由于人类的思维活动发生在主观世界，所以当社会工作者处理实践问题时，第一步是要依靠知觉把握实践问题情境，通过大脑的认知活动，将实践问题编码为某种类型的内部心理表征，完成实践问题从现实世界到主观世界的跃升。实践问题表征建构的关键，在于大脑对实践问题的编码与记忆表征中认知图式的互动。一旦社会工作者成功勾连了记忆表征中特定的认知图式，便能确定问题空间，即正确识别实践问题的初始状态与最终目标状态，从而为后续的实践问题解决指明方向（Newell & Simon，1988b：33-51）。

2. "筹划"阶段

社会工作者完成实践问题表征建构后，将进入实践问题解决的"筹划"阶段。在"筹划"阶段，社会工作者将通过大脑的认知活动，根据一定算法①（algorithm）穿越问题空间（缩短实践问题初始状态与最终目标状态之间的距离），有针对性地制定实践问题解决方案（马戈利斯等，2022：279）。

3. "筛选"阶段

社会工作者初步形成实践问题解决方案后，将进入实践问题解决的"筛选"阶段。由于社会工作者一次实践问题解决行动，只能实施一种实践问题解决方案，所以一旦存在多种可能的实践问题解决方案，社会工作者的大脑便要对其进行比较和评判，从中选出最为合适的实践问题解决方案。由于实践问题解决方案的筛选标准与社会工作者个人观念有关，所以通常是多种多样的。临床实用主义、人本主义、道德主义、女性主义等都有可能成为衡量实践问题解决方案的标准（多戈夫等，2005：39-49）。

4. "笃行"阶段

社会工作者确定最终的实践问题解决方案后，将进入实践问题解决的"笃行"阶段。在"笃行"阶段，社会工作者将执行最终的实践问题解决方案。"笃行"阶段的核心在于反身性应对实践问题解决方案的实践结果，即通过衡量实践结果与实践问题初始状态和最终目标状态的距离，相应调整后续的实践问题解决行动（Newell & Simon，1988a：456）。执行最终的实践问题解决方案，这将存在两种可能结果：一是实践结果极大缩短了实践问题初始状态和最终目标状态的距离，或者成功达到最终目标状态，则可以

---

① 算法是一组解决问题的相应清晰步骤，可以系统性和技术性地应用于某些类型的问题。在实践问题解决中，算法是指实践者在日常实践与知识学习过程中，积累沉淀在大脑记忆表征中的一系列具有一定指导性的行事步骤（Rob，2017）。

认为实践问题成功解决，"信息加工"过程结束；二是实践结果未能明显缩短实践问题初始状态和最终目标状态的距离，则可以认为实践问题未能解决。在第二种情况下，社会工作者需要重新回到"定题"阶段，开展新一轮"信息加工"过程，直至实践问题成功解决。

（三）社会工作通用过程模式、证据为本的实践与通用社会工作实践问题解决程序

在社会工作领域，社会工作通用过程模式与证据为本的实践，是与通用社会工作实践问题解决程序较为相关的概念。从社会工作通用过程模式，到证据为本的实践，再到通用社会工作实践问题解决程序，可被理解为一个层层深入、逐渐细化的理论聚焦历程。

社会工作的过程模式是指社会工作者直接提供服务的实务模式，它是对社会工作者提供服务的经验总结。有学者认为社会工作过程模式分为三个阶段，分别是包括探索、约定、预估、计划的第一阶段，包括执行、目标实现的第二阶段，以及结案的第三阶段（Hepworth et al.，2009）。也有学者认为社会工作过程模式包括四个阶段，即收集案主信息的预估阶段；选择信息的诊断阶段；与案主合作制订计划解决案主当前遭遇问题的治疗计划阶段；判断社会工作过程是否对案主有所帮助的评价阶段（Glicken，2006）。还有学者认为社会工作过程分为订定、评估、计划与订定契约、介入、检讨与终结五个阶段（李晓凤，2008）。总的来说，社会工作经过长时间的发展，已经形成了通用稳定的模式以指导专业实践，实施社会工作实践一般会历经以下几个环节：接触问题—进一步了解问题—分析和诊断—提供服务—评估服务—终结（王思斌，2006）。

如何保证社会工作过程中的专业性与有效性，是社会工作服务实践中的关键议题。证据为本的实践（Evidence-based Practice，EBP）提供了一种保障实践专业性与有效性，进而体现社会工作专业优势的可能路径。证据为本的实践也称"循证实践"，勃兴于西方社会工作领域对权威实践（Authority-based Practice）的系统批判，是指关于社会工作实践立足于科学研究的结果并从众多证据中找出最佳实践的一整套基本理念与操作架构（何雪松，2004）。证据为本的实践一般遵循以下流程：第一，将实践信息转换为

可解答的问题；第二，高效寻找回答问题的最佳证据；第三，对证据的适切性与有效性开展评估；第四，根据评估结果结合案主行为偏好制定与执行实践方案；第五，基于前四个步骤评估实践成效（Gambrill，2006）。证据为本的实践基于实证科学范式，为社会工作过程提供了历经系统证实有效的干预措施，从科学性的角度强化了社会工作实践的专业性与有效性。

在社会工作实践中，无论是社会工作通用过程模式还是证据为本的实践，最终都需要依托社会工作者的认知活动得以应用，这一过程亦表现为社会工作者如何在专业实践的行动中思考（think in action），并将包括社会工作通用过程模式以及证据为本的实践等在内的一般性理论知识与情境性专业实践相结合。本文提出的通用社会工作实践问题解决程序，试图从认知科学角度揭示这一历程，展现社会工作者在遭遇并解决专业实践问题时大脑的认知行为模式。通用社会工作实践问题解决程序，是认知科学问题解决领域"信息加工范式"下的"通用问题解决程序"经典模型在社会工作实践中的具体应用。与社会工作通用过程模式和证据为本的实践不同，通用社会工作实践问题解决程序力图呈现的，不是应用于完整专业实践时段的社会工作实务模式理论，而是在遭遇专业实践问题的极短时间内，社会工作者解决实践问题时大脑遵循的认知思维模式。

（四）通用程序的"双重模式"：德鲁斯理论模型的扩展

在德鲁斯的理论模型中，"行动中认识"和"行动中反思"作为实践问题解决的两种子模式，与人类"双重过程"思维之间存在着千丝万缕的联系（罗宾逊-瑞格勒、罗宾逊-瑞格勒，2020：453），但是德鲁斯未能对此展开详细分析。实际上，从通用社会工作实践问题解决程序视角审视，德鲁斯论述的"行动中认识"和"行动中反思"是社会工作者运用"双重过程"思维解决实践问题，进而外显出的实践问题解决"双重模式"（见表2）。

1. 对"行动中认识"的再理解

"行动中认识"是社会工作者运用"系统1思维"解决实践问题所形成的实践问题解决模式。该模式下的实践问题解决遵循以下流程。

在"定题"阶段，因为社会工作者记忆表征中积累了丰富的实践问题解决经验以及相应的认知图式，所以当社会工作者遭遇到与经验系统中相似

表 2　德鲁斯社会工作实践智慧扩展模型

模式类型	思维模式	模式特点	实践外显	"定题"阶段	"筹划"阶段	"筛选"阶段	"笃行"阶段
实践问题解决模式一	系统 1 思维	迅速直觉	行动中认识	基于经验系统与认知图式，通过心理定式快速识别实践问题，确定实践问题空间	运用类比启发式迁移和模仿经验系统中的实践问题解决方案	基于成功经验与试错心态，选择信任迁移后的实践问题解决方案	根据实践结果是否穿越问题空间采取后续行动：实践问题成功解决或进入"行动中反思"
实践问题解决模式二	系统 2 思维	较慢理性	行动中反思	审慎分析实践问题信息元素，编码实践问题，勾连特定认知图式，确定实践问题征向实践问题空间	基于特定认知图式、定位相关知识以及实践问题解决方案（如内化的社会工作一般理论），在算法指导下以穿越问题空间为指向形成实践问题解决方案	依照个体化标准筛选并确定最终的实践解决方案	根据实践结果是否穿越问题空间采取后续行动：实践问题成功解决或进入新一轮"行动中反思"

的实践问题情境时，大脑便能够根据"心理定式"（mental set）将对应的实践经验和认知图式与遭遇的实践问题情境联系起来（Hunter，1956），从而快速完成实践问题的编码、实践问题表征的建构以及问题空间的确认。

在"筹划"阶段，因为社会工作者已经将遭遇到的实践问题情境与记忆表征中特定的实践经验联系起来，所以大脑便能够运用类比启发式快速穿越问题空间，迁移与模仿曾经的实践问题解决方案（Read & Grushka-Cockayne，2011），形成与经验系统中实践问题解决相一致或者平行的实践问题解决方案。

在"筛选"阶段，基于以往解决实践问题的成功经验，以及实践问题解决上的试错心态，社会工作者通常不会质疑经由迁移与模仿形成的实践问题解决方案，而是会对其持宽容和信任的态度，这将使其不被筛选而直接确定为最终的实践问题解决方案。

在"笃行"阶段，社会工作者执行最终的实践问题解决方案后，将会出现两种可能情况。一是实践结果极大缩短了实践问题初始状态和最终目标状态的距离，或者成功达到最终目标状态；二是实践结果未能明显缩短实践问题初始状态和最终目标状态的距离。在第一种情况下，"行动中认识"结束，并且实践问题成功解决。在第二种情况下，"行动中认识"结束，但实践问题未能解决，社会工作者需要重新回到"定题"阶段，开展新一轮实践问题解决过程，从而进入"行动中反思"。

2. "行动中反思"的再理解

"行动中反思"是社会工作者运用"系统2思维"解决实践问题所形成的实践问题解决模式。该模式下的实践问题解决遵循以下流程。

除了"行动中认识"未能解决实践问题的情况外，当社会工作者遭遇到了难以确定实践问题表征的非常规问题（non-routine problem）时，也会进入"行动中反思"的"定题"阶段。在这两种情况下，因为社会工作者缺少与实践问题情境相似的实践经验，所以难以直接依靠经验系统识别实践问题，而不得不审慎思考、逻辑分析实践问题情境，通过识别、辨析、排列实践问题情境中的信息元素（Kablan & Uğur，2021），将实践问题编码为某种内部心理表征，进而与记忆表征中特定的认知图式勾连起来。一旦与特定认知图式联系起来，社会工作者大脑后续就能够顺利确定问题空间，从而完成实践问题表征的建构。

在"筹划"阶段，由于缺少相应的实践问题解决经验，社会工作者便需要自行设计实践问题解决方案。社会工作者设计方案并非毫无章法，而是会遵循一定算法。这里的算法是指一系列在社会工作者大脑记忆表征之中，与实践问题所勾连的认知图式有关的，具有一定指导性的行事步骤知识。较为典型的算法是社会工作者掌握与内化的社会工作一般理论。社会工作一般理论不仅包括社会工作实践理论，也涉及了对人类行为与社会环境之间复杂互动关系的探讨，是一套关于社会工作实务的多元且系统的解释，它能够有效指导社会工作者解决实践问题（黄锐，2018）。因为社会工作者已经成功建构了实践问题表征，并将其与记忆表征中特定的认知图式联系起来，所以社会工作者大脑便能够根据特定认知图式定位记忆表征中的相关知识，结合实践问题情境确定实践问题解决算法，进而在算法指导下有针对性地制定实践问题解决方案。

在"筛选"阶段，社会工作者会根据个体化的标准，对可能的方案进行比较和评判，从而选出最终的实践问题解决方案。在"筹划"阶段，虽然算法能够为社会工作者制定实践问题解决方案提供参考，但是由于其存在一定抽象层级，无法统摄微观实践情境，所以只能提供一个大致的实践问题解决方向，而具体的方案细节则需要社会工作者根据实践问题情境自行设计（Schwartz et al.，2002）。这不仅意味着社会工作者大脑将可能生成多种实践问题解决方案，也意味着社会工作者大脑需要对多样化的方案进行筛选。一般来说，筛选出来的实践问题解决方案不仅需要拥有解决实践问题上的潜能，还要符合社会工作的伦理原则与价值规范。

在"笃行"阶段，社会工作者执行实践问题解决方案后，将会出现与"行动中认识"类似的两种可能情况。一是实践结果极大缩短了实践问题初始状态和最终目标状态的距离，或者成功达到最终目标状态；二是实践结果未能明显缩短实践问题初始状态和最终目标状态的距离。在第一种情况下，"行动中反思"结束，并且实践问题成功解决。在第二种情况下，"行动中反思"结束，但实践问题未能解决，社会工作者需要重新回到"定题"阶段，开展新一轮"行动中反思"，直至问题成功解决。

3. "双重模式"组合与社会工作实践智慧

在实际的实践问题解决过程中，社会工作者不会像德鲁斯认为的那样，固定遵循"行动中认识—行动中反思"的顺序流程，而是会在实践情境中适应性选择两类实践问题解决模式。由于两类模式可以在问题解决过程中持续轮替，所以理论上将存在无穷多的排列组合可能。但是在轮替过程中，两类模式之间将不会出现以下两种组合形式——"行动中认识—行动中认识"和"行动中反思—行动中认识"。一旦社会工作者优先采用"行动中认识"且未解决实践问题，则表明经验系统难以指导实践问题解决。该情况下，理性的社会工作者将不会在下一轮实践问题解决中，继续采用依托相关经验的"行动中认识"。因此，"行动中认识—行动中认识"可以排除。一旦社会工作者采用"行动中反思"，则表明其遭遇到了难以确定实践问题表征的非常规问题，缺少能够有效指导实践问题解决的相关经验，故无法采用"行动中认识"。既然缺少相关经验，那么社会工作者亦无法在下一轮实践问题解决中，采用需要相关经验的"行动中认识"。因此，"行动中反思—行动中认识"也可以排除。在实践问题解决过程中，排除上述两种组合形式后，两类实践问题解决模式之间将存在四种排列组合可能（见表3）。组合1是社会工作者仅通过一次"行动中认识"解决了实践问题；组合2是社会工作者通过一次"行动中认识"未能解决实践问题，继而通过一次或多次"行动中反思"解决了实践问题；组合3是社会工作者仅通过一次"行动中反思"解决了实践问题；组合4是社会工作者通过多次"行动中反思"解决了实践问题。在四种可能组合中，并非所有都可称为社会工作实践智慧。实际上，组合1便不能称为社会工作实践智慧。

在社会工作实践智慧研究中，存在一个辨别社会工作实践智慧的共识性标准，即分析对象是否处于反思性实践中。① 如果分析对象处于科技理性模式实践中，那么就难以称为社会工作实践智慧。"行动中认识"的关键在于将记忆表征中的实践经验与认知图式，迁移运用到实践问题解决中，所以拥有丰富实践经历的社会工作从业者或专家，更可能在实践问题解决中

① 舍恩的反思性实践研究对社会工作理论与实践产生了深远影响。特别是在社会工作学界，舍恩以后的大量社会工作实践智慧讨论，都试图将社会工作实践智慧与反思性实践联系起来，将其视作反思性实践中的重要元素，着重论述其在一般性知识与复杂性实践之间的作用机制。这些研究都将反思性实践作为判断社会工作实践智慧的重要标准（Tyson，1994；Klein & Bloom，1995；Dybicz，2004；O'Sullivan，2005；侯利文、徐永祥，2018；施旦旦、侯利文，2021）。

优先进入"行动中认识"。然而，"行动中认识"虽然能够令社会工作者不反思便解决实践问题，但是这一过程只是记忆表征的"教科书"式调用，并未批判性与反思性地运用大脑中的库存知识，也未形成新的知识创建与知识生产，所以依然没有脱离一般化、标准化的科技理性模式实践范畴。因此，仅通过"行动中认识"解决实践问题，不能称为社会工作实践智慧。

表 3 模式组合与社会工作实践智慧

排列组合	社会工作实践问题解决过程	社会工作实践导向	社会工作实践智慧
组合 1	行动中认识—实践问题解决	科技理性导向	×
组合 2	行动中认识—行动中反思…行动中反思—实践问题解决 N≥1	反思性实践导向	√
组合 3	行动中反思—实践问题解决	反思性实践导向	√
组合 4	行动中反思—行动中反思…行动中反思—实践问题解决 N≥1	反思性实践导向	√

在现实的实践问题解决过程中更多的情况是，由于社会工作者的有限理性以及社会工作实践的复杂性，即使社会工作者经验和知识十分丰富与渊博，也无法保证实践问题必然解决。实践问题解决总是充满了意外结果。这意味着"行动中认识"时常难以有效解决实践问题。而一旦"行动中认识"失效，社会工作者就要进入"行动中反思"，通过分析实践结果，更新实践问题解决方案，不断发起反思性的试错行动。一旦实践问题解决方案被验证有效，就会成为新的知识，融入社会工作者大脑"知识库"，进而成为下一次"行动中认识"的"教科书"。"行动中反思"使社会工作者能够识别每种实践情境的独特性，相应修改或拓展实践问题解决方案，开展灵活的实践问题解决。正是在这个意义上的实践问题解决，展现出了大脑库存知识的批判性和反思性运用，以及社会工作的知识创新和知识生产，从而体现出了社会工作实践智慧。所以可以说，只要实践问题解决过程中出现了"行动中反思"，就可以称为社会工作实践智慧。因此，组合 2、组合3 和组合 4 均可称为社会工作实践智慧。

四　农村小组工作中的社会工作实践智慧：一个案例研究

本部分尝试以华中汉市黄区①的农村小组工作服务片段为例，分析其中的社会工作实践智慧运作。文中经验材料来自笔者 2018 年在华中汉市 NY 社会工作服务中心任职社会工作者期间接触到的案例。NY 社会工作服务中心是 2015 年在汉市民政局注册成立的一家民办非企业单位，属于非营利性专业社会工作机构。机构业务范围涉及为社区、单位、个人和家庭提供各类社会工作专业服务；开展社会工作研究和专业教育；承接政府、基金会委托的各类社会服务项目等。2018 年，NY 社会工作服务中心承接中央财政专项扶贫增能项目，在黄区开展农村社会工作。笔者当时的工作是在黄区的王街道、蔡街道、舒街道开展社会工作专业服务，服务对象主要为农村"三留守"人员。

在研究方法上，受制于研究条件，本文没有采用认知科学研究中的控制实验、计算机模拟等研究方法，而是选择了口述报告法（protocol analysis）。口述报告法，也称出声思考法，是一种通过由被试大声地报告自己在进行某项操作时的想法来探讨内部认知过程的方法。作为认知科学研究中的一项重要研究方法，口述报告多半在操作时进行，也可以在操作后通过回忆来叙述。从某种意义上讲，口述报告法类似传统的内省法，也可以认为是对内省法的批判与继承（Venkatesan，1986）。在研究伦理上，本文经验材料使用均征得了相关社会工作者、服务对象的同意，案例中呈现的信息均经过了技术化处理，以保证相关人员的隐私安全。

（一）留守儿童小组工作中的规范维系问题

小贝是舒街道 NY 社会工作服务中心的社会工作者。舒街道是典型的"三留守"街道，街道下辖村庄内的劳动力流失严重，村庄中青壮年多数外出打工，仅剩老人与儿童留守村庄。在日常走访中，小贝时常听到舒街道小学教师抱怨学生的学习自信心缺乏，缺少继续学习深造的想法与动力。

---

① 　按照学术规范，文中的人名、地名、机构名均做了技术化处理。

小贝认为这一问题或许需要社会工作介入。经过对若干名学生的预调查，小贝确认了在舒街道小学中确实有一部分学生存在学习自信心缺乏问题，需要跟进社会工作服务。后续，小贝决定有针对性地开展学习自信心提升小组，并采取目的抽样方法，通过学习自信心量表，筛选出了8名学生作为小组组员。

基于对8名组员的访谈与量表分析，小贝发现组员学习自信心缺乏的主要原因，是没有对教育和学习形成正确认识，加之缺乏后续矫正引导，他们便在学习生活上产生了一系列消极行为。基于此，小贝决定基于认知行为模式开展成长小组，希望通过小组沟通和互动，改变组员不合理认知，引导组员积极面对学习生活。小贝有针对性地设计了8次小组活动，与组员约定每周五晚在学校空教室开展一次主题小组。

在第一次小组活动中，小贝在成功组织小组破冰后，向组员介绍了小组的目标、时间、计划等基本情况，并就小组活动开展中的注意事项和行为要求，与组员集体讨论。经过讨论，小贝与组员商讨制定出了7条小组规范，相互约定在后续的小组活动中严格遵守，共同保障小组工作正常开展。

学习自信心提升小组规范

1. 组员和社会工作者要按时参加小组活动。
2. 组员如无法参加小组活动要提前告知。
3. 小组活动期间组员和社会工作者不能擅自离场。
4. 小组活动时组员不能交头接耳、嬉戏打闹。
5. 未经所有成员同意，组员不得带外人入组。
6. 无故不参加小组活动三次便视作自动退出。
7. 所有小组成员必须严格遵守小组规范。

对小贝来说，花再多时间订立小组规范都是必要的。因为有不少同事向小贝反映，在舒街道开展留守儿童小组工作，尤其要注意小组规范。一个常见的现象是，小组活动中经常会碰到一些活脱散漫，甚至十分"调皮"的组员。一旦没有小组规范约束，小组活动很容易演变为嬉戏打闹，从而消减小组工作效能。事实证明，小贝的做法是必要的。但是即使订立了小组规范，依然有组员选择我行我素，干扰小组活动正常开展。

在第二次小组活动中，按照原定计划，小贝要组织组员在纸上写下自己对当下学习生活的感受，这一做法的目的是希望将不合理认知具象化，引导组员发现自身不合理认知的存在。但是在活动过程中，以小李为代表的一些组员，不仅不按要求书写，还经常打扰其他小组成员，影响小组活动开展。见状，小贝尝试与小李沟通，引导小李回归小组活动，但小李表示："我不想写这个，这个不好玩。我之前和小王（小组成员之一）约好了，放学的时候要一起玩王者荣耀（一款手机游戏），我现在想和他聊王者荣耀，这个比写东西有意思多了。"（llk20180916）在了解小李的想法后，小贝意识到，包括小李在内的一些组员，并未重视小组规范，倘若不解决这一问题，后续小组活动便难以正常开展。因此，小贝决定暂缓小组活动，优先解决组员的问题。

（二）"信息加工"中的"行动中认识"及其失效情况

小贝在遇到组员不遵守小组规范的问题后，第一时间想到的是，组员可能是因为没有真正理解小组规范，才会出现违规行为。如果是这样，那就需要重新组织讨论小组规范，确保组员内化小组规范。小贝之所以会有这样的想法，是因为曾经经历过类似事件。在舒街道工作之前，小贝曾在蔡街道服务过一段时间。在对蔡街道留守妇女开展抗逆力提升小组过程中，小贝便遇到了组员不遵守小组规范的问题。不少组员在小组活动中迟到早退、随意走动。小贝在与组员交流后发现，组员之所以会出现违规行为，主要是因为受限于文化水平，不理解、未领会小组规范。发现这一点后，小贝决定采用更加通俗化、地方化的语言，重新组织组员分析、讨论以及制定小组规范，确保每一位组员都能正确理解小组规范。现实来看，这一做法效果显著。后续小组成员违规行为大大减少。正是因为小贝拥有上述实践经验，所以在遇到小李等组员不遵守小组规范的相似情境时，小贝便马上将二者联系起来。基于先前的成功经验，小贝决定效仿当时的实践问题解决方案，重新组织讨论小组规范。

当我看到小李他们的行为时，马上就意识到是小组规范维系出现了问题。之前我在蔡街道为留守妇女开展小组工作的时候，组员也出现了类似问题。因为组员文化程度不高，小组规范用词又比较专业，所以很多组员都没有理解小组规范，后面也就出现了违规行为。之后我重新组织讨论小组规范，就解决了这个问题。所以当我看到小李他们的表现时，就马上和留守妇女小组的这个事情联系起来了。我觉得这两件事情本质上是一样的。小李他们毕竟还是小学生，可能没有完全理解小组规范。所以只要我重新组织讨论小组规范，用一些通俗易懂的词语解释一下，应该就能够解决这个问题了。（llk20180917）

从社会工作实践问题解决的"信息加工"视角审视，小贝的一系列行为实际上展现了"行动中认识"的相应过程。首先，由于小贝拥有处理蔡街道小组问题的实践经验，并且该实践经验在大脑中从属于小组规范维系认知图式，所以当遇到相似的实践问题情境时，大脑便根据"心理定式"迅速识别与确认了实践问题表征（小组规范维系问题）以及问题空间（实践问题初始状态：小组规范失效；实践问题最终状态：小组规范生效），从而完成了实践问题解决的"定题"阶段。其次，因为小贝已经将遭遇的实践问题与记忆表征中特定的实践经验联系起来，所以大脑便会运用类比启发式，模仿迁移曾经的实践问题解决方案（重新组织讨论小组规范），从而完成了实践问题解决的"筹划"阶段。再次，基于先前的成功经验，小贝决定信任迁移后的方案，将其确定为最终的实践问题解决方案，从而完成了实践问题解决的"筛选"阶段。最后，只要执行最终的实践问题解决方案（重新组织讨论小组规范），就能完成实践问题解决的"笃行"阶段。

在小贝的组织下，组员重新讨论了小组规范。为确保组员理解内化小组规范，小贝重点开展了两项工作：其一，小贝十分重视小组规范本身的严密性，与组员详细讨论每条规范的含义，避免规范中出现用词表达不清、语句之间存在歧义等问题；其二，小贝鼓励组员发表自己的观点和看法，共同补充和完善小组规范。在重新讨论小组规范后，组员对小组规范的内容和意义有了更深入的理解。特别是组员小李，能够脱稿复述小组规范的内容。因此，小贝认为组员都内化了小组规范，小组规范维系问题已经解决。

然而，现实并未按照小贝的预想发展。小组规范讨论后，组员的违规行为有一定减少，但是在小组活动正常开展一段时间后，小李等组员又出现了交头接耳、嬉戏打闹等违规行为。实践问题并未达到"小组规范生效"的最终状态。小贝的实践问题解决方案宣布失效。

（三）"信息加工"中的"行动中反思"与问题解决

面对小李等组员的二次违规行为，小贝选择暂停小组活动，并与违规组员单独交谈，试图进一步了解违规组员的想法。组员小李表示："这个小组活动没什么意思，我想回家了，到时候吃完饭可以和同学一起玩游戏。"（llk20180916）当小贝询问小李为什么要违反已经承诺遵守的小组规范时，小李表示："我知道小组规范是什么，但是我觉得那个没什么关系（不重要）。小贝姐姐好，不会像班主任一样那么严厉，（班主任）会骂人。我们班主任很严的，大家都怕她。要是让班主任知道了我们这样玩，肯定会被批的。在班上太难受了，在这里就很舒服，可以玩。"（llk20180916）。小贝在和其他违规组员谈话后，也得到了类似的说法。小贝意识到，小李等组员之所以在知晓小组规范的情况下，依然选择做出违规行为，并非因为没有理解内化小组规范，而是有意轻视和忽略小组规范。对于小李等组员而言，即使不遵守小组规范，带来的"惩罚"也只是温柔的谈话，这几乎没有惩罚力度，所以小李等组员便敢于在小组活动中我行我素。

小贝明白，"重新组织讨论小组规范"的失效，意味着自己需要想出新的办法，而新办法必须回应小组规范惩罚力度小的问题。从小李等组员的言语中，小贝注意到他们十分重视班主任的监督和评价，"班主任"或许是探寻新办法的关键。因此，小贝尝试将"班主任"这一要素与小组规范惩罚措施结合起来，制定新的实践问题解决方案。经过初步思考，小贝想出了几个可能的方案：其一，效仿小李班主任，在组员违反小组规范后严厉批评教育；其二，邀请小李班主任以嘉宾或者观众身份参与小组活动；其三，向组员表明，一旦有组员违反小组规范就会告知班主任，让班主任后续教育。思考片刻，小贝决定将第三种方案作为最终的实践问题解决方案。在小贝组织下，组员讨论并通过了一条新的小组规范：组员违反小组规范的行为会被告知班主任。实际来看，小贝的做法取得了显著效果。新的小组规范制定后，直至小组活动结束，组员不再出现违规行为。

　　小李他们总是不听话，确实让我头痛。讨论小组规范的办法也行不通，只能另外想个法子。那时候听小李他们的解释，我发现原来我想的不对，不是他们不理解小组规范，而是不重视小组规范，认为违规没有惩罚，所以我就想着要增加一些惩罚措施，这个其实就是小组工作技巧里的小组惩罚机制问题。我在交流中发现他们很怕班主任，就觉得"班主任"可能是问题的突破口，或许可以凭借这一点想办法。当时我想的是怎么把"班主任"和惩罚措施联系起来，整出一个新办法。想了没多久，我脑中就蹦出了三个想法，最后我选择了一个感觉最为可行的。第一个想法是效仿小李班主任严厉批评教育，但是我觉得这样明显不符合社会工作者平等沟通的要求，就被我否定了；第二个想法是让小李班主任参加小组活动，这样班主任就能在边上"威慑"，但是我觉得这办法也不太靠谱，因为老师有自己的工作、生活，不一定愿意参加我的小组，所以这一办法也被我否定了；第三个办法是在小组规范里加上老师监督条例，其实就是小朋友常说的"告老师"，我觉得这个办法无论是从现实层面，还是从社会工作层面来说，都更为可行，所以最后决定采用这一做法。事实证明，我的选择是正确的。（llk20180917）

　　从社会工作实践问题解决的"信息加工"视角审视，小贝的一系列行为实际上展现出了"行动中反思"的相应过程。由于"行动中认识"失效，小贝的实践问题解决便进入了"行动中反思"。首先，在反思实践结果以及重新分析实践情境中各种信息元素后，一方面，小贝明确了实践问题未能解决的原因在于算法错误，即"组员内化小组规范—小组规范生效"的算法并不适应实践问题情境，也未能有效穿越问题空间；另一方面，小贝根据小组规范维系的认知图式以及实践情境中的信息，成功定位大脑记忆表征中小组工作惩罚机制的相关知识，并以此为基础确定了新的算法，即"提升小组规范惩罚强度—小组规范生效"，进而在新算法指导下以"班主任"元素为核心制定出了三种可能的实践问题解决方案，从而完成了实践问题解决的"定位"和"筹划"阶段。再次，小贝依据实际可操作性和社会工作伦理道德性两项指标筛选三种可能的方案，最终将"增加班主任监督条例"作为最后的实践问题解决方案,从而完成了实践问题解决的"筛选"阶段。最后,小贝执行了"增加班主任监督条例"的实践问题解决方案,完成了实践问题解决的"笃行"阶段。最终,小贝的做法取得了理想效果。实践问题成功达到"小组规范生效"的最终状态。实践问题成功解决。

纵观小贝实践问题解决的全过程,小贝在优先进入"行动中认识"且失效后,继而通过一次"行动中反思"解决了实践问题,整个过程具有明显的反思性实践导向,展现出了社会工作实践智慧。

五 结论与讨论

伴随实践研究的兴起,社会工作迈向了实践为本的发展阶段。新阶段的社会工作不仅更加强调专业实践的动态性、流变性以及情境性,也更加重视专业实践模式中的反思性实践取向。社会工作反思性实践的模式转向呼吁社会工作实践智慧,它是后现代社会工作服务实践与知识生产的关键要素。本文尝试在德鲁斯社会工作实践智慧模型基础上,针对其研究局限,从认知科学角度引入个体问题解决"信息加工范式"下的"通用问题解决程序",推动发展德鲁斯的理论模型,并通过农村中儿童社会工作的案例研究阐释了新的理论模型。这对于深入理解社会工作实践智慧的运作机制与实践效用有着重要意义。

本文的贡献主要体现在两个方面。一方面,是理论贡献。其一,本文进一步揭示出了社会工作实践智慧的内部运作机制。虽然德鲁斯试图用"行动中认识"和"行动中反思"解释社会工作实践智慧运作,但是其更多停留在现象概括层面,并未深入分析两者的运作机制。针对这一问题,本文主要做了以下两点工作。一是本文继续沿着德鲁斯将社会工作实践智慧视作问题解决实践模式的研究思路,借鉴问题解决"信息加工范式"下的"通用问题解决程序",提出了通用社会工作实践问题解决程序;二是本文基于上述程序重新阐释与细化了德鲁斯理论模型中的"行动中认识"和"行动中反思"。其二,本文辨析了德鲁斯理论模型中"行动中认识"和"行动中反思"两个问题解决子模式的排列组合,及其与社会工作实践智慧之间的关系。在德鲁斯的理论模型中，社会工作实践智慧便是"行动中认识—行动中反思"的顺序联结，但是这只是两种子模式的一种组合形式。针对这一问题，本文列举了实践问题解决过程中"行动中认识"和"行动中反思"两个子模式之间的四种组合可能，并辨析了其中三种可以称为社会工作实践智慧的组合形式。

另一方面，是实践贡献。本文发展出的社会工作实践智慧模型，能够为社会工作者在专业实践中生成与运用社会工作实践智慧提供参考。虽然社会工作实践智慧能够在复杂实践情境中提升专业实践效能、促进知识生产转化，但并非所有社会工作者都能顺利生成与运用社会工作实践智慧（O'Sullivan，2005；Tsang，2007）。本文认为，形成社会工作实践智慧的关键在于不断扩充与反思大脑"知识库"。记忆（存储与社会工作相关的一般知识和特定情境的长期记忆，以及允许快速有效在线加工问题信息的即时记忆）是社会工作者解决实践问题的基础。社会工作专家拥有丰富的记忆存储，能够快速识别外界信息、编码以及处理实践问题，实现"行动中认识"。但是"行动中认识"只是大脑"知识库"的工具性调用，并未形成新的知识创新与知识生产。它虽然能够提升实践问题解决的效率性，但会降低实践问题解决的灵活性。过度依赖"行动中认识"将可能陷入以大脑"知识库"裁剪专业实践的"削足适履"困境。在这个意义上，社会工作专家拥有丰富记忆的"专家优势"反而成为"专家劣势"。相反，社会工作新手由于缺少长期记忆便具有"新手优势"。社会工作新手发生思维定式的可能性更低，更可能在实践问题解决中开展"行动中反思"，创造性和适应性解决实践问题。因此，在实践问题解决过程中社会工作者要注意平衡"专家优势"与"新手优势"。这要求社会工作者不仅要在机构服务与场景服务日益混合的专业实践情境中（童敏，2021），重视对实务经验和实践知识的归纳总结，以不断丰富大脑"知识库"，而且要求社会工作者对记忆知识保持批判，以不断反思大脑"知识库"，进而在"行动中认识"和"行动中反思"的持续互动中，充分运用社会工作实践智慧推进专业实践开展。

受制于研究条件本文还存在一些不足。其一，由于文中对德鲁斯理论模型的发展是基于问题解决"信息加工范式"展开的，所以难以回避"信息加工范式"本身的缺陷。有学者认为，人类认知过程无法与计算机的信息加工过程类比，因为人类的认知行为更为复杂多变，并提出了不同于"信息加工范式"的理论模型（Daniel & Kelso，2015）。随着人类认知过程"黑箱"的进一步打开，本文的社会工作实践智慧模型也需要做相应调整。其二，由于研究条件的限制，本文只运用口述报告法分析了农村留守服务中的社会工作实践智慧运作，所以在案例的一般化与结论的推广性方面还有待进一步加强。未来可以在大样本量化分析、控制实验以及计算机模拟等方面努力。

参考文献

罗宾逊-瑞格勒，布里奇特、罗宾逊-瑞格勒，格雷戈里（2020）:《认知心理学》，凌春秀译，北京：人民邮电出版社。

多戈夫，拉尔夫、洛温伯格，弗兰克·M.、哈林顿，唐纳（2005）:《社会工作伦理：实务工作指南（第七版）》，隋玉杰译，北京：中国人民大学出版社。

古学斌等（2021）:《落地·起步：社会工作实践研究案例》，北京：社会科学文献出版社。

郭伟和（2019）:"专业实践中实证知识和实践逻辑的辩证关系——以循证矫正处境化实践为例"，《社会学研究》第 34 卷第 5 期。

郭伟和（2022）:"在实证主义与实用主义之间——对西方社会工作两种实践模式及其认识论基础的评析"，《社会学研究》第 37 卷第 3 期。

何国良（2017）:"久违的实践研究：创造社会工作学的路向"，载王思斌主编《中国社会工作研究》（第十五辑），社会科学文献出版社。

何雪松（2004）:《证据为本的实践的兴起及其对中国社会工作发展的启示》，《华东理工大学学报》（社会科学版）第 1 期。

侯利文、徐永祥（2018）:"被忽略的实践智慧：迈向社会工作实践研究的新方法论"，《社会科学》第 6 期。

黄锐（2018）:"社会工作一般理论的建构"，载王思斌主编《中国社会工作研究》（第十六辑），社会科学文献出版社。

季俊含（2022）:《社会工作实践智慧的核心要素——基于跨学科概念演进的考察》，《社会工作》第 4 期。

李晓凤（2008）:《社会工作——原理·方法·实务》，武汉大学出版社。

马戈利斯，埃里克、赛缪尔斯，理查德、斯蒂克，P. 斯蒂芬主编（2022）《牛津认知科学哲学手册（上）》，魏屹东译，北京：人民出版社。

舍恩，A. 唐纳德（2018）:《反映的实践者：专业工作者如何在行动中思考》，夏林清译，北京师范大学出版社。

施旦旦、侯利文（2021）:《成己—知人—成务：整全取向的社会工作实践智慧》，载王思斌主编《中国社会工作研究》（第二十辑），社会科学文献出版社。

童敏（2021）：《社会工作实务基础：专业服务技巧的综合与运用》，社会科学文献出版社。

王思斌（2006）：《社会工作概论（第二版）》，高等教育出版社。

王思斌（2022）："中国社会工作实践研究刍议"，载王思斌主编《中国社会工作研究》（第二十一辑），社会科学文献出版社。

Ardelt, M. (2003). "Empirical Assessment of a Three-Dimensional Wisdom Scale. " *Research on Aging* 3.

Boehm, W. (1958). "The Nature of Social Work. " *Social Work* （3）.

Campbell, D. T. (1960). "Blind Variation and Selective Retention in Creative Thought as in Other Knowledge Processes. " *Psychological Review* 6.

Cooper, A. & Lousada, J. (2005). *Borderline Welfare: Feeling and Fear of Feeling in Modern Welfare.* London: H. Karnac Books.

DeRoos, Y. S. (1990). "The Development of Practice Wisdom through Human Problem Solving Processes. " *Social Service Review* 2.

Dybicz, P. (2004). "An Inquiry into Practice Wisdom. " *Families in Society* 2.

Gambrill, E. (2006). "Evidence-based Practice and Policy: Choices ahead. " *Research on Social Work Practice* 16 （3）.

Glicken, M. D. (2006). *Social Work in the* 21 *Century: An Introduction to Social Welfare, Social Issues, and the Profession.* Sage Publications.

Halverson, R. (2004). "Accessing, Documenting, and Communicating Practical Wisdom: the Phronesis of School Leadership Practice. " *American Journal of Education* 1.

Hepworth, Dean H. , Ronald H. Rooney, Glenda Dewberry Rooney, et al. (2009). *Direct Soicial Work Practice: Theory and Skill.* Brook/Cole Pub Co.

Hey, S. P. (2016). "Heuristics and Meta-heuristics in Scientific Judgement. " *The British Journal for the Philosophy of Science* 2.

Hunter, I. M. L. (1956). "The Influence of Mental Set on Problem-solving. " *British journal of psychology* 1.

Imre, R. W. (1985). "Tacit Knowledge in Social Work Research and Practice. " *Smith Studies in Social Work* 2.

Irwin, S. (2013). "Qualitative Secondary Data Analysis: Ethics, Epistemology and Context. " *Progress in Development Studies* 4.

Kablan, Z. , & Uğur, S. S. (2021). "The Relationship Between Routine and Non-routine Problem Solving and Learning Styles. " Educational Studies 47 （3）: 328 – 343. https://doi. org/10. 1080/03055698. 2019. 1701993.

Kahneman, D. (2003). "A Perspective on Judgment and Choice: Mapping Bounded Rationality. " *American Psychologist* 9.

Klein, W. C. & Bloom, M. (1995). "Practice Wisdom. " *Social Work* 6.

Newell, A. & Simon, H. A. (1988a). "Gps, a Program that Simulates Human Thought. " *Readings in Cognitive Science.*

Newell, A. & Simon, H. A. (1988b). "The Theory of Human Problem Solving." *Readings in Cognitive Science* (2).

Oppenheimer, D. M. , & Kelso, E. (2015). "Information Processing as a Paradigm for Decision Making." *Annual Review of Psychology* 66 (1): 277−294. https://doi. org/10. 1146/annurev-psych-010814-015148.

O'Sullivan, T. (2005). "Some Theoretical Propositions on the Nature of Practice Wisdom." *Journal of Social Work* 2.

Read, D. & Yael Grushka-Cockayne. (2011). "The Similarity Heuristic." *Journal of Behavioral Decision Making* 1.

Rob, K. (2017). "Thinking Critically About and Researching Algorithms." *Information Communication and Society* 1.

Schwartz, B. (2011). "Practical Wisdom and Organizations." *Research in Organizational Behavior* (31).

Schwartz, B. D. , Patterson, B. J. , Lusardi, P. , Farmer, B. C. (2002). "From Practice to Theory: Tightening the Link Via Three Fieldwork Strategies." *Journal of Advanced Nursing* 3.

Schön, D. A. (1983). *The Reflective Practitioner: How Professionals Think in Action.* New York: Basic.

Schön, D. A. (1988). *From Technical Rationality to Reflection in Action.* Cambridge: Cambridge University Press.

Shulman, L. (2016). "Shifting the Social Work Practice Paradigm: the Contribution of the Interactional Model." *Journal of Social Work Education* 52 (sup1).

Simon, H. A. (1957). *Models of Man: Social and Rational.* New York: Wiley.

Tsang, N. M. (2007). "Reflection as Dialogue." *The British Journal of Social Work* 37 (4), 681−694. https://doi. org/10. 1093/bjsw/bch304.

Tyson, K. (1994). "Author's Reply: Response to 'Social Work Researchers' Quest for Respectability." *Social Work* 6.

Venkatesan, R. (1986). "Protocol Analysis: Verbal Reports as Data." *Journal of Marketing Research* 3.

Zeira, A. & Rosen, A. (2000), "Unraveling 'Tacit Knowledge': What Social Workers Do and Why They Do It" *Social Service Review* 1.

民办社会工作机构参与政策实践的路径探索[*]

张洋勇　刘连冬[**]

摘　要　政策实践对于社会工作专业实践的重要性不言而喻，然而我国社会工作领域政策实践的探索亟待深入。该研究以 X 市 H 民办社会工作机构为个案，探讨民办社会工作机构如何进行政策实践，以及探讨政策实践的可能性路径。研究发现，H 机构采取了由"需求匹配"和"扎根专业服务和服务成效呈现"构成的自下而上的服务型政策实践路径，而机构负责人和骨干社会工作者所具备的政策实践素养和能力，使得 H 机构的政策实践成为可能。本研究的启示是，社会工作机构和社会工作者要立足专业服务增强政策实践底气，把握政府和政策发展需求而转变话语体系，重视政策实践和社会组织协商能力的提升，拓展政策实践和协商民主的渠道和平台；社会工作专业共同体要在政策实践中发挥协同作用。

关键词　政策实践　民办社会工作机构　路径探索

一　研究背景和问题提出

社会工作的实践路径有两条，一是注重改变个人和群体为取向的个体发展路径，二是注重社区和社会改变的社会发展路径（马凤芝，2014；张剑，2015；Cummins et al.，2011）。无论哪条实践路径，都与社会政策的制

---

　*　本文系国家社科基金项目"中国社会工作者职业生存的叙事研究"（项目编号：20BSH124）的阶段性成果。

　**　张洋勇，厦门大学社会与人类学院社会工作系副教授、硕士生导师、MSW 教育中心主任，香港理工大学社会工作哲学博士（PhD.），charleszhang@ xmu. edu. cn；刘连冬，厦门大学社会与人类学院社会工作系社会工作专业硕士、研究助理。

定、实施、发展和完善紧密相连。

在社会服务领域，政策实践的对象是社会政策，目的在于参与制定和推行新政策以促进社会发展（蔡天等，2020；Feldman，2020；Pawar，2019）。在社会工作领域，政策实践被应用到社会工作实践过程中是一种必然，源于政策实践与社会工作专业使命的高度契合，目的是促进个人和社会福祉的提升与社会发展。因此，政策实践被认为是社会工作专业实践的一种重要形式，以此实现社会发展，促进社会公正，社会工作在政策实践中具有明显的主体性（Gal & Weiss-Gal，2015）。然而，结合我国当前社会工作发展的现实情况，政策实践的应用亟待受到重视。

国外文献对社会工作领域的政策实践进行了大量探索。诸如社会工作者参与政策实践的原因（Gal & Weiss-Gal，2015），政策实践主体的分类（Blue & Goerdt，2015；Gal & Weiss-Gal，2015；Strier & Feldman，2018），政策实践的理论研究（Feldman，2020），政策实践的模型、策略和路径研究（Figueira-McDonough，1993；Pawar，2019；Gal & Weiss-Gal，2020；Wyers，1991），政策实践教育（Rocha，2000；Sherraden et al.，2015），等等。同时，也有学者指出，社会工作政策实践面临来自社会结构或制度、社会工作专业化和职业化等因素的制约（Pritzker & Burwell，2016；Rothman，2012；Strier & Feldman，2018）。这些内容对我国社会工作领域的政策实践有诸多启示，但因政治体制、社会环境等因素的差异，其应用有待实践考证。

我国社会工作领域政策实践的相关研究不足。文献虽然指出了政策实践对社会工作发展的重要作用、面临的机遇和挑战（冯元、彭华民，2016；马凤芝，2014；仝秋含，2019），开始探讨社会工作者对政策实践的认识（韩央迪等，2018）、社会工作者以服务为本的制度性政策实践模式（蔡天等，2020），但也反映了社会工作领域政策实践的环境较差（雷杰、黄婉怡，2017；马凤芝，2014）。社会工作者和社会服务机构如何在当前社会工作发展情境下进行政策实践，仍有待深入的实证研究。

基于此，该研究以 X 市 H 民办社工机构为例，试图探讨民办社工机构在社会工作实践过程中如何进行政策实践，其可能性路径是怎样的。

二　文献综述

下文将通过系统梳理国内外文献，从政策实践的意涵、政策实践作为社会工作的一种行动选择、社会工作政策实践的相关研究议题、社会工作中的政策实践探索等四个方面来展开阐述。

（一）政策实践的意涵

已有文献对政策实践的内涵与外延有较为清晰的界定。有研究指出，政策实践既是行动，也是手段（Weiss-Gal & Savaya，2012）。从社会政策制定过程来说，政策实践是"影响社会政策的制定、颁布、实施或评估的努力"和行动过程（Jansson，1990：24）；从社会福利角度来看，政策实践是实现社会公正目标的必要手段（Figueira-McDonough，1993）。政策实践通过发展社会政策来解决问题、协调资源、提供更高效的服务。因此，政策实践的对象是社会政策（洪浏、Anne Westhues，2018；马凤芝，2014；赵万林，2017；Barusch，2006），其目的是修改和完善现有的政策使其符合人们的期待，参与制定推行新政策以促进社会发展（蔡天等，2020；Wyers，1991；Feldman，2020；Pawar，2019）。政策实践的场域具有多层次性和复杂性的特征，不仅涉及立法、司法、行政等各个层次，还包括社区、社会组织、社会等系统（Iatridis，1995；Rocha，2007；Weiss-Gal，2016）。

（二）政策实践：社会工作的一种行动选择

1. 政策实践作为社会工作的实践活动

已有文献清晰地指出，社会工作在社会政策与服务对象之间发挥中介作用。一方面，社会工作者与服务对象密切而频繁的接触使其能全面直观地了解社会问题的起因、表现和影响，并知悉现有社会政策的局限性，能成为政策制定过程中无价的"政策渠道"（Wyers，1991）；另一方面，社会工作者所具备的专业知识、价值观与专业实践使其成为政策决策与实施过程中重要而独特的参与者（Jansson et al.，2005）。于是，社会工作者通过政策分析、政策倡导、政策反馈等方式直接参与或干预社会政策（赵万林，

2017），从而扮演社会政策的"验证者"，通过专业实践验证和变革社会政策（王思斌，2006）。

更进一步，政策实践实际上已然是宏观社会工作的重要实践活动。Wyers（1991）明确指出，政策实践是由社会工作者或督导等社会工作共同体在实际工作情境中，了解和分析现有社会政策对案主的影响，参与修改对案主不利的社会政策，制定新的政策，以消除政策不利影响的实践活动。这一论断标志着社会工作在政策实践领域的主体性地位得以确立。政策实践是社会工作实践活动的重要形式（Gal & Weiss-Gal，2015），也是实现社会公正目标的必要手段（Figueira-McDonough，1993）。社会工作者或社会服务机构可以借由对政策内容、执行过程或社会议题的发声、倡导、建议、评估与执行等方法在社会服务机构、社区或社会层面影响社会政策（韩央迪等，2018）。在此基础上，学界普遍偏向将政策实践纳入宏观社会工作实践范畴，认为政策实践涉及对组织、社区和人群的干预，是一种集体合作的社会工作实践，致力于促成积极的改变（Meenaghan et al.，2005），或将政策实践视为"激进社会工作"的重要组成部分，挑战不公平社会政策（Ferguson & Woodward，2009；Jansson，2014）。

2. 政策实践与社会工作专业使命具有高度契合性

政策实践与社会工作专业使命的契合性是社会工作学界的一个重要议题。追溯社会工作发展历程可以发现，玛丽·里士满（Mary E. Richmond）与简·亚当斯（Laura Jane Addams）为社会工作实践带来两种不同取向的发展路径：一是注重改变个人和群体为取向的"改变个人"发展路径，二是注重改变社区和促进社会公正为取向的社会变革或"改变社会"发展路径（马凤芝，2014；张剑，2015；Cummins et al.，2011）。但无论哪种发展路径，都绕不开要关注、推进或完善社会政策，这就使得社会政策实践和完善成为社会工作的核心目的之一［National Association of Social Workers（NASW），2008；Sherraden et al.，2015］。

首先，促进个人改变离不开政策实践。个人与环境的互动，或"人在情境中"是社会工作的基本逻辑（童敏，2009），政策实践在个体层面的动力源于此（马凤芝，2014）。社会政策涉及社会、经济及政治制度等方面（Iatridis，1995），是情境中的重要组成部分，不仅着眼于解决社会问题，提升社会福祉，更关系到社会资源及社会关系的再分配（黄晨熹，2008）。这使得社会工作者在重视回应个体需求的同时，也要理解社会政策性质和影响，以达到更好的服务成效（蔡天等，2020）。

其次，追求社会公正是社会工作政策实践的内生动力。社会正义是社会工作的核心价值（马凤芝，2014），社会变革是社会工作者的重要使命，社会工作者要重拾社会工作中的"社会"本质（甘炳光，2010），就要重视政策实践的作用。正如 NASW（2008）道德规范规定，社会工作者应参与社会和政治行动，积极倡导政策改变和立法，确保所有人都能平等获取资源、就业、服务和机会，以满足人的基本需要和发展，改善社会状况，促进社会公正。实际上，致力于社会公正和个体改变是相辅相成的，是社会工作区别于其他专业的特有价值（DuBois & Miley，2019），政策实践对于两个目标的融汇与转换，发挥着重要作用。

（三）社会工作政策实践的相关研究议题

围绕政策实践，学界对政策实践的理论建构、模型、策略路径、参与过程、主体、影响因素、教育等议题展开了广泛探讨。

1. 社会工作政策实践的理论建构

已有文献对政策实践有多元化的理论建构。比如，Feldman（2020）采用新制度理论、精英理论、资源动员理论和权力理论为政策实践提供理论支持，提出了制度性政策实践、精英政策实践、资源型政策实践、激进型政策实践四种不同类型的政策实践。也有学者通过融合政策过程理论，丰富社会工作实践过程中的政策实践话语，引用多源流框架（Multiple Stream Framework）和倡导联盟框架（Advocacy Coalition Framework）作为社会工作者影响社会政策的工具（Almog-Bar & Schmid，2014；Weiss-Gal & Gal，2014）。这些理论建构为不同情境下的政策实践提供了丰富的分析框架。

2. 社会工作政策实践的模型、策略路径与参与过程

学界对于政策实践的模型、策略路径、参与过程等议题展开了深入探讨。比如，Wyers（1991）提出了政策实践的五个模型，即社会工作者可以作为：政策专家、外部环境变革的推动者、内部工作环境变革的推动者、政策渠道以及作为政策本身（Policy itself）。Figueira-McDonough（1993）提

出了政策实践的四种主要策略：立法倡导、诉讼改革、社会行动和社会政策分析。Gal 和 Weiss-Gal（2015）通过对八个西方国家的实证研究，归纳出社会工作政策实践的五个路径：一是代理人路线，社会工作者通过自治或半自治的社会工作组织影响社会政策；二是招募网络路线，社会工作者通过直接参与社会工作组织发起或组织的活动来影响政策；三是学术路线，社会工作者在学术交流和研究过程中提出政策建议；四是市民社会路线，社会工作者通过组织倡导和社会运动等方式参与政策实践活动；五是内部人路线，社会工作者以国家公职人员的身份在工作场所直接参与政策实践。Pawar（2019）构想了社会工作者参与政策实践的"3P"（Person being, People, Paper）模型，社会工作者要不断提升自身的素质，充分考虑文化背景，与社区、政府、组织等层面的人接触，通过政策分析参与政策实践。Weiss-Gal（2013）和 Weiss-Gal & Gal（2014）等研究了以色列社会工作者作为立法委员会参与者进行政策实践，通过将预讨论事项列入议程、提供信息、提供解释、表达意见和提出建议等直接或间接地参与挑战政策、促进和丰富政策，以此来解决紧急的社会问题或现有政策的局限性问题。无疑，这些研究为探讨我国社会工作领域的政策实践提供了多元化的参考。

3. 社会工作政策实践的主体

学界对社会工作政策实践主体有系统研究，总体而言，可以分为两类。一类是以社会工作者为主体的个体的政策实践。政策实践是由管理者或社会工作者来执行（Strier & Feldman, 2018）。尽管从事宏观实践的社会工作者较少，但他们是践行政策实践的领导者（Reisch & Andrews, 2014）。政策倡导、政策变革、建立联盟、社会运动以及政策研究和分析、影像发声等方法是他们推动政策实践的有效方式（Manyama & Mvungi, 2017）。社会工作者参与政策实践意愿、强度和成效受到个体在参与意识、专业能力和技巧等方面差异的影响（Blue & Goerdt, 2015；Gal & Weiss-Gal, 2015；Pritzker & Burwell, 2016；Weiss-Gal & Gal, 2008；Weiss-Gal & Savaya, 2012；Zubrzycki & McArthur, 2004）。因此，在从事政策实践时，社会工作者需要掌握接触、评估、沟通、问题解决、谈判、网络连接和协作、价值澄清等多方面的技巧（Cummins et al., 2011；Jansson, 1990）。

另一类是以社会服务机构和社会工作者为主体的组织性政策实践。社会服务机构是政策实践的重要主体。研究表明，社会服务机构的政策实践意愿、强度和成效受到众多因素的影响，如资金来源、组织成员参与决策情况、组织间的交往强度、组织类型、组织的职业化程度、组织参与意愿、影响力、组织与政府的关系等（Chaves & Galaskie-Wicz, 2004; Gal & Weiss-Gal, 2020; Zhang, 2017; Zhang & Guo, 2012）。

而诸多政策实践的实际操作表明，这两类政策实践并没有清晰的界限，往往个体的政策实践是通过组织性政策实践来实现的，而组织性政策实践也离不开组织中某位有影响力或有能力的个人来完成。

4. 社会工作者参与政策实践的影响因素

有文献指出，社会工作者参与政策实践的影响因素是多元交织的，包含政治民主制度（Feldman, 2019）、政府部门（Gal & Weiss-Gal, 2015）、组织因素（Gal & Weiss-Gal, 2020; Zhang, 2017）、个人能力因素（Cummins et al., 2011; Jansson, 1990）等。例如，Gal 和 Weiss-Gal（2015）认为社会工作者在政策领域的参与及其形式取决于其对政府部门的了解程度，以及他们所属机构的组织文化在多大程度上促进了政策实践，社会工作者参与政策实践的积极程度也与职业化进程以及个人特征和价值观有关。

5. 政策实践教育

围绕如何进行政策实践教育，不同学者给出了不同对策。例如，Rocha（2000）和 Sherraden 等（2015）学者认为体验式学习可以引导学生学习政策实践，带领学生研究当代社会问题的起因、潜在的解决方案，为学生提供在政策实践中获得知识和实践技能的机会，从而培养学生参与政策实践的能力，例如说服能力、利用媒体的能力、建立任务小组的能力。Zubrzycki 和 McArthur（2004）通过对澳大利亚天主教大学社会工作教育过程的研究发现，政策和实践在教育中被视为两个独立的实体，在教育课程中增设政策技能教学，不仅能够增强社会工作专业的学生对政策实践的信心，还能够帮助学生发展政策实践的动力与能力。

可以看出，社会工作领域政策实践的研究呈现多元化格局，为深入探讨我国民办社工机构政策实践路径带来诸多启示。但我们仍需认识到，由于国外社会工作语境下政策实践的发展背景、政治制度环境和参与主体性与我国有诸多不同（马凤芝，2014；张洋勇、徐明心，2022），政策实践在我国的具体操作路径还有待进一步考证。

（四）社会工作中的政策实践探索

深入解读已有文献可以发现，社会工作政策实践在全球各国面临一些共性的挑战。具体到我国，研究也给出了诸多应对策略。

1. 国际上，社会工作领域运用政策实践面临诸多挑战

尽管政策实践对社会工作有独特的重要性，但也面临来自制度或政策环境、社会工作教育、社会工作专业化与职业化等方面的诸多挑战。

首先，制度或政策环境在一定程度上影响了政策实践的空间和可能性。一方面，政府在试图缩小规模的同时又努力扩大权力。不对等的政社关系使得社会服务机构难以在政策制定与实施过程中发挥主体作用，进一步影响了社会工作者参与国家或地方政策的空间（Jones，2001）。另一方面，在政府购买社会服务背景下，社会服务机构对政府资金的依赖限制了其参与政策实践的自由度（Strier & Feldman，2018），Schmid 等（2008）进一步指出，非营利组织对政府资金的依赖与社会工作者参与政策实践之间存在负相关。为了避免使社会服务机构陷入危险的生存境地，机构和社会工作者通常会避免参与挑战国家或地方政策的实践活动。

其次，社会工作教育在宏观层面的式微给政策实践带来负面影响。一方面，社会工作教育者对政策实践的忽视。社会工作教师较少关注宏观社会工作，使得学生缺乏对宏观实践的兴趣或理解，毕业后对政策和法规的了解不足，难以运用政策和法规帮助服务对象解决问题（Rothman，2012）。另一方面，社会工作者与社会工作学生的实践偏好。有研究认为政策内容与他们所选择的实务领域缺乏直接关联（Linhorst，2002；Rocha，2000），政策实践只适合担任相关职务的人（Jansson，2014），他们更希望学习临床技能而忽视政策实践，缺乏政策实践所需的知识和技能。社会工作教育在宏观实践层面的缺失直接导致社会工作者参与政策实践的意识不足、专业能力和技巧匮乏，影响政策实践参与的意愿、强度和成效（Blue & Goerdt，2015；Gal & Weiss-Gal，2015；Weiss-Gal & Gal，2008；Weiss-Gal & Savaya，2012）。

最后，专业化与职业化进程在一定程度上会限制社会工作者推进政策

实践。在专业化进程中，社会工作在政治舞台的话语权逐渐式微（Specht & Courtney，1994），容易忽视公共社会服务和公共领域作为干预的合法场所（Haynes，1998），从而削弱社会工作者作为社会活动家的作用，增强顺从行为。同时，职业化也在一定程度上影响着社会工作者的价值观、态度、职业认同和效能感（Gal & Weiss-Gal，2015）。有学者认为，职业化意味着社会工作者倾向于接受社会和政治现状、寻求社会公众的认可、追求更高的职业地位，而这一过程使社会工作远离了社会改革的传统，削弱了它对社会行动的关注（Karger & Hernández，2004），容易阻碍社会工作者参与政策实践。

2. 我国社会工作领域的政策实践：挑战与机遇并存

已有文献指出，我国社会工作领域的政策实践总体上式微，亟待相关议题的实证研究；同时，也认为存在诸多发展机遇。

一方面，社会工作政策实践在我国的呈现较为不足。很多学者关注到社会政策与社会工作的关系，强调社会政策对社会工作发展的重要作用（冯元、彭华民，2016；李迎生、李冰，2016；仝秋含，2019；王思斌，2006），但较少研究社会工作者如何参与和影响社会政策的实践过程，亟待相关议题的实证研究。正如马凤芝（2014）所言，社会工作学术界虽然将政策实践纳入研究领域，但甚少将其作为社会工作实践的一种方法，而是将社会政策视作一种静态的制度框架，把社会工作看作政策的传递系统，缺乏动态的政策实践视角。此外，我国现阶段的政策实践缺乏计划性和系统性，更多是微观服务的延伸而未形成专门的实践领域，仍是服务为本的制度性政策实践模式，尚无专门针对民办社工作机构政策实践的研究（蔡天等，2020）。社会工作领域的政策实践依然面临尴尬处境。

社会工作政策实践在我国式微的尴尬局面，与我国的制度环境、实践主体、社会工作实践路径取向偏好等因素有关。政策实践逐渐呈现服务购买方将社会工作"工具化"的特点（肖小霞等，2013；Zhang，2022）。从政策实践的参与者和渠道来看，政策实践过程缺乏面向社会工作者的"去中心化"或"去精英化"参与机制，使得仅有少量骨干社会工作者或者其中的精英分子参与政策实践，他们扮演的更多是针对调研、立法文本提意见的单向度角色（韩央迪等，2018）。从实践主体来看，由于社会工作教育和职业培训更加注重直接服务能力的培养，导致社会工作者政策实践意识薄弱，能力和技巧缺乏，而且以社会服务机构为主体的政策实践也面临诸多阻力，相关研究基本空白（蔡天等，2020）。从社会工作实践路径取向偏好来看，微观和直接的服务与实践突出，而社会层面干预明显失衡，社会工作实践路径取向在中国情境下存在着"技术化""微观化"偏好，走向"个人改变"取向，忽视其"社会性"或"社会改变"取向（甘炳光，2010；张和清等，2011），这直接导致宏观层面的政策实践发展受阻。

另外，当前我国社会工作政策实践仍然充满机遇。首先，我国社会工作是在政府的宏大叙事和政治话语下推动的（何雪松，2020），所以地方性政策实验的特色机制和政府购买服务的推行为社会工作机构参与政策实践提供了良好的政策背景（蔡天等，2020；韩央迪等，2018）。其次，社会工作学者通过参与某些社会政策的制定，发挥着部分参与社会治理和政策实践的作用（王思斌、阮曾媛琪，2009），为社会工作专业共同体下的政策实践奠定基础。再次，随着实践的不断推进，社会工作者开始重视反思意识和态度，可以透过话语知识生产的途径来推动宏观社会结构或社会政策的改变（卢玮，2019；张和清，2011）。最后，随着民办社工机构的不断发展，在与地方政府、社会互动过程中逐渐形成自己的话语体系，开始获得更多政策实践机会（黄晓星、杨杰，2015；Zhan & Tang，2012）。在此背景下，社会工作领域可见少量聚焦政策实践的实证研究，比如，韩央迪等（2018）通过访谈青少年社会工作者，总结出他们对政策实践的认识、看法与影响实践的因素；蔡天等（2020）通过访谈36位参与过政策实践的社工督导，总结出以服务为本的制度性政策实践模式。但此类实证研究亟待丰富。不难看出，国内关于政策实践的研究大多是对既有研究的总结，缺乏实证数据的支持，缺乏对我国社会工作政策实践过程的深入探索。

综上，学界对政策实践的意涵有较为清晰的界定，将政策实践视作社会工作的一种行动选择已有普遍共识。围绕社会工作政策实践的不同研究议题，政策实践面临的挑战，以及在我国当前社会工作语境下的发展机遇，学界虽展开了丰富的探讨，但国外社会工作政策实践的发展背景、社会制度和社会工作实践路径等与我国有诸多不同，这使得国外政策实践的研究及其具体实践路径在我国的应用还有待进一步考证。当前我国对于社会工作政策实践的相关研究与实务经验的探讨显得非常不足，而以机构为基础的政策实践作为社会工作中宏观层面的实践方法，其具体路径亟待深入的实证研究。

三 研究方法

（一）个案研究

本研究采用个案研究方法。聚焦一个民办社工机构的政策实践，对其进行深描、解释和分析，以小见大，探索社会工作机构政策实践的可能性路径。

（二）个案介绍

本研究选取 X 市 H 社工机构（以下简称"H 机构"）作为个案。H 机构是 X 市 J 区首家在民政局注册登记、由民间发起成立的专业社会工作服务机构，获 4A 等级认证，机构主要服务老年人、青少年、失独家庭等人群。

选择 H 机构有两点考虑。一是 H 机构是由社会工作专业毕业生发起成立的民间社会工作服务机构，具有较强的代表性。而且，机构在创立和发展的过程中，不仅致力于运用专业方法提供高质量的社会服务，还多次参与 J 区社会工作政策实践过程，用切身行动参与政策实践以提升辖区服务群体的福祉，对 J 区甚至 X 市社会服务政策都有深远的影响，具有较强的典型性。二是 H 机构属本土社会工作服务机构，同国内其他民办社会工作机构一样在相似的情境中生存和发展，其政策实践参与的经验对其他机构具有启示性。

（三）资料的收集和分析

本文主要通过半结构访谈、文献法和实地观察等方法收集研究资料。

首先，通过项目评估、顾问和督导等方式跟进 H 机构的成长和发展长达四年多。其间，分别于 2018 年 8 月、2021 年 1 月深度访谈了 H 机构的创始人 C，两次访谈均超过 2 小时。第一次访谈内容包括：创始人和机构负责人 C 从大学接受社会工作专业教育开始，一直到访谈时间节点时，整个职业生涯过程中的叙事，侧重面临的挑战和应对策略；H 机构在发展过程中面临的挑战和应对策略。在第一次访谈中，社会工作专业服务与政策实践的叙述作为 C 和 H 机构应对策略的一部分，令笔者印象深刻。第一次访谈后的两年多时间实地跟进，发现 H 机构在社会工作政策实践领域的产出和成效明显，于是就有了第二次深度访谈。第二次访谈的内容主要聚焦 H 机构的政策实践，包括 H 机构服务项目的推进过程、与政府相关部门的沟通过程、在服务和项目推进过程中参与政策实践的经历和策略、其中的困难和应对方法等内容。两次深度访谈均在获得知情同意后录音，转录文字稿近六万字。

其次是文献法和实地观察法。在四年多的实地跟进过程中，一方面，收集了有关 X 市和 J 区与社会工作发展相关的政策文件 10 余份（尤其是跟 H 机构实践和参与相关的政策文件），以及 H 机构的介绍、年度总结和项目评估报告等资料 10 余份，共计 10 万余字。另一方面，第一作者在实地观察过程中，撰写了与 H 机构政策实践相关的简要观察记录 10 余份。

本文以两次深度访谈的资料分析得出的主题框架为主轴，其他研究资料起到辅助、拓展和佐证性作用。对访谈资料的分析，借助 NVivo 软件，遵循扎根文本编码和主题分析方法，分为如下几个步骤。（1）研究者遵循扎根文本和开放编码原则，对两次深度访谈资料分别进行逐段逐句的人工编码，创建了"H 机构开办经验介绍"、"H 机构创始人生涯经历"、"H 机构政策实践经验"、"对评估的态度"、"对行业未来的所思所想"和"H 机构项目发展概况"等 6 个编码节点，共计 180 余条编码内容。（2）初步编码完成后，课题组成员针对上述编码节点和内容进行第一次交流讨论，整合、提炼编码，建立以"先做再谈"与"边做边谈"、"抓住契机"、"保证宏观政策落地"、"家庭支持"和"坚守社工初心"等 5 大编码节点为主要框架的政策实践编码体系，编码内容共计 70 余条。（3）编码体系确定后，课题组成员再次就访谈资料和编码体系进行回顾与分析，优化编码体系，梳理、归纳与研究主题相关的编码，构建出 H 机构政策实践路径的主题分析框架，一是"需求匹配"，二是"扎根专业服务和服务成效呈现"，三是"政策实践素养和能力"。

四 研究发现

研究发现，H 机构主要采取了由"需求匹配""扎根专业服务和服务成效呈现"构成的自下而上的政策实践路径，而机构负责人和骨干社会工作者所具备的政策实践素养和能力，使得 H 机构的政策实践成为可能。具体路径论述如下。

（一）需求匹配：获得政策实践的"进场"资格

需求匹配是 H 机构获得服务项目，进而开展政策实践的第一步。在介入初期，H 机构极力寻找对话的机会，寻求相关方的支持，但是囿于身份问题"碰了不少钉子"，遂把"需求"作为突破第一重困境的关键性策略。资料显示，H 机构为解决政策实践的"进场"问题，以政策规定和政府诉求为导向，先后与 J 区老龄办、文明办、团委、各街镇对接，回应需求，开展合作，获得了在居家养老、社区书院、青少年服务、党群服务等领域开展社会工作服务项目的机会。

以 J 区社区书院项目为例，2015 年上半年 X 市委、市政府提出要把社区书院建设成为凝聚共同精神、宣传社区文化、活跃社区生活的重要载体，各基层政府要认真贯彻市委、市政府建设社区书院的指示，但是苦于人员和资金不足，大部分社区挂牌成立的社区书院空置。彼时，基层政府急需社工机构的专业服务来解决有场地无服务的困扰。2015 年 5 月，H 机构在 J 区文明办、镇街分管领导的支持下正式介入 KC 社区社区书院项目。后续，以此为基础，为了使社会工作获得介入社区书院建设的合法性和合理性，在 H 机构的努力争取和多方共同推动下，2016 年底，J 区市委文明办正式出台《关于社区书院项目纳入政府购买服务指导目录的试行意见》《2017 年 J 区社区书院建设实施方案》《2017 年 J 区社区书院管理办法（暂行）》三份政策文件，提出可在"社区书院"建设中引进社工机构开展社会工作专业服务。至此，J 区以 H 机构为代表的社工机构正式获得在社区书院平台上开展专业服务的准入资格和身份。到 2017 年底，参照文件，J 区 20 余家社区书院，总共 21 个项目，均采用"社区书院引进社会工作服务"的形式。社区书院的建设为 J 区社会工作服务开辟了新的专业空间。后续，随着社区书院建设转向"新时代文明实践站"，H 机构和 J 区的成功示范效应助推了 X 市 2021 年出台关于推行政府购买服务的意见，全市几乎在所有站点引进社会工作专业服务。

其中，在政策实践"需求匹配"过程中，重视对政策解读和对政府需求的理解、常态化汇报机制值得深入探讨。

1. 重视对政策解读和对政府需求的理解：政治把握能力

参与政策实践要求具备极强的政治敏感性和政策分析能力，实质上这是一种政治把握能力（孙发锋，2019）。H 机构尤其重视政策解读的重要性，并将持续性的政策学习作为机构内部学习的重要内容，以此来提升对政府需求的理解。2019 年 J 区委办公室印发进一步加强和改进社区书院建设的相关工作方案，提出分阶段稳步推进 J 区所有社区书院全部建成新时代文明实践站的要求，对此 H 机构内部立即开展学习，通过对文件的解读，H 机构进一步明确了工作重点。

> 我们刚开始接手（新时代文明）实践站项目是做硬件的，后面几年才转到软件（服务）上来，之所以做出这样的转变，也是出于对（新）政策的解读，[政府部门发展（新时代文明）实践站]，当时更多地强调提升居民的文化素养……提升社会组织自我发展能力方面的诉求。（H 机构负责人 C）

H 机构内部设有研习日和学习小组，骨干人员会定期参加，形成良好的政策学习传统，这为其后续的政策实践打下了基础。比如：H 机构曾敏锐地察觉到在居家养老服务中政府对兜底性社会服务项目的态度，因此，提出一些政策修订的建议。

2. 常态化汇报机制促进参与政策实践

H 机构与政府部门建立了积极、常态化的汇报机制，通过日常联络、材料提交、问题报备等方式来提高项目和服务的可视化与曝光率。

> 我们机构每个月 25 号（日）必须出一份月总结、月计划给政府……我们跟政府沟通是非常职业化的，并且每周、每个月的沟通都不能少，因为我希望他们学会跟政府沟通，而且让政府知道我们在干什么事情，提高在政府层面上的影响力……而且，只要政府有需要，我们会毫不吝啬地把材料提交给他们，目的就是让政府去感受到我们确实是能够

帮它们解决一些问题的，涉及比较敏感的信息，其实政府他们（工作人员）保密意识比我们还强……我们的做法是有问题及时报备，有问题不要让领导来找你，首先要自我发现，然后去跟领导沟通"我这边可能会有这个问题"，然后才能有机会参与或影响相关政策的出台。（H机构负责人C）

可以看出，H机构与政府部门之间的常态化汇报和良性互动，既是一种直接的工作方式和渠道，也是其后续参与政策实践的润滑剂。

（二）扎根专业服务和服务成效呈现：H机构参与政策实践的基石

在H机构的政策实践过程中，坚持扎根专业服务、尽力呈现服务成效是其参与J区政策实践和影响S市政策出台的基石。具体而言，有下列两个层面的路径表现。

1. 扎根专业服务，让项目服务成效"被看见"

首先是扎根专业服务，选择"易感性"项目。H机构主要有两点考虑：一是围绕政策实践的焦点问题，把主要精力投入专业服务，扎根社区服务，以期在有限时间内获取最大的社会效益；二是选择一些看得到、感受得到服务成效的项目，把服务成效体现在感官（看了就说"好"的）层面上。因此，在扎根专业服务的基础上，"见效快""易显现""关注度高"成为H机构在目标选择与识别方面的关键词，按照这一思路，H机构介入了J区的首个社区书院项目，并助推了J区在社区书院整体工作推进中引入专业社工力量的政策文件的出台。

我们从2016年的5月开始介入KC社区书院……基本花了三个多月的时间，用社工方法和技巧，把KC社区书院从全市倒数，做到全市前三……为此，到了2016年底，区文明办出台了一个社区书院引进社工服务的指导意见（政策文件）。（H机构负责人C）

其次是抓住项目服务成效"被看见"的机会和平台。正如H机构负责人C所言：

2016年9月，（我们抓住机会），X市六个区的文明办和部分街镇的分管领导来我们承接项目的KC社区学习社区书院的运作方式，（事后，KC社区和我们机构）得到高度认可。此后，J区近20家社区书院加一个中心，总共21个项目，都采用引进购买社工服务的方式进行。这些都与我们的努力推动是分不开的。（H机构负责人C）

值得一提的是，在政策实践的初始阶段，H机构处在一个缺乏信任基础的环境中，以"单打独斗"的方式进行政策实践。为了开发一个社会工作可以充分发挥政策影响力的政策实践领域，H机构不遗余力，以一种"赔本赚吆喝"的方式，深耕专业服务，吸引主管部门的注意。

因为（我们）没有选择的余地，不做就不会有机会。就像我们的青少年项目一样，前面半年没有钱，但不做项目就没了……社区书院如果不做，KC社区成功打造成为全市试点项目也无从谈起。哪怕我们6月开始做，12月才签合同，我觉得没有关系啊，因为签完合同之后就意味着社工在这个领域就打开了。只要愿意签（合同）我们就有机会。（H机构负责人C）

2. 让服务成效"发声"

H机构进行服务成效的宣传和推广，主要从业缘关系出发紧密联系不同利益相关方，采取多种策略，让服务成效向不同利益相关方尤其是政府部门"发声"。正如H机构负责人C所言："社工不能闷声做事，现如今早就不是'酒香不怕巷子深'的年代了，整个行业要发展就需要有人率先站出来为其发声。最后成功地把我们取得的成绩'卖'出去才是我们真正希望看到的。"一方面，这可以回应对服务成效的质疑；另一方面，这可以助推H机构参与J区的政策实践。

做出服务成效之后，其实我就是一个原则，我做好事，就要自信、大声地说出来……我们做出的成效一定要让政府知道，因为这是新的行业，政府也不了解我们，你不说，我不说，社工只是默默地做事情，

整个行业就全被埋没了。（H 机构负责人 C）

H 机构的宣传推广策略概括起来有四点。

一是善于讲"好"故事。H 机构采用情境化、故事化的策略，讲述服务成效产生的过程，增强真实性与感染力。一直以来，H 机构要求项目人员悉心留意并记录下日常工作中的精彩瞬间与感人的故事，并用文字和镜头进行叙事，讲述社工自己的"好"故事，这些素材会成为项目成效推广的直接证据。

> 作为机构老板，要特别注重对机构、对服务的宣传。举个例子，我们有一位做青少年项目的社工，为了服务一名案主，每次都要转两三趟公交车，从办公室到案主家里。这样的例子就需要讲出来，让更多的人知道……我知道这个事情，我就跟他说："你拍几张照片给我，我要发朋友圈。"（H 机构负责人 C）

更进一步的，H 机构看重项目品牌打造，力图针对不同类型项目的服务成效，打造典型性的示范项目。

> 我们并不会止步于当前取得的服务成效，进一步的，我们要创品牌（项目），例如，（社区）书院项目以 KC、BS 社区为代表；团委的项目当属 XB 社区；党建项目以 C 大厦最为出色……（我们）通过创品牌项目让政府意识到社工服务的重要性。（H 机构负责人 C）

二是拜访关键领导。H 机构通过拜访政府部门的领导，争取推介机构和项目的机会。按照负责人 C 的话说是"好的关系都是磨出来的"。

> 为了一个项目我会经常登门拜访领导……借这个机会向他们讲一下，约他们有时间去视察我们的项目。哪怕领导只有三分钟时间，或者只是在门口打了个照面也好……久而久之，领导看你实在，就会答应下来。（H 机构负责人 C）

政府部门领导的支持和背书为 H 机构和社会工作行业发展带来助益，同时，也直接影响政策实践的走向。负责人 C 曾感叹道：

> 有一位支持和理解我们（社会工作）的领导，对机构助益良多，多亏了那位书记为我们"背书"多年，机构才能逐渐壮大起来。（H 机构负责人 C）

> 进一步的，我会去请相关部门的领导过来看（项目点）。我们去磨……不磨的话，这个团队和行业生存不下去，不出政策就散了。（H 机构负责人 C）

三是利用好路演和展示机会。H 机构充分利用政府部门举行的社区现场会、调研活动、各种路演的展示机会，使服务成效外显，取得不错效果。例如，H 机构通过成功展示 X 社区"农村幸福苑"项目的成效，争取到 J 区老龄办和宣传部门的认可和支持；在介入居家养老服务时，通过促成一次现场会，使 J 区老龄办把原本排除在招标资格之外的社工机构写入其中；在一次 J 区文明办组织的会议中，成功说服 J 区文明办以政府购买社会工作服务的方式推进本区志愿服务项目的开展，并以政策文件的形式在志愿服务领域引进了社会工作服务。

> 当时我们在做 KC 社区项目的时候，当时的市委宣传部部长、区委书记亲自下来视察我们的工作，借此机会我们把机构近期在项目上取得的成效向领导进行了汇报……他们现场反馈"可以做一些推广"，后面才有了 J 区一系列新时代文明实践站相关文件的出台。（H 机构负责人 C）

四是重视和运用社会工作第三方评估。H 机构始终坚持将服务成效评估作为项目管理周期的重要一环，并一直重视和运用社会工作第三方评估，借助第三方的专业评估来客观、系统地呈现 H 机构的公信力和项目的服务成效，从而影响政策实践。

　　我们坚持一个原则，没有评估，这个行业发展就不规范。机构所有项目都要请专业的第三方评估机构来评估……我们就是需要评估帮助机构扩大服务成效的影响力，客观地向政府、合作方等呈现我们的专业性。因此，政府部门才会看重我们机构实施项目的示范性作用，进而通过出台政策文件在全区乃至全市推广。（H机构负责人C）

　　H机构的经验表明，扎根社会工作专业服务在其政策实践过程中是根本，没有良好的专业服务成效，政策实践就没有根基。在此基础上，讲"好"故事，打造品牌项目，让政府部门的领导"看见"服务成效，把握关键性的现场会、调研活动、路演等展示机会，重视和运用社会工作第三方评估等，彰显了H机构在政策实践过程中的公信力和利益表达，也让H机构能获得参与J区相关政策出台和修订的机会，进而影响S市相关政策的出台。

（三）政策实践素养和能力：机构投身政策实践的重要条件

　　除了上述两条政策实践的路径，H机构的政策实践与负责人C以及骨干社会工作者具备基本的政策实践素养和能力密切相关，这是H机构能够在政策实践领域有所建树的重要条件。概括起来，主要表现在以下三个方面。

　　1. 坚守职业初心，专注专业共同体建设

　　在践行专业使命和职业初心方面，负责人C传递出强烈的专业共同体意识，这也是促成H机构能深度参与J区政策实践的重要因素。

　　我们的使命就是踏实把社会工作做好，一个行业的良性发展绝对是百花齐放，不是一枝独秀，所以我想看到的是一个美美与共的环境。社会工作本就是一个共同体，应该是百花齐放的……我们垄断不了，如果垄断，这个行业只会消失，而不是共赢。所以，我自己定位很清楚，我（机构）做不了那么大……（H机构负责人C）

　　基于使命和初心，H机构展现的是高度的社会责任感、务实的工作作风，秉承专业伦理，维护H机构和行业的专业形象，进而提升在政策实践过程中的影响力和话语权。

> 专业形象太重要了。现在，J 区各街镇、部门在研究相关政策的时候都会邀请我们机构参加。而且，我们与各个口的合作都很好，在工作配合度、服务成效上，我们机构的专业形象一直很好，专业而务实，街镇和各部门对我们挺支持的。（H 机构负责人 C）

2. 政治把握能力和服务成效的呈现能力

如前文所述，H 机构负责人 C 非常注重对政策的解读和把握，而且，还带领机构骨干社会工作者不断提升政策解读能力，具备较强的政治把握能力。同时，在 H 机构基于服务成效的政策实践过程中，负责人 C 和骨干社会工作者体现了良好的服务成效总结、提炼和汇报能力。

> 我们（机构）每月有两天研习日，各项目间相互参观学习，项目负责人就要负责好每次研习日的接待工作，思考怎样将项目特色、优势介绍给大家……所以，我们的接待能力很强，而且又能够提炼，汇报讲解能力又很强，做服务踏实负责，政府领导对我们机构的信任倍增。（H 机构负责人 C）

3. 必要的政策实践沟通互动能力

在 H 机构，负责人 C 直接负责对外的联络及重大事项的沟通事务，骨干社会工作者（项目主管以上级别人员）在负责人 C 的带领下，经过培训后会承担一部分与政府主管部门直接沟通的职责。因此，他们具备必要的沟通互动能力，能与政府主管部门，如 J 区民政局、文明办、团委、老龄办等，建立和维系关系，发展支持网络，获取政府资源，并就有关政策实践进行必要的沟通和动员。

> 我们很重视跟政府部门的沟通，我会带我们机构的几个骨干出去和民政（局）、街道的主管领导直接接触，告诉他们要大胆地去对话，因为他们是管理层，对机构和行业发展负有责任。（H 机构负责人 C）

具体而言，下面三个方面的沟通互动能力表现突出。

首先，与关键人物和主要领导沟通。H机构主动对接J区各街镇、民政局、老龄办、文明办等部门主管领导及工作人员，寻求关键人物的支持。而且，借由关键人物引路，H机构得以接触更多的政府部门领导和政策资源，解决其参与政策实践进场难的问题。H机构的第一个项目，就曾经得益于一位退休的区委书记。

> 后来，J区的一位退休书记，因为亲身感受到我们的服务成效，就拿着我们的项目书去找街道领导谈……后面才有了第一个项目……关键人物的引路太重要了。……换句话说，我们能够有今天的政策影响力，跟我们的沟通策略（与关键人物和主要领导沟通）分不开。（H机构负责人C）

其次，掌握政府部门的话语体系。起初，H机构与J区各政府部门的对话并不容易，因为H机构代表的社会组织的话语体系与政府部门的话语体系在诉求上有明显差异。为了更好地理解政府的话语体系，H机构试图转变话语体系，基于双方共识或共同面对的社会需求，学会用政府部门的"语言"跟他们进行沟通。负责人C曾提出：

> 在与政府沟通的过程中应尽量避免一味地讲专业，多讲一些双方可以在短时间达成共识的内容，比如服务取得的成效、成功的案例以及服务指标的达成情况等。

> 我始终觉得，（在与政府部门沟通时）先不要总是讲专业，因为专业会增加我们的神秘感，导致不能贴近政府部门需求……因此，需要改变，学会懂得他（政府）的"喜好"和"关注点"，方便他（政府）更好地认识我们……在跟领导接触的时候，一定要让他们知道我们在做什么事情，他们要听成效我们就讲成效，要听案例我们就讲案例，不管是服务的数据还是服务的细节我们都有。这样，我们社工机构才能跟政府部门共谋发展，推进政策实践。（H机构负责人C）

值得一提的是，H 机构成功的政策实践活动并没有以牺牲社会工作的专业自主性为代价，工作者会将规范化、专业化的服务理念和方法融入具体服务过程，并体现在相关的政策建议中。J 区新时代文明实践站项目的相关指导文件就在很大程度上借鉴了社会工作项目的购买服务指标。

> 不要一开始就去跟政府（工作人员）讲专业，你对专业的诉求应该是在满足政府需求之后，再去慢慢地让政府（工作人员）去感受到社工的专业价值，然后，才能真正采纳建议，出台相关政策推动社会工作发展来服务民生需求。（H 机构负责人 C）

最后，以"共谋发展"身份参与政策实践。在政策实践过程中，H 机构发现以政府"共谋发展"身份参与政策实践有利于突破科层制下的沟通壁垒。"共谋发展"意味着以局内人身份设身处地思考问题，理解政府在制定政策过程中的顾虑和期许，H 机构和其他社工机构一道与政府部门共担使命，共赴未来。负责人 C 曾提到，政府部门会有一些顾虑，政策会不会只是被个别机构独享：

> 说实话，我们机构是完全有实力全部承揽的，那为什么没有这么做呢？因为我知道政府一直存在一个顾虑就是怕这个政策到最后只是为 H 机构一家出的，这样的顾虑我们是可以理解的……所以，在最开始和政府部门讨论这项政策的时候我就向政府部门进行澄清，并且做出承诺，政策面向全市，然后把全市社工机构名单附给他，让政府部门放心，这也在一定程度上成就了我们如今在政府部门中的形象。（H 机构负责人 C）

五 讨论和结论

综上，不难发现，需求匹配使 H 机构获得政策实践的"进场"资格，扎根专业服务和服务成效呈现，让 H 机构的服务成效"主动被看见"，让服务成效"发声"。而机构负责人和骨干社会工作者具备基本的政策实践素养和能力，是 H 机构投身政策实践，让政策实践成为可能的重要条件。基于此，有以下几点值得展开讨论。

扎根专业服务与服务成效呈现的兼顾。从政策实践的前提来看，专业服务是我国社会工作政策影响力的基础，也是社会工作由微观服务迈向宏观实践的关键，本研究进一步肯定和验证了"以服务为本"的政策实践内涵（蔡天等，2020）。同时，该研究还拓展了在政策实践过程中，以"以服务为本"的基础，服务成效呈现的重要性，实属服务型政策实践。社会工作的核心内涵是提供关爱的专业化服务（童敏，周晓彤，2021），专业服务成效是社工机构最亮眼的名片。在政府购买社会服务背景下，由于机构对资金的依赖，社会工作专业实践倾向"以方法为本"，导致机构常常疲于应对购买方的"绩效考核"，服务成效难以呈现和被"看见"，也难以发挥其影响政策的功能（赵万林，2017）。这使得大量社工机构即使专业服务做得深入、踏实，也依然难以涉足政策实践。该研究中，H 机构扎根专业服务，还尤其重视专业服务成效的梳理和呈现，以及服务成效的宣传和影响扩大。这有利于政府部门和政策制定者或领导"看见"社会工作的专业价值，意识到社工机构参与政策实践的优势和基础。

将多元需求回应融入政策实践。从政策实践的导向来看，该研究强调了政策实践要把握政府需求和政策发展需求，这是 H 机构参与政策实践的"进场"资格。社工机构和社会工作者在政策实践领域的参与形式取决于其对政府部门的了解程度（Gal & Weiss-Gal，2015）。在当前我国政社关系不对等的制度背景下，机构和社会工作者需要"迎合"政府部门阶段性发展"需求"、决策者的态度与价值偏好，以获得其信任，这是社会工作发挥政策倡导功能的前提（赵万林，2017）。该研究进一步强调了，社会工作者在参与政策实践时努力维持与政策制定者或政府部门之间的信任关系，主动考虑政策建议的可接纳性，以保障政策参与渠道（蔡天等，2020）。获取信任的前提是能够把握政策制定者的需求以及社会政策的发展趋势，进行必要的政策解读（张剑，2015；Pawar，2019）。由此，带来的疑惑是，政策实践除了需要回应政府部门或政策发展需求之外，是否需要兼顾服务对象、社会工作者以及社工机构的发展等多元化需求。实际上，在 H 机构的政策实践过程中，这些多元化需求都能被有机地融入进去，比如 J 区各街镇老人和青少年的需求、社会工作者岗位设置和专业社工机构发展等，都在 H 机构推动 J 区出台的发展社区书院、新时代文明实践站、引进社会工作专业服务的相关政策文件中得到了较为有效的回应，H 机构在其中扮演了多元利益相关方潜在代理人的角色。这表明，在 H 机构的政策实践过程中，多元化需求的回应可以被有机地弥合。

民办社工机构政策实践场域的互动性和契合性。社会工作的基本逻辑框架突出人与环境的互动，要求重视环境的作用（童敏，2009）。在专业实践过程中，社会工作者和社工机构也要持续关注自身与社会环境中各场域的互动关系。而政策实践的场域通常包含立法、司法、行政等行政层次，以及社区、社会组织等系统（马凤芝，2014；赵万林，2017；Iatridis，1995；Rocha，2007；Weiss-Gal，2016），社工机构是在与场域中各个系统的互动关系中形成政策实践的影响力，系统的多层次性和复杂性也会给政策实践带来挑战。该研究中，H 机构的政策实践过程很好地诠释了，在我国社会工作职业化初期，政策实践常见、可能的场域在何处，社工机构重视与场域中利益相关方的互动关系，例如，H 机构依托扎根不同社区情境下的专业服务，与 X 市 J 区党委宣传部文明办、J 区老龄办、共青团 J 区委等系统进行互动和合作，探索政策实践的方式，进行政策倡导，从而促进了 J 区乃至 X 市政策的出台。进一步探究 H 机构在这些系统中能够开展政策实践的原因可以发现，这类系统聚焦不同领域的社会服务，回应不同社会问题，这些与社会工作不同领域的专业使命、服务内容有高度的契合性，业缘关系相近，例如，与 J 区老龄工作委员会合作推进老年人服务、与 J 区党委宣传部文明办共同推进社区服务、与共青团 J 区委合作推进青少年服务等，专业社会工作服务嵌入和相关的政策实践发生在这些系统更具可能性（王思斌，2011；张洋勇，2020）。

2022 年 10 月，党的二十大报告提出："全面发展协商民主"，"完善协商民主体系，统筹推进政党协商、人大协商、政府协商、政协协商、人民团体协商、基层协商以及社会组织协商，健全各种制度化协商平台，推进协商民主广泛多层制度化发展"。社会组织参与政策实践是协商民主的重要内容之一，也是推进全面发展协商民主、发展全过程人民民主过程中不可或缺的一环。然而，在当前政府与社工机构边界模糊的背景下，虽然也存在"上级指引—试点服务—复制推广"这样自上而下的政策实践路径，但其实属于"分散性政策试验"，潜在的政策导向性很明显（蔡天等，2020），与社会组织协商中社会组织的主体性和能动性发挥有明显差异（张链，2020）。

结论：H机构扎根专业服务和服务成效呈现的政策实践做法实质上是一种"自下而上"的服务型政策实践路径。这种"自下而上"的服务型政策实践路径的特征主要表现为：扎根专业服务和服务成效呈现，让专业服务成效"发声"和"被看见"；其前提和基石是重视对政策的解读和对政府需求的理解，通过精准的需求匹配让社工机构获得政策实践的"进场"资格。同时，这种"自下而上"的服务型政策实践还体现了其鲜明的限定条件，也就是机构负责人和骨干社会工作者要具备基本的政策实践素养和能力，这是社工机构投身政策实践，让政策实践成为可能的重要条件。

六 研究启示和建议

（一）社工机构要扎实推进专业服务，增强政策实践的底气

在政策实践过程中，社工机构立足专业服务，将服务成效作为与政府部门对话的前提，发挥"敲门砖"作用。同时，社工机构要重视服务成效的宣传，提升机构的服务知名度，打造服务品牌。可以利用好机构官网、公众号、行业宣传平台、现场汇报会等方式，宣传机构的工作模式及服务成效，树立良好的组织形象；与政府部门建立常态化的沟通机制，定期向政府及相关部门汇报服务开展情况、服务成效及面临的困难，把宣传工作做在平时、做在细节。

（二）社会工作者和社工机构要把握政府和政策发展需求，转变话语体系

当前，我国社会工作发展仍然存在"技术化、临床化"倾向，重视微观服务，强调专业方法和专业技巧，建构了以"专业"为核心的话语体系。即使是在行政体系中与政府进行互动时，也采用这一套"专业"话语体系，

导致社会工作者"所讲的"不是政府"想听的",政府人员很难从众多的专业术语中深入理解社会工作,从而使政策实践难以深入推进。因此,社会工作者在政策实践过程中,应当转变话语体系,不"唯专业论",准确把握政策制定者的需求。

（三）社会工作者和社工机构要重视政策实践和协商民主能力的提升

遵循党的二十大报告精神,包括社工机构在内的社会组织协商是全面发展协商民主,完善协商民主体系中七大协商形式之一,社工机构参与政策实践可以视作社会组织协商民主的重要内容。但现实情况是,社工机构参与政策实践和协商民主能力均较弱,一是自主意识不够,二是主体性缺失、能力不足(谈火生、周洁玲,2018;张铤,2020)。因此,社工机构和社会工作者亟须进一步增强政策实践和协商民主的意识,增强参与过程中的主体性,提升政策实践和协商能力,如扎根专业服务技能、服务成效报告和展示的能力,以及政治把握能力、利益代表能力、调查研究能力、对话沟通能力、政策倡导能力等(孙发锋,2019)。

（四）拓展社工机构参与政策实践和协商民主的渠道与平台

如前文所述,当前我国社工机构参与政策实践和协商民主的路径不畅通,渠道和平台匮乏(谈火生、周洁玲,2018)。因此,可以从两个方面入手:一是借助现有的协商民主平台,包括政党、政协、人大、政府部门、工会、司法等有协商需求的平台,将政策实践和社会组织协商慢慢融进去,探索制度性协商平台和政策实践的参与渠道;二是开辟新的渠道和平台,逐步开放社工机构参与政策实践的通道,比如,推进在政协中设立社会组织界别,在政府购买社会服务项目中期和末期定期召开项目反馈和政策意见征询会,设置专门信箱接收社工机构政策实践的书面报告,继续做深做实社工机构在基层社区与居民的基层协商。

（五）发挥社会工作专业共同体在政策实践中的协同作用

社会工作由微观实践向宏观实践的跨越离不开专业共同体的协作。这里的社会工作专业共同体包括社工机构、社会工作者、社会工作行业协会、开设社会工作专业的高校和专业教师、社区社会组织和志愿者队伍，以及服务对象等利益相关方。首先，高校和社会工作学者可以联合和带领社工机构和社会工作者，展开实践研究，基于研究结论撰写政策建议报告或提案，通过学术路线参与政策实践（Gal & Weiss-Gal，2015）。其次，社会工作行业协会可以充分发挥协会的枢纽和平台作用，增强对社工机构和社会工作者的利益代表能力，在政策实践过程中增强社会工作的话语权。再次，社工机构和社会工作者需要善于运用专业共同体中其他利益相关方的智力并整合资源，深入听取服务对象的声音，协同社区社会组织和志愿者队伍，共同推进基层协商，拓宽自下而上的政策实践路径。最后，社会工作专业教育亟须调整教学重点，在提升社会工作者专业服务能力基础上，需要增加社会政策和政策倡导相关的课程，提升学生政策实践和协商民主能力。

参考文献

蔡天、周燕琼、卢玮（2020）：“由微观服务迈向宏观实践：服务为本的制度性政策实践的本土建构”，《社会工作》第 3 期，第 39~52、110 页。

冯元、彭华民（2016）：“中国社会工作政策发展的背景、动力与价值”，《中州学刊》第 1 期，第 62~68 页。

甘炳光（2010）：“社会工作的‘社会’涵义：重拾社会工作中的社会本质”，《香港社会工作期刊》第 17 期，第 1~9 页。

韩央迪、赖晓苗、周晶（2018）：“社会服务机构中社会工作者的政策实践——基于上海市 A 机构的初步研究”，载王思斌主编《中国社会工作研究》（第十六辑），社会科学文献出版社，第 44~66、176 页。

何雪松（2020）：“积极而非激进：宏观社会工作的中国图景”，《学海》第 1 期，第 119~122 页。

洪浏、Anne Westhues（2018）：“社会政策分析的三种取向与社会工作实践”，载王思斌主编《中国社会工作研究》第 1 辑，社会科学文献出版社，第 99~123、177 页。

黄晨熹（2008）：“社会政策概念辨析”，《社会学研究》第 4 期，第 163~181、244~245 页。

黄晓星、杨杰（2015）：“社会服务组织的边界生产——基于 Z 市家庭综合服务中心的研究”，《社会学研究》第 6 期，第 99~121、244 页。

雷杰、黄婉怡（2017）：“实用专业主义：广州市家庭综合服务中心社会工作者‘专业能力’的界定及其逻辑”，《社会》第 1 期，第 211~241 页。

李迎生、李冰（2016）："走向系统：近十年来中国社会工作政策发展的轨迹"，《社会科学》第 12 期，第 74～83 页。

卢玮（2019）："社会工作实践中的反思：现状、成效与困境"，《探索》第 6 期，第 183～191 页。

马凤芝（2014）："政策实践：一种新兴的社会工作实践方法"，《东岳论丛》第 1 期，第 12～17 页。

孙发锋（2019）："当前中国社会组织协商能力的要素、特征及提升路径"，《学术研究》第 11 期，第 55～59 页。

谈火生、周洁玲（2018）："国外社会组织协商的特点及其启示"，《国外理论动态》第 2 期，第 90～98 页。

仝秋含（2019）："人才队伍建设：政策发展的重点及其配套政策的缺位——基于 2009～2018 年社会工作政策的内容分析"，《社会工作与管理》第 6 期，第 102～109 页。

童敏（2009）："社会工作本质的百年探寻与实践"，《厦门大学学报》（哲学社会科学版）第 5 期，第 60～67 页。

童敏、周晓彤（2021）："社会治愈：一种希望植入式的社区治理"，《社会工作与管理》第 5 期，第 5～13 页。

王思斌（2006）："社会政策实施与社会工作的发展"，《江苏社会科学》第 2 期，第 49～54 页。

王思斌（2011）："中国社会工作的嵌入性发展"，《社会科学战线》第 2 期，第 206～222 页。

王思斌、阮曾媛琪（2009）："和谐社会建设背景下中国社会工作的发展"，《中国社会科学》第 9 期，第 128～140、207 页。

肖小霞、张兴杰、张开云（2013）："政府购买社工服务：道德实践和政治实践的异化"，《理论月刊》第 7 期，第 151～155 页。

张和清（2011）："灾难的社会根源与灾害社会工作"，《开放时代》第 10 期，第 26～35 页。

张和清、裴谕新、古学斌、杨锡聪（2011）：《灾害社会工作：中国的实践与反思》，北京：社会科学文献出版社。

张剑（2015）："政策实践视野中的留守儿童服务探析"，《山东青年政治学院学报》第 2 期，第 11～14 页。

张铤（2020）："社会组织协商：价值、问题与提升路径"，《中州学刊》第 3 期，第 21～25 页。

张洋勇（2020）："嵌入、服务与发展：农村社会工作嵌入性发展的实践过程——以福建省 DC 村项目为例的个案研究"，载王思斌主编《中国社会工作研究》（第十八辑），社会科学文献出版社，第 132～176、213～214 页。

张洋勇、徐明心（2022）："社会工作专业教育的转向：美国的历程和启示"，《社会科学战线》第 6 期，第 232～245 页。

赵万林（2017）："社会工作干预社会政策的路径与方法——政策实践、社会重建与影像发声"，《社会政策研究》第 3 期，第 56～65 页。

Almog-Bar, M., & Schmid, H.（2014）."Advocacy Activities of Nonprofit Human Service

Organizations: A Critical Review. " *Nonprofit and Voluntary Sector Quarterly* 43 （1）: 11–35.

Barusch, A. S. （2006）. *Foundations of Social Policy: Social Justice in Human Perspective* （2nd ed.）, Belmont C. A.: Thomson Brooks.

Blue, E. T., & Goerdt, L. A. （2015）. "Embracing Applied Policy Practice: a Case Study From a Robust BSW Program. " *Journal of Policy Practice* 14: 3–4, 333–346.

Chaves, M., & Galaskiewicz, S. J. （2004）. "Does Government Funding Suppress Nonprofits Political Activity?" *American Sociological Review* 69: 292–316.

Cummins, L. K., Byers, K. V., & Pedrick, L. V. （2011）. *Policy Practice for Social Workers: New Strategies for a New Era.* Boston: Allyn & Bacon.

DuBois, B., & Miley, K. K. （2014）. *Social Work: An Empowering Profession.* Brenda DuBois. Pearson.

DuBois, B., & Miley, K. K. （2019）. *Social Work: An Empowering Profession* （9th ed.）. New York: Pearson.

Feldman, G. （2020）. "Making the Connection Between Theories of Policy Change and Policy Practice: A New Conceptualization. " *The British Journal of Social Work* 50 （4）: 1089–1106.

Ferguson, I., & Woodward, R. （2009）. *Radical Social Work Practice: Making a Difference.* Bristol, Policy Press.

Figueira-McDonough, J. （1993）. "Policy Practice: The Neglected Side of Social Work Intervention. " *Social Work* 38 （2）: 179–188.

Gal, J., & Weiss-Gal, I. （2015）. "The 'Why' and the 'How' of Policy Practice: An Eight-country Comparison. " *British Journal of Social Work* 45 （4）: 1083–1101.

Gal, J., & Weiss-Gal, I. （2020）. Social Workers and the Policy Process: When does Opportunity Knock?" *Journal of Policy Practice and Research* 1 （1）: 6–22.

Haynes, K. S. （1998） The One Hundred-year Debate: Social Reform Versus Individual Treatment. " *Social Work* 43 （6）: 501–509.

Iatridis, D. S. （1995）. Policy Practice, in *Encyclopedia of Social Work* （19th ed.）. Washington D. C.: NASW Press.

Jansson, B. S. （1990）. Social Welfare Policy: from Theory to Practice （pp. 24–27）. Wadsworth Pub. Co.

Jansson, B. S. （2014）. *Becoming an Effective Policy Advocate: From Policy Practice to Social Justice.* Brooks/Cole.

Jansson, B. S., Dempsey, D., McCroskey, J., & Schneider, R. （2005）. "Four Models of Policy Practice: Local, State, and National Arenas. " *The Handbook of Community Practice*, pp. 319–338.

Jones, C. （2001）, "Voices From the Front Line: State Social Workers and New Labor. " *British Journal of Social Work* 31 （4）: 547–562.

Karger, H. J., & Hernández, M. T. （2004）. "The Decline of the Public Intellectual in Social Work". *Journal of Sociology & Social Welfare* 31 （3）: 51–68.

Linhorst, D. M. （2002）. "Federalism and Social Justice: Implications for Social Work. " Social

Work 47 (3): 201–208.

Manyama, W., & Mvungi, A. (2017). "Engagement of Social Workers in Policy Practice in Tanzania: A Case of dar es salaam, Tanzania." *International Journal of Social Work* 5 (1): 1–11.

Meenaghan, T. M., Gibbons, W. E., & McNutt, J. G. (2005). *Generalist Practice in Larger Settings: Knowledge and Skill Concepts*. Lyceum.

National Association of Social Workers (NASW). (2008). *Code of Ethics of the National Association of Social Workers*. Retrieved on November 22 2022 from https://www.socialworkers.org/about/ethics/code-of-ethics

Pawar, M. (2019). "Social Work and Social Policy Practice: Imperatives for Political Engagement. *International Journal of Community and Social Development*" 1 (1): 15–27.

Pritzker, S., & Burwell, C. (2016). "Promoting Election-related Policy Practice Among Social Work Students." *Journal of Social Work Education* 52 (4): 434–447.

Reisch, M., & Andrews, J. (2014). *The Road not Taken: A History of Radical Social Work in the United States*. Taylor and Francis.

Rocha, C. J. (2000). "Evaluating Experiential Teaching Methods in a Policy Practice Course." *Journal of Social Work Education* 36 (1): 53–63.

Rocha, C. J. (2007). *Essentials of Social Work Policy Practice*. New Jersey: John Wiley & Sons.

Rothman, J. (2012). *Education for Macro Intervention a Survey of Problems and Prospects* (Issue brief). Lynwood, IL: Association for Community Organization and Social Administration.

Schmid, H., Bar, M., & Nirel, R. (2008). "Advocacy Activities in Nonprofit Human Service Organizations: Implications for Policy." *Nonprofit and Voluntary Sector Quarterly* 37 (4): 581–602.

Sherraden, M., Guo, B., & Umbertino, C. (2015). "Solving Current Social Challenges: Engaging Undergraduates in Policy Practice." *Journal of Policy Practice* 14 (3–4): 308–332.

Specht, H., & Courtney, M. E. (1994). "Unfaithful angels: How Social Work has Abandoned its Mission." *Journal of Sociology & Social Welfare* 19 (8): 692–695.

Strier, R., & Feldman, G. (2018). "Reengineering Social Work's Political Passion: Policy Practice and Neo-liberalism." *British Journal of Social Work* 48 (3): 751–768.

Weiss-Gal, I. (2013). "Policy Practice in Practice: The Inputs of Social Workers in Legislative Committees." *Social Work* 58 (4): 304–313.

Weiss-Gal, I. (2016). "Policy Practice in Social Work Education: A Literature Review." *International Journal of Social Welfare* 25 (3): 290–303.

Weiss-Gal, I., & Gal, J. (2008). "Social Workers and Policy-practice: The Role of Social and Professional Values." *Journal of Social Service Research* 34 (4): 15–27.

Weiss-Gal, I., & Gal, J. (2014). "Social Workers as Policy Actors." *Journal of Social Policy* 43 (1): 19–36.

Weiss-Gal, I., & Savaya, R. (2012). "Teaching Policy Practice: A Hands-on Seminar for Social Workers in Israel." *Journal of Policy Practice* 11 (3): 139–157.

Wyers, N. L. (1991). "Policy-practice in Social Work: Models and Issues." *Journal of Social Work Education* 27 (3): 241-250.

Zhan, X. Y., & Tang, S. Y. (2012). "Political Opportunities, Resource Constraints, and Policy Advocacy of Environmental NGOs in China." *Public Administration* 91 (2): 381-399.

Zhang, C. (2017). "Nongovernmental Organizations Policy Advocacy and Government Responsiveness in China." *Nonprofit and Voluntary Sector Quarterly* 47 (4): 723-744.

Zhang, Y. (2022). "Structural Barriers and Narratives of Chinese Social Workers' Coping Strategies." *Human Service Organizations: Management, Leadership & Governance* 46 (5): 370-391.

Zhang, Z., & Guo, C. (2012). "Advocacy by Chinese Nonprofit Organizations: Towards a Responsive Government?" *Australian Journal of Public Administration* 71 (2): 211-232.

Zubrzycki, J., & McArthur, M. (2004). "Preparing Social Work Students for Policy Practice: an Australian Example." *Social Work Education* 23 (4): 451-464.

形质互构：社会工作机构的合法化路径研究

——以 S 市 X 机构为例

王洁静　张　昱　秦小峰*

摘　要　本文以 S 市 X 机构的发展历程为个案来探索除解耦之外的合法化路径，将合法化的制度视角和战略视角整合为"结构-建构"视角，以从适应环境到创造环境、从宏观到微观、从外部到内部、从被动到主动的视角来看待和解决合法化问题。本文通过细化合法性评估主体和评估标准将社会工作机构的合法性框架分为政治合法性、行政合法性、法律合法性、社会合法性与专业合法性，探索"细化合法性评估主体和标准—进行合法性要求的匹配性满足—获得相对应的合法性—实现合法化"之路。本文通过对 X 机构合法化路径的分析，发现其"形质互构"的基本特征，进而发现"形质互构"的多重意涵。本研究通过 X 机构的合法化之路提炼社会工作机构合法化的一般模式，提出专业合法性是社会工作机构合法化的基础，政治合法性是社会工作机构合法化的核心的见解，认为社会工作机构通过功能发挥解决社会问题、担负起一定的责任，可以使社会工作机构的合法化从形式性安排走向制度性设置。

关键词　社会工作　社会工作机构　合法性　合法化　形质互构

一　研究问题的提出

《民政部关于进一步加快推进民办社会工作服务机构发展的意见》中将

---

*　王洁静，华东理工大学社会与公共管理学院博士研究生；张昱，华东理工大学社会与公共管理学院教授、博士生导师；秦小峰，山东青年政治学院政治与公共管理学院副教授、社会学博士。

社会工作机构界定为"以社会工作专业人才为主体，坚持'助人自助'宗旨，遵循社会工作专业伦理规范，综合运用社会工作专业知识、方法和技能，开展困难救助、矛盾调处、权益维护、人文关怀、心理疏导、行为矫治、关系调适、资源链接等服务的民办非企业单位"。[①] 有学者将社会工作机构理解为"主要由社会工作者组成的、向有需要人群特别是困难群体提供专业社会服务的社会组织"（王思斌，2014）。2006 年十六届六中全会《关于构建社会主义和谐社会若干重大问题的决定》首次对"支持社会组织参与社会管理和公共服务"做了清晰的表述，提出"建设宏大的社会工作人才队伍"，社会工作机构发展有了制度空间。2010 年中共中央、国务院制定的《国家中长期人才发展规划纲要（2010～2020 年)》中六类重点建设的人才队伍包括社会工作人才队伍。随后，《关于促进民办社会工作机构发展的通知》《关于政府购买社会工作服务的指导意见》等政策陆续出台，自上而下推动了社会工作机构的发展。民政部举行 2021 年第四季度例行新闻发布会提到，截至当前，各级成立社会工作服务机构超过 1.3 万家。[②]

关于社会工作机构合法性的研究多从政治合法性、社会合法性以及专业合法性三方面展开，有学者指出社会工作机构的合法性还存在一些不足：宏观层面，政策制定与制度安排还存在政治认同缺失（冯元、彭华民，2016）；微观层面，获得整体合法性的社会工作机构在开展具体项目时还要面对基层行政系统和社区权力精英的行政合法性与社会合法性困境（朱健刚、陈安娜，2013；邓燕华，2019），以及由于本土化不足等原因引发的对于社会工作服务有效性的专业合法性质疑（童敏、周燚，2019；吴磊，2019）；另外，机构"重外轻内"的环境导致内部合法性缺失（安秋玲，2010；张超、张佳缘，2021）。从以上研究可以发现，社会工作机构面临复杂的合法性困境，但是社会工作机构合法性的评估主体比较笼统，导致社会工作机构合法化路径未能从外部和内部、从宏观到微观、从被动到主动的视角更加清楚地看待和解决，这引发了笔者的思考。

---

① 《民政部关于进一步加快推进民办社会工作服务机构发展的意见》，https://xxgk.mca.gov.cn：8445/gdnps/pc/content.jsp？mtype＝1&id＝116137，最后访问日期：2023 年 12 月 1 日。

② 《民政部举行 2021 年第四季度例行新闻发布会》，http://www.scio.gov.cn/xwfb/bwxwfb/gb-wfbh/mzb/202207/t20220716_240271.html，最后访问日期：2023 年 12 月 1 日。

受制度学派的影响，目前关于组织合法性的研究多从组织的外部制度环境出发，较少将组织作为能动的实践主体。然而，一个组织的发展过程是组织能动的合法性实践，是不断维持合法性的过程，也是组织的合法化过程。因此，本研究以 S 市 X 机构的发展过程为个案，分析社会工作机构可能的合法化路径。选择 X 机构作为本研究个案的原因：一是 X 机构经历了孕育期、成长期、瓶颈期与转型期，其合法化策略具有较好的样本意义；二是 X 机构总干事在《中华人民共和国社区矫正法》（以下简称《社区矫正法》）出台前提供了专业建议，法律合法性的获得为本文的五维合法性框架提供了资料支撑。

本文通过梳理 X 机构的发展历程及其合法性实践试图回答以下问题：（1）在我国的国情、社情和行政体制之下，社会工作机构如何处理组织与环境的关系以维持合法性；（2）整合制度视角和战略视角形成"结构-建构"视角，并以此视角看待 X 机构发展历程所展现的合法化路径，并分析其可能的普遍意义。

二　概念界定及相关研究

（一）合法性、合法化的概念演变

合法性、合法化具有多维特性，在不同的情境下，具有不同的概念内涵，以下是合法性与合法化概念的大致演变过程（详见表 1）。

表 1　合法性、合法化的概念演变

学者	合法性	合法化
韦伯	强调"对合法性的信仰"，提出统治权威是"建立在相信统治者的章程所规定的制度和指令的合法性之上"（韦伯，1997：239~241）	以"合法性"为基础，韦伯明确了"合法化"是统治者确立和维护被统治者认同其统治的正当性或统治权威的过程（王庆利，2004）
帕森斯	帕森斯认为："社会的价值规定实现集体目标的态度的主要框架、可能力争的主要目标类型以及与此类目标相关的合法的能动性程度。"（帕森斯，1988：140~154）	帕森斯强调价值系统在合法性中的作用，"社会的制度模式根据社会系统价值基础被合法化"（帕森斯，1988：161）

续表

学者	合法性概念	合法化概念
哈贝马斯	合法性意味着某种政治秩序被认可的价值以及事实上被承认（哈贝马斯，1989：184）	哈贝马斯提出合法化可以理解为在合法性可能被否定的情况下对合法性的维护（哈贝马斯，1989：184～189）
Meyer、Rowan	Meyer、Rowan（1977）提出了"合法性机制"用以解释制度趋同，并认为必须考虑组织的制度环境	Meyer、Rowan（1977）提出合法化就是把具有外部合法性的要素整合进正式结构中，促进组织的生存和成功
Suchman	组织合法性指一个实体的行动在一些社会建构起来的规范、价值、信仰以及解释系统中是合乎要求的、恰当的，或者适当的（Suchman，1995）	Suchman（1995）依据组织对环境的主动性影响差异，提出了依从、选择、操纵三种合法化战略
Zimmerman、Zeitz	与制度学派相比，战略管理理论将合法性视为资源，并且认为其是一种"能够帮助组织获得其他资源的重要资源"（Zimmerman & Zeitz，2002）	组织应该通过主动合法化而不仅是被动依从来获取合法性（Zimmerman & Zeitz，2002）
高丙中	合法性之"法"通常被定义为建构起来的一套规范、价值和实践（做法）等或被定义为表明某一事物具有被承认、被认可、被接受的基础（高丙中，2000）	"合法化"表示的是主动建立与特定规范的联系的过程，明显在强调一种主观性（高丙中，2000）

从以上关于合法性概念的演变过程可以看出，"合法性"所表示的是与特定规范、价值相一致的属性状态，强调客观性。"合法化"是获取、维持合法性的过程，具有过程性、历史情境性与主观性；它是证明或宣称是合法的、正当的、适当的，以此获得承认或授权的过程；它还是在合法性受到怀疑的时候，为达成关于合法性的某种共识而做出努力的过程（岳天明，2006）。需要特别说明的是，本文从学理上探讨"合法性"，在这里是广义的"合法性"，而非我们通常理解的"合法"：合法性的基础可以是法律程序，也可以是规章制度、社会惯例或社会价值。

（二）合法性、合法化的相关研究

1. 合法性的分类

（1）外部合法性和内部合法性

有学者提出组织内部合法性是指组织或系统内部对该单位接受和认可

的程度，外部合法性是指组织被其所处的外部环境中利益相关者接受和认可的程度（Singh et al.，1986；Kostova & Zaheer，1999）。这方面的研究多是从外部合法性展开：很多学者基于行政/政治/法律合法性和社会合法性的二分法来分析合法性在组织发展过程中的重要作用（刘耀东，2017；张超、朱俊瑞，2018；周玲，2009）；高丙中（2000）将社会团体的外部合法性分为政治合法性、行政合法性、法律合法性和社会合法性，更加符合中国的实际情况。也有学者表明技术应用成功需要足够的组织内部合法性作支撑（任敏，2017）。在社会工作领域，合法性研究从社会工作的内部合法性以及政府、社会的外部合法性两个方向展开（王思斌，2013；罗兴奇、宋言奇，2015）。

通过内、外部环境划分可以确定合法性获得路径，但是目前的研究依旧将社会工作机构的外部合法性二分，比较笼统，然而实际上政府系统作为社会工作机构的合法性评估主体是多元的，不同合法性评估主体的标准也不同。另外，内部合法性还需重视社会工作者对专业和职业的认同，坚守对机构、对服务对象、对社会的责任。上述的模糊性不利于对社会工作机构合法性及其获得途径的理解，而从外部和内部的整合视角出发，细化社会工作机构的合法性评估主体，明确不同主体的评估标准，在一定程度上可以精准化地实现对组织合法化路径的理解。

（2）形式合法性和实质合法性

有学者认为形式合法性即组织的存在符合法律规定或者得到政府部门的承认，是一种自上而下的认可；实质合法性即组织的存在符合人们的价值准则或期待而使人们自愿服从，是一种自下而上或平行的认可（李雪萍、徐娜，2014；杨跃，2017）。王思斌（2013）指出，形式性承认指外在形式的、倾向于表达的、实际意义不强或非本质意义上的承认；实质性承认指在本真意义上的承认，即非形式化、非单纯宣称的见诸行动的承认。

从以上分析可以看出，形式合法性即满足某种规范获得的外在的形式化承认；实质合法性即符合社会价值或期待而获得人们内心本真的实质性认可。从合法性的程度上看，主动的、内在的实质性承认比被动的、外在的形式化承认程度要高。

2. 组织合法化的两个研究视角

制度视角研究的出发点是社会向组织内看，把合法性看作一种结构化的信念机制，合法性存在于人们的心智中，当组织的实践被感知与社会规范、价值相一致时，该组织被赋予合法性（Suchman，1995；陈怀超等，2014）。Suchman（1995）提出了依从环境、选择环境和操控环境的策略，强调适应环境的合法化策略。战略视角研究的出发点是组织向外看，常常将合法性看作可操控的战略资源（Zimmerman & Zeitz，2002），并认为组织有能力对为组织提供资源的环境产生影响（王丹丹、张英华，2012），可以通过顺从环境、控制环境、选择环境与创造环境来实现合法化（Zimmerman & Zeitz，2002；武静、周俊，2018）。

组织合法化的两种研究视角各有优势，将二者结合，可能更有利于组织合法性的获得。

3. 组织合法性维度与合法化战略匹配

基于合法性各维度相对分立的研究状况，有学者提出合法性匹配逻辑，即针对不同维度的合法性要求采取一一对应的合法性获取策略，通过合法化战略匹配从各个维度获取合法性（陈怀超等，2014；杨宝、肖鹿俊，2021）。要针对不同维度合法性采取不同的获取策略，即精准的合法化匹配策略。

从社会现实中可以看到，一个组织的合法性不是一下子就能获得的，需要一个合法化过程。合法性与合法化应该有一个更明确的获得关系，即一个组织为了获得某一个合法性评估主体赋予的合法性，需要对其提出的合法性评估标准进行匹配性满足。本文以 X 机构的发展为例，试图通过"细化合法性评估主体和标准—进行合法性要求的匹配性满足—获得相对应的合法性—实现合法化"的"结构-建构"视角来解析我国社会工作机构的一种合法化路径。

三 研究框架与研究方法

（一）研究框架

结合以上关于合法性、合法化的相关研究，本文将社会工作机构合法性界定为：机构员工、专业群体、政府行政和法律部门、服务对象等内部和外部利益相关者对组织的专业行动与职业实践符合规范系统及认知系统的承认。真正的合法性的实现不只是程序上被承认，也包括功能上被赞赏，还包括基于承认获得物质和非物质的资源支持。社会工作机构合法化是对各维度合法性进行匹配以满足评价者要求的过程，也是各合法性之间相互建构、走向更强合法性的组织发展过程。

　　本研究通过细化合法性评估主体和评估标准，对合法性要求进行匹配满足，来探寻 X 机构在发展过程中的合法化路径。本研究以高丙中（2000）关于社会团体四种合法性为基础，结合社会工作对于专业合法性的追寻与坚守，形成本研究关于社会工作机构的合法性框架（详见表 2）。

表 2　社会工作机构的合法性框架

合法性分类标准	外部合法性	外部合法性+内部合法性
形式合法性	法律合法性	行政合法性
实质合法性	政治合法性	专业合法性
	社会合法性	

　　笔者结合以往的研究尝试界定五个维度的合法性。

　　政治合法性是社会工作机构显示与国家推崇的价值、国家的目标和中心任务、国家的政策一致，即符合国家的路线、方针、政策，使自己可以发挥一种国家政治单元的功能，担负起一定的政治责任，从而获得政策上的认可与支持。行政合法性是社会工作机构遵守行政部门确立的规章、程序、惯例而被赋予的合法性，及其按照行政管理规范运营组织获得的认可，还包含基于认可获得来自政府的制度支持和资源供给。社会合法性是社会工作机构满足社会需要，符合社会价值共识获得的社会认可，还包含通过服务对象等社会主体的接纳和认可而获得的合法性。法律合法性即社会工作机构的身份和活动符合法律法规而获得法律层面的认可以及法律法规的保护。专业合法性是对社会工作机构专业性的承认以及获得国家为专业设置一个特许的市场保护，可以理解为社会工作的内部和外部利益相关群体对社会工作机构是否具有专业性的认可状态，以及基于此为社会工作机构提供物质和非物质的支持，特别是法律形式上的支持。

　　在本研究中，形式合法性是一种规范合法性，即组织满足某种程序、规范等形式上的要求而获得的认可，是一种形式性的承认。实质合法性是一种认知合法性，即组织的行为由于符合人们的价值标准或期望而获得人们本真的、自愿付诸行动的信念力量；或者组织的内容、价值、功能发挥获得人们的赞赏，是一种实质性的承认。通过深入分析可以发现，形式合法性与实质合法性是一种理想类型，形式合法性也包含对于规范的服从，实质合法性也包含一些形式的要求，二者是不能完全分隔的，因此基于以上对于五维合法性的界定，形式合法性包括更加偏重形式化规范的行政合法性和法律合法性；实质合法性包括更加偏重实质性内容与发自内心认可的政治合法性、社会合法性和专业合法性。

为了明晰合法化路径，需要从组织的内部和外部细化合法性评估主体和评估标准。外部合法性包括政治合法性、法律合法性、行政合法性与社会合法性；由于组织行政管理以及社会工作行政是评估社会工作机构是否合规的重要内容，行政合法性也是内部合法性。一般来说，专业合法性是内部合法性，但还需外部利益相关者对社会工作是否专业的理解和认知，因此，它也是外部合法性。

（二）研究方法

本文的研究方法是个案研究法和拓展个案法。个案研究是指系统地研究个人、团体、组织或事件，以获得尽可能多的相关资料和具有借鉴性的应对之策（王宁，2002）。个案研究的目的在于发现和理解而非假设验证，通过丰富的过程描述探讨个案的经验世界（克雷斯威尔，2007：157～162）。为了深入了解目前社会工作机构的生存状况与发展逻辑，理解和剖析其在发展过程中面临的合法化问题，本研究采取个案研究策略，以 S 市的社会工作机构 X 机构的发展历程为个案（虽然 X 机构介入的是维稳和社会安全的特殊场域，但其是政府自上而下推动社会工作机构发展的代表），分析其与外部环境尤其是与政府关系的经验有一定借鉴意义，符合罗伯特·K. 殷（2004：14~86）关于个案研究的建议，研究者在选择个案时要坚持关键性、独特性和启示性的原则。拓展个案法是指在"既有理论"基础上进行的个案研究（Burawoy，1998），以重建、发展理论，要求研究者在进入实地场景之前，对已有的研究有比较全面的了解（巴比，2018：297～298），提出"在进入之前，尽可能列出想要观察的现象"（Burawoy et al.，1991：9）。制度学派用"解耦"的合法化策略来解决制度趋同带来的组织与外部环境的关系问题。本研究想要拓展理论的经验边界，通过 S 市 X 机构发展历程的个案来反思和扩展解耦之外的合法化路径。

本文的研究对象是 S 市的社会工作机构 X 机构。作为个案研究要收集关于组织架构、组织发展过程、组织内部与外部利益相关者在组织合法化过程中的作用等信息，因此，材料收集采取了结构式访谈法。笔者对 X 机构的总干事、秘书长、区站站长、社会工作者、矫正民警、社区矫正专职干部和矫正对象共 16 人（访谈对象概况详见表 3 和表 4）进行了深度访谈，力求对 X 机构有一个全面而深刻的认识。2020～2021 年，笔者参加了"问题导向社区矫正对象分类管理及其矫正方案设计"项目，进入 S 市 M 区的社区矫正中心（X 机构 M 区站）及其各街镇司法所（X 机构 M 区站各街镇社工点）进行观察和访谈，通过对民警和专职干部的访谈（每人 1 小时以内）收集了社区矫正工作的流程、权责分工以及司法系统对于 X 机构的认识等资料；通过对 X 机构 M 区站长、副站长和社会工作者的访谈（每人 1 小时左右）收集到 X 机构组织架构、日常运营、如何获得各级行政系统认可以及如何获得矫正对象信任和认可等材料；通过对矫正对象的访谈（每人 1 小时以内）收集民警、专职干部尤其是社会工作者影响其个人改变的具体事件、感受等资料；通过对 X 机构的总干事、秘书长的深入访谈（每人 1.5 小时左右）收集了 X 机构的发展历程、发展思路，机构管理、培训、督导、研究等安排，各时期面对不同合法性困境的合法化战略选择，总干事为《社区矫正法草案（二次审议稿）》提供的建议等资料。

拓展个案法需要在已有理论与收集的材料之间来回碰撞，因此，笔者在收集资料之前基于以往的研究建构了社会工作机构五维合法性框架，针对不同访谈对象收集与此合法性相对应的材料，例如针对民警、专职干部的访谈对应收集政治合法性、行政合法性、专业合法性的内容。然后将收集到的资料进行归纳，通过理论与材料之间反复的比较与阐释，归纳出 X 机构对于不同合法性进行匹配满足的合法化策略，以及回应理论议题——解耦之外的合法化路径。

表3 社区矫正工作人员访谈概况

编号	访谈对象类型	姓名	性别	年龄	职业/职务	访谈日期
MJ01	民警	WZ	男	41岁	民警	2020.12.11
JG01	社区矫正专职干部	MY	男	36岁	社区矫正专职干部	2020.12.30
JG02		SWJ	男	45岁	社区矫正专职干部	2021.01.06
SW01	社会工作者	ZB	男	45岁	总干事	2021.08.19
SW02		LY	女	40岁	秘书长	2021.08.19
SW03		CJX	男	41岁	区站站长	2021.08.06
SW04		XWT	女	38岁	区站副站长	2021.08.06
SW05		WJL	女	35岁	一线社工	2020.12.30
SW06		RTQ	男	33岁	一线社工	2021.01.06
SW07		WW	男	37岁	一线社工	2021.01.07
SW08		ZRX	男	35岁	一线社工	2021.01.07
SW09		YYF	女	29岁	一线社工	2021.01.08
SW10		LL	女	38岁	一线社工	2021.01.08

表4 社区矫正对象访谈概况

编号	姓名	性别	年龄	案由/罪名	矫正类别	矫正期限	访谈日期
JD01	ZCD	男	39岁	开设赌场罪	缓刑	3年	2020.12.30
JD02	SXH	女	53岁	故意伤害罪	缓刑	1年6个月	2020.12.30
JD03	SQ	女	42岁	职务侵占罪	缓刑	3年	2021.01.06

　　社会工作领域的研究尤其注重伦理问题，在本研究实施过程中保护访谈对象隐私是重要的考虑因素。访谈过程中的录音、笔录，访谈对象提供的材料，对材料的整理以及分析等研究过程中注意运用知情同意、保密和匿名等原则，资料收集和论文撰写都取得了访谈对象的口头同意，并尽可能使访谈对象在整个研究过程中获得正面、有意义和有收获的经验感受，遵循有益无害原则。

四　形质互构：X机构从适应环境到创造环境的合法化路径

　　本研究是以X机构的发展历程为个案来探析其合法化路径，因此，需要对 X 机构进行大致的发展历程分期，本文将之分为孕育期、成长期、瓶颈期和转型期，各个时期 X 机构合法性获得情况以及获得合法性的过程大致如图 1 所示。

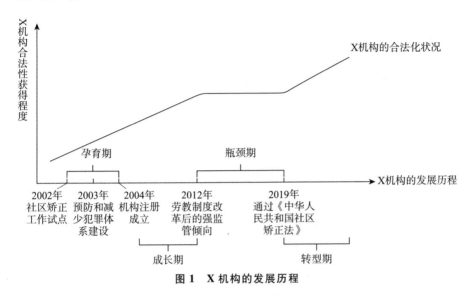

图 1　X 机构的发展历程

X 机构是从事社区矫正和安置帮教服务的社会工作机构，通过对 X 机构发展历程及收集到的资料的分析发现，随着机构内部、外部环境的变化，机构在孕育期与成长期采取适应环境的合法化策略，在瓶颈期与转型期采取创造环境的合法化策略。

（一）适应环境策略下的组织合法化运作路径

适应环境即在组织所处的环境中，努力满足现有利益相关者的要求，通过与利益相关者建立联系、提供合适的产品或者服务以及模仿现有的标准等策略获取合法性（Suchman，1995）。在 X 机构发展初期，适应环境是生存智慧，满足政府系统的要求，积极与各级司法行政部门负责人建立联系，通过专业服务来获得服务对象和政府部门的认可。

1. X 机构孕育期的合法化路径

（1）理念的专业合法性获得政府部门的关注

现代社区矫正制度产生于欧美国家，并取得了较好的效果。在我国，社区矫正是将被判处管制、宣告缓刑、假释和暂予监外执行的罪犯置于社区内，在判决、裁定或决定确定的期限内，坚持监督管理与教育帮扶相结合，专门机关与社会力量相结合，采取分类管理、个别化矫正，有针对性地消除社区矫正对象可能重新犯罪的因素，促进社区矫正对象顺利融入社会，以预防和减少犯罪的刑事执行活动。①

社区矫正与社会工作有密切关系。有学者认为社区矫正要与社会工作相结合（Whittaker，1974：43），个案社会工作与社区矫正是一个统一的过程（费梅苹，2004），二者具有内在统一性，促使矫正对象回归社会是社区矫正的根本目标（张昱，2004）。关于 S 市试行社区矫正的动因，社会工作者 SW04 介绍说：

> 据我了解，当时相关部门有改革的想法，相关研究是基础。后来他们去国外参访，发现很有效果，因此，他们开始让社会工作参与进来。（20210806SW04）

通过对国内外社区矫正工作的了解，S 市委政法委考虑到社会工作参与社区矫正的可能性，理念的专业合法性获得了相关部门的关注。

（2）试点工作中的专业功能展现获得相关部门的认可

20 世纪末 21 世纪初，我国也开始尝试实行社区矫正制度，S 市先行先试。据了解，是 S 市委政法委领导根据我国的国情，在考察境外做法的基础上，决定试点社区矫正。2002 年，在 3 个区的 3 个街道启动试点；2003 年，试点扩大到 31 个街道，试点的效果也证明了社会工作可以发挥与单一行政性方式不同的作用。随后，相关部门希望通过社会化模式构建预防与减少犯罪工作体系，2004 年 X 机构正式成立。社会工作者 SW03 表示：

> 当时社工们通过设计与传统文化相关的小组，宣扬"仁义礼智信"的传统文化价值，转化矫正对象的情感认同、矫正其不良行为习惯、缓解其紧张的社会关系，在促进社区矫正对象融入社会的同时起到了维护社会稳定的作用。（20210806SW03）

---

① 《中华人民共和国社区矫正法》，https://www.gov.cn/xinwen/2019-12/28/content_5464853.htm，最后访问日期：2023 年 12 月 4 日。

可以看出，理念的专业合法性推动社会工作参与社区矫正，面对当时的社会情况，S市委政法委也想改革创新、减轻负担，于是社区矫正的理念与方法得到认可，社会工作派上了用场；试点逐渐铺开的过程是专业作用显现的过程。在此过程中社会工作者在专业方法基础上善于整合优秀的传统文化与社会主义核心价值观，增强矫正对象的情感认同和思想认识，激发其改变的动力，从而走上积极的人生道路。X机构通过专业功能发挥以及主动与国家关心的社会稳定、和谐社会的政策进行联结，以此获得国家相关部门的认可，X机构获得了政策支持。

2. X机构成长期的合法化路径

（1）政治合法性推动了行政合法性和资源的获得

X机构成立的规范性要求是：在S市民政局注册，S市司法局是业务主管单位、出资方以及服务购买方。也就是说，司法局差不多包揽了X机构的服务购买。X机构工作人员介绍道：

> （S市委）政法委支持，机构注册很快得到民政局批准；社会组织是双重管理，（S）市司法局成为机构的业务主管单位，注册资金是他们出的，总站、区站和街镇社工点的办公场所也是他们提供。（20210819SW01）

> 目前，机构是两级财政的政府购买服务，即市级和区级，总站一年的运作费用是来自市司法局购买服务；区级、镇街是由目前社区矫正对象和安置帮教对象人数来确定社工人数。（20210819SW02）

可以看出，X机构差不多是在政法系统支持下发展起来的机构。鉴于政法系统在我国社会管理中的重要地位，X机构的行政合法性程度比较高，政府不仅通过政策对机构予以承认，而且为机构提供物资和资金支持。

（2）通过"入场"开展活动，获得服务对象认可

行政合法性为社会工作提供了进入社区矫正工作的入场身份，社会工作者可以通过与矫正对象建立专业关系、开展专业服务，获得矫正对象的认可。社会工作者SW10回忆以往的工作经历时说：

我参加工作是 2006 年，那个时候的服务对象现在不方便联系了，不过做过调查问卷，矫正对象选择"在遇到问题的时候寻求社工的帮助"的比例超过 50%，说明对社工的信任。（20210108SW10）

访谈发现，社会工作者通过专业热情、专业服务满足矫正对象需求，解决其问题，获得其信任与认可，获得了初步的社会合法性。

（3）政治合法性、行政合法性、社会合法性与专业合法性的互构

①政治合法性与专业合法性的互构

2013 年党的十八届三中全会通过的《中共中央关于全面深化改革若干重大问题的决定》中将社会治理体制创新概括为改进社会治理方式、激发社会组织活力、创新有效预防和化解社会矛盾体制、健全公共安全体系四个方面。① 为了贯彻落实党的治理理念，S 市相关部门构建了跨界协作制度，让社会工作者与民警在区社区矫正中心统一办公，通过部门间纵向与横向互动，明确分工与合作来提升治理效能。对于跨界协作制度，机构工作人员认为：

跨界协作制度是通过明确司法所、民警、社工的分工与合作来提高社区矫正的整体效能。对于社工来说，不能只重视专业服务，还要重视提高沟通、协调与合作的能力，与其他主体形成良好的合作模式。在获得其他主体认可的同时，也体现了社会工作机构积极参与社会治理创新的政治责任。（20210819SW01）

国家的路线、方针、政策在现代化进程中是不断完善的，社会治理创新为社会工作机构参与社会治理提供了制度空间，社会工作机构在努力提升专业能力的同时，还需要抓住机遇，积极主动与其他治理主体进行沟通与配合，获得更多的认可与支持。2017 年司法部副部长在召开组织社会力量参与社区矫正工作座谈会中肯定了包括社会工作机构在内的社会力量在参与社区矫正工作中发挥的积极作用，并提出"从党和国家的大局出发，

---

① 《中共中央关于全面深化改革若干重大问题的决定》，https://www.gov.cn/jrzg/2013-11/15/content_2528179.htm，发布日期：2013 年 11 月 15 日，最后访问日期：2023 年 12 月 2 日。

组织和引导社会力量积极参与社区矫正工作，不断提高社区矫正工作水平"。①

通过以上分析，笔者尝试梳理专业合法性与政治合法性的互构过程，X机构通过关注国家关心的社会问题，在努力化解社会矛盾、促进社会公平、推动社会有序和谐发展中做出了积极贡献，通过发挥专业功能与完成政治任务，获得了更多的政治合法性。

②行政合法性与专业合法性的互构

社区矫正中心由多方面的人员组成，行政人员与社会工作专业人员的理念和工作方法有时不一致，因此，需要明确分工来提升治理的整体效能。现实中很多工作附带多种功能，明确分工存在困难，但行政部门提出了新的要求。对于社区矫正工作的分工合作以及效果，受访者们这样说：

> 向矫正对象讲法律要求，进行两个 8 小时的集中教育，这项工作基本上由社工完成，社工也承担了部分管理责任。（20201230SW05）

> 其实管理工作很难和专业服务彻底分开，我们只能通过将涉及执法的部分交给民警来划分权责。我们通过在具体工作中的梳理，逐渐明确了分工，也确定了社工的功能认知。（20210107SW08）

> 我之前在监狱里工作，后来才到这边，虽然我觉得社工的办法太软，不过不能否认确实有些效果。（20201211MJ01）

> 我们和社工负责矫正对象的日常管理，他们心细，发现哪个矫正对象有特殊情况会及时和我们沟通，我们也没那么大压力了。（20201230JG01）

> （S）市司法局是服务购买方，虽然通过政府采购中心，但是我们是单一来源采购。（20210819SW02）

---

① 《司法部召开组织社会力量参与社区矫正工作座谈会强调强化措施不断提高社区矫正社会化专业化水平》，http://www.moj.gov.cn/pub/sfbgw/gwxw/xwyw/szywbnyw/202101/t20210122_147816.html? eqid=aea48f690017ff2000000004645f34fb，最后访问日期：2023 年 12 月 2 日。

通过访谈可知，X 机构通过梳理具体的工作内容与流程明确了分工，形成了两个主体互相协同的功能融合，满足了行政合法性的新要求，也获得了基层民警、专职干部的认可。实际上，在社区矫正工作中，很难将司法工作者与社会工作者的工作和作用完全分开，不能完全分离的工作也会促进他们之间的相互理解，形成互构。单一来源采购是对机构的排他性市场保护，本质上是政府对机构专业性的认可。

③社会合法性与专业合法性的互构

服务对象与社会工作者是专业关系，在协助服务对象解决问题的过程中，社会工作者用矫正对象易于接受的方法开展工作，可以使机构获得服务对象的认可，而且可以使社会工作者获得专业自信。访谈时矫正对象这样描述自己的感受：

> 我是转过来的，来到这边以后，这边的社工老师与我说话的语言、态度，像你们这样，完全没有上下级的压力，我有种被尊重的感觉。（20201230JD01）

> 我在我妈家比较压抑，担心我会影响她。社工来家访，我妈都不让敲门，要我下楼接。不过吴老师（社工）像朋友一样过来，慢慢我妈就不紧张了，我心里也轻松了很多。（20210106JD03）

社会工作者 SW09 在介绍开展的小组活动时说：

> 开始我们带青少年去打球，在活动中调整他们的情绪、认知，不断肯定他们的每一点进步。大概一年后，参加活动积极的都自发找到了工作，他们有自信面对社会，矫正对象和他们的家人对我们非常感激。通过他们的认可，我对专业更有信心了。（20210108SW09）

通过专业功能发挥，解决了矫正对象的问题，使其家庭关系、社会关系更加和谐，以此获得社会合法性和专业合法性。在此过程中形成了社会合法性与专业合法性的良性互动。

（二）创造环境策略下的组织合法性运作路径

创造环境策略即要创造新的规则、制度，或创造有利于组织发展的新价值、寻找新的利益相关者。这项工作有较大难度，但一经实现，可以带来较多收益（Zimmerman & Zeitz，2002）。制度在演变，制度赋予的合法性也不是固定的（Oliver，1991；Suddaby & Greenwood，2005），理性的组织采取多样化的合法化运作路径。具体来说，X机构通过一系列行为与言论以专业身份参与法律制定，改变法律系统中的利益相关主体对社会工作的合法性评价，并获得他们的支持，《社区矫正法》的出台为X机构创造了新的制度环境，推动了组织的发展转型。

1. X机构瓶颈期的合法化路径

（1）行政合法性带来专业合法性危机

2012年劳教制度改革以后，重犯风险增加，全国转为强制监管，矫正工作的压力变大，司法局将这种压力传导到X机构，社会工作者面临繁重的行政性工作。在社会工作者SW06看来：

> 2016年前后，有些省市在两个8小时集中教育之外还要加时间。行政压力之下，社工做的基本上是行政工作，如此发展，社工要么失去入场资格，要么成为协管员，失去专业性，机构将很难继续生存。（20210106SW06）

新的行政压力严重挤压了X机构的专业发展空间，对于X机构来说，专业功能无法发挥。失去专业优势，机构会面临生存危机。

（2）专业合法性与法律合法性的互构

在国家治理理念和法治理念转变的大背景下，社区矫正领域也发生了变化，X机构表现出的专业性为其参与立法提供了合适的位置。2019年12月，经司法部社区矫正局推荐，全国人大常委会法制工作委员会邀请X机构的总干事代表社会工作者作为社区矫正社会工作方面的代表，参加《社区矫正法（草案）》通过前的评估会并提交了专业建议。

笔者通过对《社区矫正法（草案二次审议稿）》、X机构总干事提交的建议稿以及全国人民代表大会宪法和法律委员会关于《社区矫正法（草案）》审议结果的报告进行内容比较，可以发现机构总干事为社会工作发声，强调了社会工作的职业性与专业性。内容比较如下：

《社区矫正法（草案二次审议稿）》第十一条："社区矫正机构根据需要，组织具有相关专业知识的社会工作者，协助开展社区矫正工作。"①

机构总干事提交的建议稿中提到"社会工作是开展教育帮扶等社会服务活动的专门职业和专业，在国家层面已经有制度、政策保障。""这里对社会工作者的界定是模糊和宽泛的，应该改为'组织具有社会工作执业资质的社会工作者'。"

全国人民代表大会宪法和法律委员会关于《中华人民共和国社区矫正法（草案）》审议结果的报告中提到"邀请全国人大代表、专家学者、地方人民法院、人民检察院和基层司法行政机关工作人员、社会工作者等就草案中主要制度规范的可行性、法律出台时机、法律实施的社会效果和可能出现的问题等作了评估。"以及"草案二次审议稿第十一条，有的常委会组成人员、代表、专家学者和社会公众建议进一步细化对社会工作者所需专业知识和经验的要求，将相关表述修改为'具有法律、教育、心理、社会工作等专业知识或者实践经验'"。②

以上资料可以说明，通过 X 机构多年的专业服务，其获得了相关部门的认可，使得机构总干事以专业人员身份参与法律制定；机构总干事在参与法律制定中能够彰显专业身份，提出专业建议，为专业发声，并且其建议得到了采纳，其实质是对总干事建议专业性的认可。《社区矫正法》第十五条规定："社区矫正机构工作人员和其他参与社区矫正工作的人员依法开

---

① 《社区矫正法（草案二次审议稿）向社会征求意见！！！》，https://m. thepaper. cn/baijiahao_ 4850562，最后访问日期：2023 年 12 月 1 日。
② 《全国人民代表大会宪法和法律委员会关于〈中华人民共和国社区矫正法（草案）〉审议结果的报告》，http://www. npc. gov. cn/npc/c2/c30834/202001/t20200102_304422. html，最后访问日期：2023 年 12 月 1 日。

展社区矫正工作，受法律保护。"① 这是对 X 机构参与社区矫正工作的法律保障，大大缓解了 X 机构在瓶颈期面临的困境，使其可以依法开展专业服务，并受到法律的保护。从这里可以大致看出专业合法性与法律合法性的互构过程，X 机构通过不断提升专业能力、发挥专业功能，获得更多相关部门对其专业性的认可；相关部门也希望能够通过法律来保障与推进社区矫正队伍建设，从而使 X 机构获得了更大的专业发展空间。

2. 转型期 X 机构的合法化路径

（1）法律合法性推动了政治合法性、行政合法性、社会合法性的深化

司法部社区矫正管理局局长姜爱东（2020）提出："《社区矫正法》是贯彻落实党的十九届四中全会提出的系统治理、依法治理、综合治理、源头治理，不断完善社会主义法治体系要求的体现。"这样社会工作也参与到国家的法治化进程。在《社区矫正法》实施之前，因为种种原因 S 市的模式很难在全国推广，但法律出台后可能会慢慢推开。宽严相济、刚柔并济的社会价值观和更加友好的社会环境，给矫正社会工作提供了更加有力的社会支持。

（2）政治合法性、行政合法性、社会合法性与专业合法性的互构

①政治合法性与专业合法性的互构

社区矫正制度是推进国家治理体系和治理能力现代化的重要制度，需要充分体现出社会主义法治的优越性，这些给社会工作提出了新的挑战，X 机构也做出了新的探索。一是协助司法部门参与构建共建共治共享的社会治理新格局，倡导长三角地区推进矫正安帮工作合作共享，共同实现创新发展、保障区域安全（陈颖婷，2020）。二是帮助矫正对象理解社区矫正制度是国家关心、照顾特殊弱势群体的社会福利制度，通过矫正其不良的思想观念，使其重拾爱党、爱国、爱人民的热情。2020 年的新闻报道了 X 机构 T 街道的社区矫正对象在疫情期间争做志愿者，为社区居民服务、为社区工作人员减轻负担的经历。② 在实践过程中，X 机构一直在积极关注与及

---

① 《中华人民共和国社区矫正法》，https://www.gov.cn/xinwen/2019-12/28/content_5464853.htm，最后访问日期：2023 年 12 月 1 日。

② 《曾经犯错如今向善 社区战"疫"中特殊志愿者》，https://www.kankanews.com/detail/ZG-wkDJE4q2x，最后访问日期：2023 年 12 月 1 日。

时回应国家的中心任务、关心的社会问题，通过不断精进社会工作理论与方法，以求能够在服务社区矫正对象以及与各治理主体合作的过程中凸显社会主义法治的优越性。

②行政合法性与专业合法性的互构

《社区矫正法》实施后矫正对象需要每天三次在手机上报到，这给司法局和 X 机构都提出了新的工作要求；另外，与司法系统工作人员更加融合的合作模式使 X 机构获得了其对社会工作者的认可。受访者表示：

> 司法局认为手机没有实际监管作用，因此非常焦虑。司法部门的焦虑转移，给社工带来了巨大的行政工作压力。（20210107SW07）

> 《社区矫正法》实施后，我们对工作进行了重新分工，基层的压力是最大的，不过社工与我们的默契配合以及愿意共担风险的态度给了我很大支持。（20210106JG02）

2020 年 3 月，S 市市场监督管理局发布《S 市社区矫正社会工作服务规范》（DB31/T 1220-2020）的行业标准，是由 X 机构参与主编的社区矫正社会工作地方性标准，提出服务流程、服务方法、运作管理与服务评价等内容。机构通过规范化的服务流程与方法在一定程度上缓解了司法部门的焦虑。另外，社会工作也非常注重与基层行政人员的关系建构，通过理解与配合获得他们的认可与支持。

③社会合法性与专业合法性的互构

《社区矫正法》实施后的一天三次报到工作由社会工作者负责，访谈的矫正对象 JD02 谈道：

> 看到张老师（社工）在报到群里面发的一段话，我还蛮感动的。他说感谢大家对他工作的支持，其实人心都是肉长的，你对人家好，人家也会自觉变好，也能完成你们的矫正工作。（20201230JD02）

《社区矫正法》的规定中，增加了线上报到，取消了集中教育，在区和街镇层面，社会工作者很少开展群体活动，而是以个案工作为主。为了保障矫正对象依然能获得专业服务，机构以提升个案服务的专业性为重点，培训相关的个案模式和技术，如 OH 卡技术、房树人分析法等。社会工作者本着对服务对象负责的原则，在维护专业关系的同时努力提升专业技术和增加个案服务经验，以此获得了服务对象的认可和支持。

（三）形质互构：X 机构的合法化路径分析

适应行政上的安排大多是结构性的，而采取整合策略既可以协助完成行政任务又能彰显社会工作的价值，因而更具建构性。通过制度和战略视角的整合形成"结构-建构"的视角，X 机构采用从适应环境到创造环境的合法化策略，通过机构多维度的形式合法性和实质合法性之间的相互建构，使机构整体的合法性实现了从获取外在形式的、规范的浅层次承认，到获取内在认可的、见诸行动的深层次承认；这个过程也具体揭示了从适应到创造的过程中几个维度的合法性之间是如何相互影响的（详见图 2）。

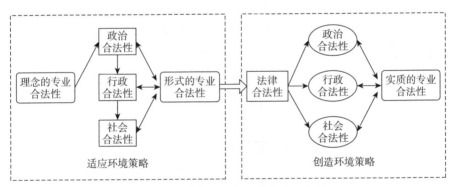

图 2　形质互构：X 机构的合法化路径

在适应环境策略下，机构需要不断回应外部环境系统的要求，提供相应的服务，并在此过程中凸显社会工作看待问题、解决问题的专业视角与专业技术。机构通过功能发挥获得了社会合法性以及政府的认可，而且通过政治合法性、行政合法性与社会合法性获得了专业合法性。在创造环境策略下，专业合法性的获得以及机构的功能实现使其更加符合国家在新的条件下推动社区矫正的想法。有社会工作者参与的《社区矫正法》的出台为 X 机构带来了新的制度环境以及政治合法性、行政合法性与社会合法性的新要求，因此开始了机构完善以及新的合法性匹配满足的过程。

在本研究中，"形质互构"指的是基于合法化匹配战略以及组织各维度合法性之间的相关性，组织的形式合法性（行政合法性与法律合法性）与实质合法性（政治合法性、社会合法性与专业合法性）在不同的策略下进行互构；由于任何形式表达都含有实质性内容，二者的关联性使组织形式合法性与实质合法性的互构得以发生；互构是组织的合法化战略，由此组织的整体合法性从偏重形式化规范的形式合法性不断走向注重内容与本真认可的实质合法性，在互构过程中组织的合法化不断深入。下一部分笔者将对"形质互构"概念进行拓展阐述。

从 X 机构的合法化路径可以清晰地看到五个维度的合法性之间是相互促进、循环向前发展的。"形质互构"的过程不只是形式合法性与实质合法性相互影响的过程，而且是各维度合法性的内容更加丰富的过程，还是机构的整体合法性从形式性走向实质性的过程。

通过以上分析发现，专业合法性是基础，政治合法性是核心，它会影响其他维度的合法性，甚至影响组织的存亡，这对于社会工作机构合法化来说是一个重要判断。在 X 机构的合法化过程中，政治合法性即 S 市委政法委对社会工作的了解和认可是 X 机构成立的重要政治背景，政治合法性还推动了行政合法性。在 X 机构的合法化过程中，专业合法性与政治合法性的互构，是 X 机构成立以及完成转型的重要背景。

五 "形质互构"的拓展理解

制度学派用"解耦"的合法化战略来解决组织与外部环境的关系问题，笔者想要拓展理论的经验边界，通过对个案的解剖，寻找"解耦"之外的合法化战略与路径。在这一部分，笔者将细分的五维合法性再归纳为形式合法性和实质合法性，尝试提炼社会工作机构合法化过程中的关键环节，并分析形质互构的合法化战略对于其他社会工作机构的启发意义。

（一）社会工作机构合法化的一般模式：形式化的承认与实质性的承认之间的互构

社会急剧变迁带来的社会问题和改革的大势，使得 S 市委政法委在职责下思考引入社会力量构建"预防与减少犯罪工作体系"，通过在民政局的登记注册，X 机构获得了形式合法性。X 机构的管理运营以及社会工作者专业的服务使得机构功能得以发挥，协助矫正对象解决问题，使其能够融入社会，完成了司法部门的要求。X 机构在前一个阶段积累的成果会在后一个阶段变得更加丰富：一方面，通过社会工作理念，比如人的全面发展、助人自助等来解决问题，使得社区矫正的效果变得更好，成效超出司法系统预期，司法部门对社会工作与 X 机构有发自内心的认可，X 机构获得了实质合法性；另一方面，由于获得司法系统的认可，司法系统通过完善政策反过来加强 X 机构的发展，包括条件要求（政策、制度支持），资源支撑（资金、物质资源等），人员管理（社会工作者的选拔、任用，人员的培训、督导等），专业能力提升（提炼矫正社会工作本土模式），甚至两方的关系更加平衡，通过机构嵌入与工作内容融合，社会工作者与各级司法系统工作人员融合成一支队伍。X 机构阶段性的成果带来了政府认可和社会认可，这些都使 X 机构的组织形式和内容变得更加完善，促进机构功能得到更好的发挥，能够满足更多的社会需求，进而获得政府系统更多的认可和支持，而政府认可和社会认可反过来会促进机构的发展，形式化的承认与实质性的承认形成正反馈循环（详见图 3）。

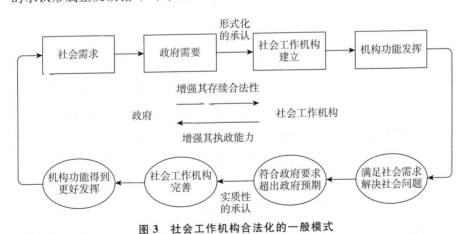

图 3 社会工作机构合法化的一般模式

"形质互构"不是一次性的事件，而是一个渐进的、连续的过程，通过以上的分析可以说社会工作机构的"形质互构"是从形式性安排走向制度性设置的过程。

（二）组织形式与组织内容、功能之间的互构

制度学派认为，可以通过实现组织正式结构与关注效率的行动之间的解耦来缓解外部制度环境给组织造成的压力，从而实现组织的合法化与良性发展。通过以上对于社会工作机构合法化一般模式的提炼，可以发现"解耦"之外的合法化路径，即组织形式与组织实质之间的互构。在这里，组织的形式包括组织的结构以及各种规范性要求；组织的实质是指组织的内容、价值以及功能发挥。

初期，X机构形成了市—区—街镇三级与司法部门——对应的组织架构，通过嵌入体制，获得形式上的认可；另外，X机构通过解决矫正对象问题来提升社区矫正的效果，获得政府与社会对于机构功能发挥的赞许。后期，通过协助矫正对象个体改变、恢复社会关系，使其更好地融入社会，获得社会和政府对社会工作价值理念、方法等更深的理解和认同；X机构与司法部门在工作内容、工作流程等方面进行了融合，在形式上更加完善。在这个过程中，机构从事哪些内容，发挥了哪些功能，获得了哪些效果逐渐清晰起来，以此获得政府和社会的认可与支持。在此过程中，组织的形式更加完善，组织的内容更加丰富，组织的功能得到更好发挥，形成了组织合法化的良性循环。

（三）政策与政策实现之间的互构

可以将社会工作机构合法化过程看作政策的实现过程，机构通过政策实践获得政府系统的认可与资源支持。跳出组织发展来看，国家体制的自我完善，需要明确改革的意向以及寻求不同力量的介入，社会工作是一个基础，与政府一拍即合。在合作初期，政府与社会工作机构的互构关系不是平等的，社会工作机构对政府的依赖更多，但是通过社会工作机构的功能发挥，政府的一些工作需要交由社会工作机构来做，二者的互构关系变得更加平衡；另外，社会工作机构通过服务增强了政策效果，增强了政府的执政合法性，在这个意义上，政府和社会工作机构通过政策和政策实现的互构过程完成了各自的合法化。

六　结论与讨论

（一）结论

合法性既是起点也是终点，合法化是把合法性的属性展现出来的过程，展现得好，组织的形式更完善，组织的内容以及功能获得更多的承认；展现得不好，组织可能不复存在。

组织合法性研究有二分、三分、四分，但是不管如何都是希望通过明确合法性评估主体更精确地获得合法性，"细化合法性评估主体和标准—进行合法性要求的匹配性满足—获得相对应的合法性—实现合法化"是合法化路径之一。本研究将社会工作机构合法性框架构建为政治合法性、行政合法性、法律合法性、社会合法性、专业合法性，通过对合法性要求的匹配性满足来实现合法化。

战略学派提出合法性是获得其他资源的战略资源（Zimmerman & Zeitz，2002）。虽然各维度合法性相对独立，但也有其关联性，本研究通过 X 机构合法化路径分析，发现获得某一维度合法性不仅可以获得资源，还可以通过各维度合法性之间的关联性获得其他维度的合法性，这是对于组织合法化战略的发展。

通过 X 机构的合法性实践过程，可以提炼出社会工作机构合法化的一般模式，在"社会需要—政府需求—机构建立—机构功能发挥—满足社会需要—获得政府认可和支持—机构完善"过程中，关键环节是机构通过"功能发挥""满足社会需求""获得政府认可"，并形成正反馈循环。哪个环节出问题都会导致机构合法化的弱化甚至失败，因此，社会工作机构合法化要重视关键环节。

本研究提出了"形质互构"的概念，其内涵更加丰富。其一，组织的形式合法性和实质合法性各维度之间具有相关性，因此可以相互建构；同时，也是形式合法性与实质合法性之间的互构。其二，"形质互构"是组织的形式化承认与实质性承认之间的互构。其三，存在"解耦"之外的合法化路径："形质互构"即是组织的规范、结构这些形式化的内容与组织的内容、功能发挥这些实质性的内容相互驱动，不断完善。其四，组织的合法化战略就是组织整体合法性不断从形式走向实质的过程，还是各维度合法性从形式走向实质的过程。其五，"形质互构"还是政策与实现政策的互构过程，通过政策实践，社会工作机构获得政府赋予的存续合法性，政府获得执政合法性，二者的合法化都得到发展。

（二）讨论

从 X 机构的合法化过程中可以看出，组织的利益相关者是相对固定的，但是其评估标准是动态的，因此组织需要根据评估主体的需求不断丰富内容与功能，还要思考如何利用专业优势进行创新。通过 X 机构的合法化过程可以看出，机构利用局部的合法性得以兴起，谋求充分的合法性以利发展，展现社会工作的实践智慧，不过在合法化一般模式中对于如何使机构的功能得到更好发挥还需要更多的实践探索，这是一个值得持续讨论的议题。

组织的合法性、合法化议题要回应的是组织生存的合理性、正当性问题。决策影响着社会工作机构的发展，社会工作机构如果能推动政策实现，也能获得更多认可与支持，形质得以互构；如果社会工作机构仅仅获得形式上的认可，那么机构很可能遇到更多的合法性危机。因此，未来还需要更多如何获取政治合法性的研究。

本研究有一些局限性：场域特殊、机构特殊、发展过程特殊。因为 X 机构所介入的场域涉及维稳与社会安全的政治需求，因此机构所从事的内容也有其特殊性，这可能是机构获得政府关注的原因；另外，虽然在发展过程中 X 机构一直坚持通过专业服务发挥功能，并参与了《社区矫正法》出台的相关工作，但是如果没有社会治理理念和社会主义法治制度转型作为大背景，仅靠机构自身的力量很难通过推动法律的制定以实现创造环境的战略突破。因此，其他类型的社会工作机构可以借鉴 X 机构的合法化策略。

参考文献

艾尔·巴比（2018）:《社会研究方法》（第十一版），邱泽奇译，华夏出版社。

安秋玲（2010）："社会工作者职业认同的影响因素"，《华东理工大学学报》（社会科学版）第 25 卷第 2 期，第 39～47 页。

陈怀超、陈安、范建红（2014）："组织合法性研究脉络梳理与未来展望"，《中央财经大学学报》第 4 期，第 87～96 页。

陈颖婷（2020）："2020 年长三角社区矫正·安置帮教社会工作研讨会昨召开"，《上海法治报》第 A04 版，9 月 9 日。

邓燕华（2019）："社会建设视角下社会组织的情境合法性"，《中国社会科学》第 6 期，第 147～166、207～208 页。

费梅苹（2004）："社区矫正中个案社会工作方法运用的经验实证研究"，《华东理工大学学报》（社会科学版）第 2 期，第 35～40 页。

冯元、彭华民（2016）："中国社会工作政策发展的背景、动力与价值"，《中州学刊》第 1 期，第 62～68 页。

高丙中（2000）："社会团体的合法性问题"，《中国社会科学》第 2 期，第 100～109、207 页。

姜爱东（2020）："认真学习宣传贯彻《社区矫正法》全力推动社区矫正工作高质量发展"，《中国司法》第 2 期，第 70～74 页。

李雪萍、徐娜（2014）："合法性建构：公益类草根 NGO 的双重困境及脱困的核心"，《学习与实践》第 5 期，第 111～117 页。

刘耀东（2017）："行政合法性抑或社会合法性：农村社区服务类社会组织发展模式选择"，《中国行政管理》第 4 期，第 83～87 页。

罗伯特·K. 殷（2004）：《案例研究：设计与方法》，周海涛主译，重庆大学出版社。

罗兴奇、宋言奇（2015）："社会工作职业制度体系的本土构建——基于社会治理的视角"，《内蒙古社会科学》（汉文版）第 36 卷第 5 期，第 185～190 页。

马克斯·韦伯（1997）：《经济与社会》（下卷），林荣远译，商务印书馆。

任敏（2017）："技术应用何以成功？——一个组织合法性框架的解释"，《社会学研究》第 32 卷第 3 期，第 169～192、245 页。

塔尔科特·帕森斯（1988）：《现代社会的结构与过程》，梁向阳译，光明日报出版社。

童敏、周燚（2019）："从需求导向到问题导向：社会工作'中国道路'的专业合法性考察"，《社会工作》第 4 期，第 4～12、109 页。

王丹丹、张英华（2012）："组织合法性的概念界定及研究脉络分析"，《求索》第 10 期，第 8～10 页。

王宁（2002）："代表性还是典型性？个案的属性与个案研究方法的逻辑基础"，《社会学研究》第 5 期，第 123～125 页。

王庆利（2004）："'合法化'的概念解析"，《教学与研究》第 12 期，第 81～85 页。

王思斌（2013）："走向承认：中国专业社会工作的发展方向"，《河北学刊》第 33 卷第 6 期，第 108～113 页。

王思斌（2014）："社会治理结构的进化与社会工作的服务型治理"，《北京大学学报》（哲学社会科学版）第 51 卷第 6 期，第 30～37 页。

吴磊（2019）："社会工作参与社会治理的绩效评估研究——基于合法性理论的分析框架"，《社会科学辑刊》第 6 期，第 50～55 页。

武静、周俊（2018）："合法性视角下社会组织'进社区'的耦合策略分析——以 S 市 L 机构为例"，《东北大学学报》（社会科学版）第 20 卷第 3 期，第 284~290 页。

杨宝、肖鹿俊（2021）："技术治理与制度匹配：社会工作本土化路径'双向趋同'现象研究"，《学习与实践》第 10 期，第 108~118 页。

杨跃（2017）："独立建制教师教育专业学院的发展困境及其破解——基于组织合法性视角的分析"，《教师教育研究》第 29 卷第 6 期，第 1~7 页。

尤尔根·哈贝马斯（1989）：《交往与社会进化》，张博树译，重庆出版社。

约翰·W. 克雷斯威尔（2007）：《研究设计与写作指导：定性、定量与混合研究的路径》，崔延强主译，重庆大学出版社。

岳天明（2006）："澄清'合法性'概念上的几个认识误区"，《学习与实践》第 6 期，第 55~60 页。

张超、张佳缘（2021）："员工期望、组织交代与合法性：社会服务组织内部合法性建构——基于杭州 NC 社会创新联合机构的动态考察"，《社会工作与管理》第 21 卷第 2 期，第 68~75、84 页。

张超、朱俊瑞（2018）："社会组织合法性的双重面相及其生成逻辑——基于杭州 6 家'引领型'社会服务组织的分析"，《浙江学刊》第 1 期，第 102~109 页。

张昱（2004）："论社区矫正中刑罚执行和社会工作的统一性"，《社会工作》第 5 期，第 11~14 页。

周玲（2009）："中国草根非政府组织的合法性危机与治理困境及应对策略探析"，《重庆大学学报》（社会科学版）第 15 卷第 2 期，第 97~103 页。

朱健刚、陈安娜（2013）："嵌入中的专业社会工作与街区权力关系——对一个政府购买服务项目的个案分析"，《社会学研究》第 28 卷第 1 期，第 43~64、242 页。

Burawoy, M. A. (1998). "The Extended Case Method." *Social Theory* 16 (1): 5.

Burawoy, M. A., Burton, A. A., Ferguson, K. J., Fox, J., Gamson, N., Gartrell, L., Hurst, C., Kurzman, L., Salzinger, J. & Schiffman, S. Ui. (eds.) (1991). *Ethnography Unbound: Power and Resistance in the Modern Metropolis.* Berkeley: University of California Press.

Kostova, T. & Zaheer, S. (1999). "Organizational Legitimacy under Conditions of Complexity: The Case of the Multinational Enterprise." *Academy of Management Review* 24 (1): 64-81.

Meyer J. W. & Rowan B. (1977). "Institutionalized Organizations: Formal Structure as Myth and Ceremony." *American Journal of Sociology* 83 (2): 340-363.

Oliver C. (1991). "Strategic Responses to Institutional Processes." *Academy of Management Review* 16 (1): 145-179.

Singh, J. V. & Tucker, D. J. & House, R. J. (1986). "Organizational Legitimacy and the Liability of Newness." *Administrative Science Quarterly* 31 (2): 171-193.

Suchman, M. C. (1995). "Managing Legitimacy: Strategic and Institutional Approaches." *Academy of Management Review* 20 (3): 571-610.

Suddaby R. & Greenwood R. (2005). "Rhetorical Strategies of Legitimacy." *Administrative Science Quarterly* 50 (1): 35-67.

Whittaker, J. K. (1974). *Social Treatment*: *An Approach to Interpersonal Helping*. New York: Aldine Publishing Company.

Zimmerman, M. A. & Zeitz, G. J. (2002). "Beyond Survival: Achieving New Venture Growth by Building Legitimacy." *Academy of Management Review* 27 (3): 414-431.

《中国社会工作研究》征稿启事

为推动社会工作专业在中国的发展，加强各院校、机构及相关方面专业人士之间的联系，中国社会工作教育协会决定与出版机构合作出版《中国社会工作研究》。本集刊为小 16 开本，每本 25 万字左右，计划每年出版两本。特此向全国专业界人士征集稿件，同时也欢迎中国香港、台湾，以及海外专业界人士来稿。

一　出版宗旨

①推动社会工作专业在中国的发展。协会希望借出版集刊的机会，总结中国社会工作专业发展的经验，介绍西方社会工作研究成果，以推动中国社会工作专业发展。

②推动学术自由，促进社会工作研究的规范化。本集刊提倡用严谨的社会工作研究方法开展社会工作理论与实务研究，提倡广大作者充分发表不同的学术观点，共同探索中国社会工作专业的发展道路，以满足中国社会发展对社会工作专业的需求。本集刊要求来稿遵循国际公认的学术规范，共同推动中国社会工作研究的规范化。

③推动专业理论与实务工作的结合。本集刊希望通过发表实务研究报告和论文，推动理论与社会工作实务的结合。

④推动社会工作专业知识在中国的创新。社会工作是一个新学科、新专业，它的发展与成熟需要不断有新探索、新发现，不断创造新的知识，完善知识和学科体系。中国社会工作在这方面既有迫切的需要，也有创造的空间。

因此，这也就必然成为本集刊的任务。

⑤推动对本土知识的总结和积累。在我国传统文化和现实社会中，存在大量可以用来建构社会工作知识的元素，对其进行总结，推动本土社会工作知识的积累是专业人士不可推卸的责任，也是中国社会工作参与国际社会工作发展进程的必然要求。

二 来稿要求

①稿件范围：本集刊欢迎一切社会工作、社会福利、社会政策以及相关社会理论方面的学术论文、研究报告、学术评论、书评和学术动态综述。一般来稿以 10000 字为限（包括注释和参考文献），特殊稿件可增至15000 字，书评和学术动态综述以 3000~4000 字为限。

②来稿必须遵循国际公认的学术规范，引文注释必须清楚准确，论述言之有据，论证逻辑全文一致，使用研究方法和分析工具清楚、准确。来稿应特别注意社会工作专业术语的规范性。在专业术语的使用上，一般专业术语可参考《社会工作概论》（王思斌主编，高等教育出版社，1999 年第 1 版），国际通用术语可参照美国社会工作者协会（NASW）出版的《社会工作词典》或《社会工作百科全书》（均为英文）。特殊术语应给出明确界定，或注明出处，如属翻译术语请用圆括号附原文。文章格式可参考《社会学研究》（中国社会科学院社会学研究所）或《中国社会科学季刊》（香港）。

③来稿中出现外国人名时，一律按商务印书馆出版的《英文姓名译名手册》翻译，并在第一次出现时用圆括号附原文，以后出现时不再附原文。

④海外来稿主题应是与中国问题相关或是对中国社会工作及中国社会发展有借鉴价值的理论与实务研究，同时也欢迎具有普遍价值的理论与实务研究论文。

⑤来稿请同时寄上打印稿一式三份和软盘一份。软盘请以 HTML 文件格式存储。来稿一律不退，请自留底稿。来稿请在封面上打印如下内容：文章标题、作者及简介（包括学位、职称、工作单位）、联络办法（包括寄信地址、E-mail、电话、传真）。内文请勿署名。

⑥本书编辑对稿件有修改和删改权，如不同意请注明。

⑦来稿请自备副本，概不退稿。采用与否，编辑部均于3个月内通知作者，作者可自行处理稿件。

⑧来稿文责由作者自负，来稿必须未经正式出版，本集刊严禁一稿多投。

⑨被本集刊选中出版的稿件，著作权属于作者本人，版权属于中国社会工作教育协会。

⑩来稿要求以中文写作，来稿请附200字的中英文摘要。

投稿本集刊的文章，即视为作者同意上述约定。

来稿请寄：中国社会工作教育协会《中国社会工作研究》编辑部。

地址：北京大学社会学系中国社会工作教育协会秘书处（法学楼5246室）。

邮编：100871；请在信封上注明"来稿"字样。

欢迎通过电子邮件投稿和联络，邮址为：caswecswr@126.com。

三　审稿制度

为保证集刊的质量，本集刊对来稿采用匿名审稿制度。

①所有来稿首先经编辑委员会进行初审，主要审查稿件的一般规范、稿件是否与出版宗旨相符。

②通过初审的稿件即送交不少于两名学术评审委员会委员或相关学科的专家进行匿名评审。

③稿件是否采用，基本以评审委员的评审意见为准，当两位评审委员意见不一致时，由主编最终决定是否采用。

四　来稿文献征引规范

投稿本集刊的作者，请遵循以下文献引征规范。

①为保护著作权、版权，投稿本集刊的文章如有征引他人著作，必须注明出处。应包括：作者/编者/译者、出版年份、书名/论文题目、出版地、出版者，如是对原文直接引用则必须注明页码。

②参考文献应在文章末尾列出征引出处，在文内则简要列出作者/编者姓名和年份，例如：

（正文）对于处于初步专业化的社会工作来说，应采取这种专门化的发展模式，而在专业化程度比较高的阶段，就应采取整合的社会工作模式（李增禄，1996）。

（文末）李增禄（1996）：《社会工作概论》，台北：巨流图书公司。

例如：征引书籍

对作者的观点做综述性引用：

（文内）（Richmond，1907）

（文末）Richmond, M. （1907）. *The Good Neighbor in the Modern City.* Philadelphia：J. B. Lippincott.

（文内）（李增禄，1996）

（文末）李增禄（1996）：《社会工作概论》，台北：巨流图书公司。

引用原文应注明页码，如：

（文内）（李增禄，1996）

（文末）李增禄（1996）：《社会工作概论》，台北：巨流图书公司，第25页。

说明：英文参考文献中，书名请用斜体字；中文参考文献中，书名请用书名号。

例如：征引文集中的单篇文章

（文内）（Hill，1987）

（文末）Hill, J. （1987）. Evaluating Effectiveness. In J. Harding（ed.），*Probation and the Community*：*A Practice and Policy Reader*（pp. 226-238）. London：Tavistock.

（文内）（阮曾媛琪，1999）

（文末）阮曾媛琪（1999）："迈向21世纪香港社会工作的趋势、挑战与使命"，载何洁云、阮曾媛琪主编《迈向新世纪社会工作理论与实践新趋势》，香港：八方文化企业公司，第441~472页。

说明：英文参考文献中，书名请用斜体字，并标明页码；中文参考文献中，文章题目请用引号，书名请用书名号，并标明页码。

例如：征引期刊中的单篇文章

（文内）（Reamer，1998）

（文末）Reamer, F. G. (1998). The Evaluation of Social Work Ethic. *Social Work*, Vol. 43, No. 3, pp. 488-500.

（文内）（王思斌, 1995）

（文末）王思斌（1995）："中国社会工作的经验与发展",《中国社会科学》, 第 2 期, 第 97~106 页。

说明：英文参考文献中, 刊名请用斜体字; 中文参考文献中, 文章题目请用引号, 刊名请用书名号, 并标明页码。

③转引文献, 应注明原作者和所转引的文献, 如：

（文内）在成立大会上, 会长崔乃夫对社会工作做了如下界定："社会工作是……"（崔乃夫, 1991）。

（文末）崔乃夫（1991）:《1991 年 7 月 5 日在中国社会工作者协会成立大会上的讲话》, 转引自《中国社会工作百科全书》, 1994 年第 1 版, 第 2 页, 北京：中国社会出版社。

④在文献的使用中, 请避免使用"据统计……""据研究……"字样。使用文献、数据必须注明准确的出处。

⑤参考文献的排序采取中文、英文分别排列, 中文在前, 英文在后; 中文按作者姓氏的汉语拼音、英文按作者姓氏分别以字典序列排列。

⑥作者对文内需要进一步说明的, 采用脚注, 序号一律采用"①、②、③……"。

⑦行文中, 外国人名第一次出现时, 请用圆括号附原文, 文章中再次出现时则不再附原文。在英文参考文献中, 外国人名一律姓氏在前, 名字以缩写随后, 以逗号分隔。

如：Mary Richmond 应写为：Richmond, M.

中国人的外文作品, 除按外文规范注明外, 在文末应在其所属外文姓名之后以圆括号附准确的中文姓名, 如无法确认中文姓名则不在此列。

⑧外国人名、地名的翻译以商务印书馆 1983 年出版的《英语姓名译名书册》和《外国地名译名书册》为标准。

中国社会工作教育协会

《中国社会工作研究》编辑委员会

 China Social Work Research

Volume 22

December 12

Table of Contents and Abstracts

Abstract: In this paper, the authors adopt the project-based system as the theoretical framework for observation, and use two social work stations in township B as the examples to explore how social work practice has been indigenized in Chinese society. Through a one-and-a-half-year field study, we found that professional practice of social work stations in townships (streets) is different from the matter-oriented project-based system, and it undertakes a number of tasks such as the promotion of professional services, the cultivation of professional talents, the establishment of departmental linkage, and the integration of local resources. This new site-based system of government-society linkage has contributed to the shift of China's social work from resource dependence and professional separation in the project-based system to resource regeneration and professional integration in the site-based system, with the capacity for sustainable endogenous development. It can be seen that the development of social work stations in China's townships (streets) marks the shift of China's social work from the exogenous project-based system to the endogenous of site-based system, which requires China's social workers to stand in the perspective of localization to promote the transformation of professional practice and theory, so as to ensure that social work can truly integrate into Chinese culture and history that can become an important professional force in search of a Chinese-style modernization road.

Keywords: Social Work Station, Social Work, Project-based System, Site-based System

Integral Social Work Practice and the Construction of Local Theories on Self-empowerment: A Qualitative Research in Shanghai

Xu Xuanguo   Zhao Yang / 25

Abstract: In the qualitative research on the practice of the "Blue Ribbon" project of rehabilitation services for breast cancer patients promoted by Shanghai Huangpu Women's Federation, it is found that the social workers have formed an integral network of services uniting with the professional resources such as the medical system, public health and psychological counseling, thus constructing a social service action system which is based on "multi-discipline support, multi-subject linkage, multi-theory integration and multi-system connectivity," and also promoting both the growth and reproduction of the subjectivity of the breast cancer patients. That is, the breast cancer patient not only has obtained his or her subjective rights as an independent individual, but also has fulfilled his or her subjective obligations as an individual of social relations, which means that self-conscious rights and voluntary obligations become for the people serviced a core drive which pushes them to sustainably promote self-empowerment themselves. This paper has generalized this kind of professional practices which focus on the growth of subjectivity in the members by means of integrated actions as a social service orientation towards "empowering by oneself", which has transcended the previous discussions or practical researches on the paradox of empowerment which are relatively fragmented, and has somehow boosted the theoretical innovation and efficiency-enhancement of the empowerment theory in the local practices.

Keywords: Empowerment Theory, Empowering People, Self-empowered, Subjectivity Construction, Integrative Practice

Physical Spatial Practice of Social Work from the Perspective of Post-phenomenological Geography: A Case Study on the Elderly Patients with Musculoskeletal Disorders

Liu Fang / 57

Abstract: In the field of social work, reshaping physical space is a useful practice strategy to help people with physical disabilities. When social workers follow the logic of "anthropocentrism" to deal with the misaligned relationship between physical space and the needs of the disabled body, the counterproductive service effect requires them to go beyond unidirectional thinking to reexamine the practice logic in physical space. Post-phenomenological geography explains the nature of physical space and the starting point of spatial practice from the ontology of "the exchange of multiple material forces". Guided by this perspective, this study analyzes the life stories of 28 elderly patients with musculoskeletal disorders using a case study method, and finds that: (1) physical space consists of three kinds of relational units constructed by human and non-human, including inter-objective, human-object, and interpersonal; (2) the positive and negative combinations of the state attributes of these relational units-association and fit-constitute two kinds of physical space: relational mismatch and relational fit; and (3) physical spatial practice is to reshape the pattern of physical space from relational mismatch to relational fit by reducing the relational units in the state of mismatch /disjunction. This conclusion enriches the spatial practice framework of post-phenomenological geography, and facilitates social work's shift from an "anthropocentric" unidirectional practice to a "material power exchange" relational practice. This conclusion guides social workers to open up the field of practice in physical space and to improve the quality of home health services with a more realistic logic of practice. This conclusion guides social workers to improve the quality of home health services with a more realistic physical spatial practice logic.

Keywords: Social Work, Physical Spatial Practice, Post-phenomenological Geography

Reproduction of Space: New Strategic of Social Work Intervention toward Rural Governance: An Action Research in Shunde District of Gongdong Province

Li Qiaoming Zhang Heqing / 85

Abstract: Since economic reform and opening up, collective land in rural China had been deeply involved in the waves of industrialization, urbanization, and marketization. In this paper, the authors conducted an action research in a village of Shunde, in Guangdong Province. The research findings indicate that the use of strategies such as "visualization", "walking", and "collaboration" can repair the divided physical space of the community to a certain extent, recall the silent community's "historical-cultural" spiritual space, and revive weak community living space. The contribution of the intervention strategy of the reproduction of space to the theory is that the spatial reproduction strategy of social work is developed with the help of Desetou's daily practice method of tactic, which integrates the two traditional community social work models of regional development and social action, adding a significant dimension of spatial reproduction to it. Meanwhile, it analyzes the formation of the plight of industrialized rural grassroots governance and its impact on social relations, which complements the reproduction process of industrialized rural social relations that has not been covered by the theory of spatial production, and is also useful for social work that the spatial production strategy involved in grassroots governance lays the foundation for social analysis.

Keywords: Reproduction of Space, Social Work, Collective Land, Rural Governance, Action Research

The Origins, Characteristics, and Types of Social Work Research

Ma Fengzhi   Chen Shuqiang / 117

Abstract: Social work research originated from the Charity Organization Society and the Settlement Movements in the United Kingdom and the United States in the 19th century. It encompasses both needs assessment and evaluation of intervention processes and outcomes in social work. While scholars hold different perspectives on social work research and its characteristics, they define it from the standpoint of research topics and objectives, and elaborate its uniqueness from the perspective of research goals and applicability. Although scholars have classified social work research differently based on various criteria, they tend to view it as an applied and evaluative research endeavor. In this paper, the authors aim to describe and discuss the origins, characteristics, and types of social work aim to provide insights for writing master's theses in the field of social work.

Keywords: Social Work, Social Work Research, Master's Thesis Writing

Review of Social Work Evidence-Based Practice and Research in Chinese

Sun Xixi   Duan Wenjie   Wang Zichuan / 137

Abstract: The evidence-based practice and research is an important approach to promote professionalization of social work. However, the application of this paradigm in China is still unclear. A scoping review of the state of social work evidence-based research in Chinese mainland is thus conducted. Following the PRISMA-ScR, 51 Chinese and English social work journals were searched in two databases, namely China Knowledge Resources and Web of Science, and the data were categorized according to the "hierarchy of evidence" rank. A total of 1, 028 articles published in 41 Chinese and English social work journals were included. The study found that the overall volume of evidence continued growing. The number of higher-evidence-hierarchy research grew more quickly while lower-evidence-hierarchy research formed a solid foundation, with a focus on groups such as children and social workers. The emphasis on the development of evidence-based social work in Chinese mainland has switched from "knowledge production" to "knowledge translation". We suggest that policy and education should take the lead, and cooperation between universities and social organizations should be optimized to further promote the development of evidence-based social work.

Keywords: Evidence-based Social Work, Hierarchy of Evidence, Literature Review, Knowledge Transfer

Practical Wisdom of Social Work: A Theoretical Model for Problem Solving of "Information Processing"

Ji Junhan   Fan Bin   Li Qing / 162

Abstract: The practical wisdom of social work is the research focus of postmodern complexity practice and reflective practice. Based on Simon's "Bounded rationality principle", Campbell's "evolutionary epistemology" and Schoen's reflective practical research, Druss proposed an integrated oriented practical wisdom model of social work, but its theoretical model still has the shortcomings of fuzzy internal operating mechanism and selective results analysis. Based on the research limitations of Druss'practical wisdom model of social work, this paper further develops the "information processing" problem-solving model of practical wisdom of social work from the perspective of Cognitive science: first, based on the "general problem-solving procedure" under the information processing paradigm of problem-solving, it proposes a four stage "general social work practical problem-solving procedure"; Secondly, based on this program, the "cognition in action" and "reflection in action" in the Druse model were expanded, and four possible combinations of the two in the process of practical problem-solving were analyzed, as well as their relationship with practical wisdom in social work; Finally, empirical research using rural social work practices further elucidated the new theoretical model. The proposal of the "information processing" problem-solving model for social work practical wisdom helps to further understand and promote the production and reproduction of social work practical wisdom in postmodern professional practice.

Keywords: Practical Wisdom of Social Work, Reflective Practice, Information Processing, Problem Solving

How Can We Make Research on the Path Exploration of Policy Practice of Private Social Work Services Organizations

Zhang Yangyong   Liu Liandong / 190

Abstract: The importance of policy practice to social work is self-evident, though it merits further exploration to policy practice of social work in China. The current case study took a private social work services organization (hereafter "H Organization") in X City, and investigated how private social work services organization made policy practice possible and the possible path utilized. The findings indicated that H Organization employed the bottom-up serviced-based policy practice path composed of "needs matching" and "grounded on professional service and its effectiveness performance presentation". Furthermore, the leader and key social workers of H Organization possessed essential policy practice's personality and capacity that made the organization's policy practice come true. Several implications were discussed, private social work services organization and social workers should emphasize on professional services to improve the strength of policy practice, master needs and discourse system of government and policy development to transfer their owns, and value improving capacities of policy practice and democratic consultation and widening their channels and platforms; the social work community should play the collaborative role in policy practice.

Keywords: Policy Practice, Private Social Work Services Organizations, Path Exploration

Mutual-Construction of Form and Essence: Legitimization Path of Social Work Organizations: A Case Study in the S City

Wang Jiejing   Zhang Yu   Qin Xiaofeng / 221

Abstract: Drawing upon the developmental trajectory of Institution X in City S, this study explores the paths to legitimization beyond decoupling. It integrates the institutional and strategic perspectives of legitimization into a "structure-construction" framework, examining and addressing issues of legitimization from adapting to the environment to shaping the environment, macro to micro perspectives, external to internal considerations, and passive to proactive approaches. By detailing the evaluative entities and standards of legitimacy, this paper categorizes the legitimacy framework for social work organizations into political, administrative, legal, social, and professional legitimacy. It delves into a path characterized by "detailing legitimacy assessment entities and standards—matching legitimacy requirements accordingly—obtaining corresponding legitimacy—achieving legitimization." Through analyzing the legitimization path of Institution X, this study identifies its foundational characteristics of "mutual-construction of form and substance" and further uncovers its multifaceted implications. This research distills a general model for the legitimization of social work organizations, positing that professional legitimacy serves as the foundation, while political legitimacy stands as the crux of legitimization for social work organizations. The study suggests that by effectively addressing societal issues and meeting government mandates, social work organizations can transition their legitimization from nominal arrangements to institutional configurations.

Keywords: Social Work, Social Work Organizations, Legitimacy, Legitimization, Mutual-Construction of Form and Essence

图书在版编目（CIP）数据

中国社会工作研究. 第二十二辑 / 王思斌主编. --
北京：社会科学文献出版社，2023.12
ISBN 978-7-5228-3013-1

Ⅰ.①中… Ⅱ.①王… Ⅲ.①社会工作-研究-中国
Ⅳ.①D632

中国国家版本馆 CIP 数据核字（2023）第 237165 号

中国社会工作研究　第二十二辑

主　　编 / 王思斌

出 版 人 / 冀祥德
责任编辑 / 胡庆英
责任印制 / 王京美

出　　版 / 社会科学文献出版社·群学出版分社（010）59367002
　　　　　地址：北京市北三环中路甲 29 号院华龙大厦　邮编：100029
　　　　　网址：www. ssap. com. cn
发　　行 / 社会科学文献出版社（010）59367028
印　　装 / 三河市尚艺印装有限公司

规　　格 / 开　本：787mm×1092mm　1/16
　　　　　印　张：16.5　字　数：271 千字
版　　次 / 2023 年 12 月第 1 版　2023 年 12 月第 1 次印刷
书　　号 / ISBN 978-7-5228-3013-1
定　　价 / 89.00 元

读者服务电话：4008918866